Arte e criatividade em Reggio Emilia

Arte e criatividade em Reggio Emilia

Explorando o papel e a potencialidade do ateliê na educação da primeira infância

Vea Vecchi

Tradução:
Thais Helena Bonini

Revisão técnica:
Tais Romero Gonçalves

Phorte
editora

São Paulo, 2017

Título original em italiano
Arte e creatività a Reggio Emilia: esplorando il ruolo e la potenzialità dell'atelier nell'educazione della prima infanzia
Copyright © 2010 by Vea Vecchi
Arte e criatividade em Reggio Emilia: explorando o papel e a potencialidade do ateliê na educação da primeira infância
Copyright © 2017 by Phorte Editora

Rua Rui Barbosa, 408
Bela Vista – São Paulo – SP
CEP 01326-010
Tel./fax: (11) 3141-1033
Site: www.phorte.com.br
E-mail: phorte@phorte.com.br

CIP-BRASIL. CATALOGAÇÃO NA PUBLICAÇÃO
SINDICATO NACIONAL DOS EDITORES DE LIVROS, RJ

V516a

Vecchi, Vea
Arte e criatividade em Reggio Emilia : explorando o papel e a potencialidade do ateliê na educação da primeira infância / Vea Vecchi ; tradução Thais Helena Bonini ; revisão técnica Tais Romero Gonçalves. – 1. ed. – São Paulo : Phorte, 2017.
il.

Tradução de: Arte e creatività a Reggio Emilia: esplorando il ruolo e la potenzialità dell'atelier nell'educazione della prima infanzia
Inclui bibliografia
ISBN 978-85-7655-668-8

1. Arte na educação. I. Bonini, Thais Helena. II. Gonçalves, Tais Romero. III. Título.

17-42930	CDD: 707
	CDU: 7(07)

phr003

Este livro foi avaliado e aprovado pelo Conselho Editorial da Phorte Editora.

Impresso no Brasil
Printed in Brazil

Agradecimentos

Escrever um livro nos leva sempre a contrair dívidas ou a nos sentir em dívida com muitas inteligências e competências que derivam de profissões diversas, e, por isso, gostaria de agradecer a Gunilla Dalberg e Peter Moss, os dois curadores deste volume, que, com sábia atenção, forneceram-me preciosas sugestões sobre os conteúdos, a linguagem e os possíveis equívocos que podem nascer da tradução.

Obrigada também às duas ótimas tradutoras pela sensível competência – Jane McCall, que traduziu o texto para a edição inglesa do volume, e Leslie Morrow, que cuidou da tradução das entrevistas – e à coordenadora editorial Michela Bendotti, que fez a ponte entre todas as diversas exigências editoriais e as várias e diferentes relações sociais.

Um agradecimento sincero às pessoas que, com as próprias entrevistas, apesar dos múltiplos compromissos, contribuíram para tornar meu pensamento mais rico.

Obrigada a Anna Barsotti, por ter apoiado a ideia de um livro sobre o ateliê; a todos os atelieristas, os professores, as pedagogistas *que me emprestaram fragmentos dos seus projetos* para testemunhar as minhas reflexões; obrigada ao Centro de Documentação e Pesquisa Educativa das Creches e das Escolas Municipais da Infância, à Instituição Escolas e Creches da Infância do Município de Reggio Emilia e à Cooperativa Coopselius pela autorização do uso das imagens.

Um agradecimento especial a meu marido, por estar ao meu lado pacientemente, por ter procurado tornar mais compreensível o meu estilo de escrita, também fora do âmbito pedagógico de Reggio Emilia, e a meu filho Michele, pelas preciosas sugestões com relação à estrutura do livro, mas, também, pelas grandes narrativas e pelas contínuas atualizações sobre o crescimento dos seus dois filhos.

Obrigada a meus netos Alice e Mattia, que me permitem um olhar direto e diferente do escolar e que, constantemente, me mantêm *atualizada* sobre como crescem as crianças de hoje.

Prefácio

CONVITE À DANÇA

Gunilla Dahlberg e Peter Moss

Uma vida de vanguarda

Este é o oitavo livro da Coleção *Contesting Early Childhood*, de cujas publicações fizemos juntos a curadoria. A experiência, o fio condutor que atravessa a Coleção, é o trabalho pedagógico da cidade italiana de Reggio Emilia. Essa foi, de fato, fonte de inspiração para autores de fora dos confins nacionais (Dahlberg e Moss, 2005; Olsson, 2009; Lenz Taguchi, 2009 etc.), mas também tivemos a sorte de termos dois livros que foram escritos no interior da experiência de Reggio Emilia, por figuras de primeiro plano, comprometidas com o desenvolvimento desse extraordinário projeto local, o primeiro de Carla Rinaldi (2006) e, agora, este livro de Vea Vecchi. O livro de Carla, *Diálogos com Reggio Emilia*, reúne artigos, discursos e entrevistas, que abrangem um período de mais de 20 anos e que oferecem um ponto de vista único sobre a evolução do trabalho pedagógico de Reggio. O livro de Vea foi escrito de maneira particular para a Coleção (e traduzido do seu manuscrito original em italiano), de maneira que fornece outra perspectiva singular diretamente do coração da experiência, enfrentando, de modo mais específico, o papel e a contribuição do ateliê e do atelierista nesse projeto educativo.

O livro se oferece, portanto, como uma proposta única, ao menos na nossa Coleção, na maneira como liga diversos níveis e histórias. É, em parte, memória da extraordinária vida criativa, ativa e profissional, a maior porção dela passada trabalhando no interior das escolas municipais de Reggio, e, de maneira particular, na Escola Municipal da Infância Diana (para crianças de 3 a 6 anos), tão amada por Vea. A esfera pessoal e a profissional estão entrelaçadas, graças a um estilo caloroso e informal que inclui diversas histórias e, portanto, uma vez concluída a leitura deste livro, vocês terão a sensação de terem se tornado amigos da autora. Em parte, trata-se de conversas, não só pelo fato de parecer que Vea esteja falando com o leitor, mas também em sentido mais literal, já que o livro inclui uma série de conversas entre Vea e seus colegas de trabalho. Em parte, trata-se de reflexões, de modo particular, sobre o trabalho de uma vida e, de modo mais geral, sobre o trabalho pedagógico de Reggio Emilia e das suas escolas e sobre a "contribuição pedagógica que a presença de um ateliê e o trabalho de um atelierista podem dar às escolas e ao trabalho educativo em geral". Essas reflexões espelham a profundidade de uma pessoa que passou diversos anos se empenhando a nível máximo na documentação pedagógica. Em outras palavras, uma pessoa que está habituada a pensar, a interpretar, a negociar, a avaliar e a experimentar, utilizando processos e relações complexas. E, já que documentar significa tornar visível os processos de aprendizagem das crianças e as práticas pedagógicas, partindo do pressuposto "de ser capaz de discutir coisas reais e concretas" (Hoyeulos, 2004, p. 7), o livro de Vea está cheio de material ricamente documentado, tirado das práticas cotidianas levadas adiante por ela e por outros, e inclui um forte elemento visual.

O livro conta a história pessoal do trabalho de Vea em Reggio, desde quando, entre as primeiras a realizarem esse papel, foi nomeada atelierista em 1970, num trabalho vanguardista em um projeto de vanguarda. Entretanto, conta também uma história coletiva, de como uma cidade assumiu a responsabilidade pela educação das próprias crianças. Isso significou um projeto contínuo para combinar valores políticos e éticos, inclusive um forte comprometimento democrático com os processos de pesquisa e experimentação, tudo enriquecido por uma grande curiosidade e abertura coletiva para a diversidade, que desembocou em um desejo de atravessar confins e em uma forte inclinação para a transdisciplinaridade – "a maneira como o pensamento humano conecta diversas disciplinas (linguagens) para compreender melhor algo". Ao contar uma história coletiva, Vea apresenta diversos participantes do projeto de Reggio, não somente professores, atelieristas e pedagogistas, mas também crianças, pais, administradores e políticos, e Vea enfatiza que "uma boa relação com a administração municipal e com o prefeito é realmente importante para a nossa cultura escolar... Para nós, para oferecer uma oportunidade".

Entre os diversos atores da história de Vea, um se distingue pela sua influência, sua visão e perspicácia: Loris Malaguzzi, o primeiro diretor dos serviços para a primeira infância ("escolas municipais") de Reggio e uma das maiores figuras pedagógicas do século XX. Graças "à coragem e à determinação" de Malaguzzi, os ateliês e os atelieristas foram introduzidos nas escolas e foram posteriormente defendidos contra qualquer possível corte (isso vale também para as cozinhas e as cozinheiras de dentro da escola que, como afirma Vea, são comparadas aos ateliês e aos atelieristas, não por mero acaso, mas porque Malaguzzi pensava que ambos fossem importantes para a ideia que tinha sobre a educação da primeira infância). O que emerge do livro é o retrato de um homem dotado de inacreditáveis energia, imaginação, curiosidade, perseverança, criatividade e consciência política; um dirigente que sempre esteve envolvido na prática cotidiana, um provocador para as pessoas com quem trabalhava, mas às quais oferecia também intensos estímulos, empatia e apoio. Não é de se espantar, portanto, o sentimento de devastação provocado pela sua morte repentina em 1994; é de se admirar, porém, o resultado obtido por Reggio, que foi capaz de sobreviver a essa enorme perda, conseguindo encontrar um percurso próprio após Malaguzzi. Se Malaguzzi mostrou uma grande coragem ao perseguir um projeto educativo, os seus colegas e a cidade inteira também foram corajosos ao continuarem com esse projeto e ao fazê-lo realmente próprio.

Contestar a primeira infância

O objetivo da nossa Coleção é colocar em discussão os discursos e as ações dominantes e contestá-los no âmbito da primeira infância, oferecendo narrativas alternativas de um campo que agora é testemunho de uma pluralidade de perspectivas e debates. Por um longo tempo, tivemos a sensação de que o trabalho pedagógico de Reggio Emilia não é um caso de "práticas excelentes" de uma educação universal para a primeira infância (é a mesma educação, mas alguns podem considerá-la melhor). Contudo, podemos afirmar que Reggio oferece um caso em que a educação da primeira infância é feita de uma maneira qualitativamente diferente da educação da primeira infância atualmente aplicada, que se baseia, pelo contrário, em um projeto de normalização das fases de desenvolvimento, em tecnologias prescritas e em resultados predeterminados. Há uma década, afirmamos que Reggio tinha uma prática pedagógica que poderia ser considerada como "pós-moderna" (Dahlberg, Moss e Pence, 2007), enquanto, no primeiro livro desta Coleção, sugerimos que Reggio era um exemplo, em que ética e política constituem a primeira prática na educação, e que a "pedagogia da escuta" pode ser reputada como uma exemplificação da ética do encontro (Dahlberg e Moss, 2005). Que Reggio e os nossos leitores concordem ou não com essas chaves de leitura particulares, nós pensamos que não há dúvidas sobre o fato de que Reggio representa algo muito diferente da *corrente principal*, uma experiência que realmente contesta a educação dominante da primeira infância.

Vocês podem perceber isso pela linguagem utilizada por Vea em todo o seu livro sobre as práticas cotidianas, tão diferente da linguagem previsível e árida de tantos outros livros, artigos e relatórios sobre a educação na língua inglesa: conexões e intensidade, pesquisa e experimentação, curiosidade e surpresa, brincadeira e carinho, teorias e interpretações, e ainda muito mais. Vamos dar um exemplo específico: Vea utiliza palavras como "mágico" e "maravilha", que, para muitos, podem soar românticas, mas que nos sugerem algo muito interessante. Giordano Bruno, pai científico de Galileu Galilei, foi queimado por causa de suas ideias, que propunham uma reconciliação com a dimensão mágica, mas não em sentido irracional; a magia, para ele, era a associação do conhecimento e a força da ação (Massumi, 2005). É, portanto, o pensamento programático do componente mágico que pensamos que pode ser inserido no trabalho das práticas pedagógicas de Reggio Emilia, uma espécie de "miraculação de forças e agentes", como Brian Massumi definiu.

A linguagem de Vea, incluso o seu amor pelas metáforas, é utilizada para apoiar e expressar as ideias bem desenvolvidas, que fornecem ao trabalho pedagógico de Reggio a sua identidade distintiva. Queremos lançar um olhar para três dessas ideias, que são centrais no livro: aprendizagem e conhecimento; o papel das linguagens poéticas ou expressivas e, portanto, do atelierista na criação de aprendizagens e de conhecimentos; e a importância da organização e dos instrumentos.

Aprendizagem e conhecimento

A filosofia educativa de Reggio, afirma Vea, baseia-se na subjetividade, no diálogo, na conexão e na autonomia. A aprendizagem é um processo de construção do conhecimento, reconhecendo que o conhecimento assim produzido é inevitavelmente parcial, perspectivo e provisório, e não deve ser confundido com as informações. Uma abordagem à aprendizagem é o método de transmissão, e Vea reconhece que este "traz algumas vantagens e pode produzir resultados apreciáveis". Entretanto, Reggio, acrescenta, escolheu outra abordagem: a baseada na "compreensão dos problemas, por meio dos experimentos, das tentativas, dos erros e das experimentações", uma "pedagogia da escuta", na qual quem aprende desenvolve teorias, compartilha-as com os outros, reelabora-as em uma pedagogia que enfatiza a importância das relações, da escuta ("um dos fundamentos do nosso trabalho é 'a escuta' afetuosa, atenta, respeitosa e solidária com as estratégias e os modos de pensar das crianças"), evitando resultados predeterminados. Nessa abordagem à aprendizagem, os novos pensamentos, as novas ideias, as novas perspectivas são levados em alta consideração, respeitando, ao mesmo tempo, o conhecimento estabelecido. Vea explica essa abordagem em uma declaração que pode ser aplicada não só às crianças pequenas, mas também às outras crianças e aos jovens na fase da escola obrigatória:

> É importante para a sociedade que as escolas e nós, como professores, tenhamos clara consciência de quanto espaço deixamos para as crianças terem um pensamento original, sem levá-las a restringi-lo a esquemas predeterminados, que definem o que é *correto* segundo a cultura escolar. O quanto apoiamos as crianças que têm ideias diferentes das ideias dos outros e como as habituamos a argumentar e a discuti-las com os colegas de classe? Estou bem convencida de que uma maior atenção para os processos, em vez de unicamente para o produto final, nos ajudaria a ter maior respeito pelo pensamento independente e pelas estratégias de crianças e de jovens.

As escolas – acrescenta – devem tomar, conscientemente, uma posição sobre "*qual conhecimento* pretendem apoiar": em poucas palavras, há alternativas entre as quais é preciso fazer algumas escolhas de natureza política e ética. Contesta a ideia de um ensino que escolhe "transmitir '*verdades*' circunscritas em várias '*disciplinas*'". A sua escolha e a sua posição são claras: "estarmos juntos, ao lado das crianças, para construir contextos em que podem explorar as suas ideias e hipóteses, individualmente e em grupo, e discutir com amigos ou com professores".

Reggio e Vea dão grande importância ao processo, não só ao produto ou ao resultado, os quais, em todo caso, não podem nem devem ser separados e contrapostos, como acontece com frequência na atualidade. Além disso, Vea dá grande importância às conexões nos processos de construção de conhecimento e considera que muito da educação moderna está estruturada em compartimentos, o que leva a divisões, em vez de levar a conexões entre as disciplinas, os sujeitos e as linguagens, fragmentando, assim, a realidade e tornando o desenvolvimento do pensamento e da compreensão definitivamente muito mais difícil. No entanto, Vea segue um caminho contrário no qual antepõe "propostas para aprender que não fecham o mundo em categorias com maior ou menor rigidez de pensamento, mas que, contrariamente, procuram conexões, alianças e solidariedade entre as diversas categorias e as linguagens ou os sujeitos".

A imprevisibilidade da aprendizagem nessa abordagem à educação, que emerge da dinâmica sináptica de relações e novas conexões, contesta a ideia de aprendizagem como um processo que segue um progresso e um desenvolvimento lineares, em favor de uma aprendizagem como atividade imprevisível e intensamente criativa, com novas compreensões criadas de modo inesperado e que levam a novas direções. A imagem do conhecimento, aqui, não é como uma escada na qual é necessário subir um degrau de cada vez, tão similar à metáfora arborescente do conhecimento, que fica tão radicada na educação; ao contrário, a imagem pode ser o *rizoma*, algo que se expande em todas as direções, sem início nem fim, mas sempre *entre* algo e com abertura para outras direções e outros lugares. É uma *multiplicidade* que funciona por meio de conexões e heterogeneidade, uma multiplicidade que não é dada, mas construída.

O papel das linguagens poéticas e o atelierista na aprendizagem

É nesse ponto, mencionando conexões e linguagens, que chegamos ao papel e à contribuição do ateliê e do atelierista para a aprendizagem e a educação. O termo "ateliê", como nos explica Vea, foi escolhido porque pensavam ser a metáfora mais adequada para um lugar de pesquisa, em que imaginação, rigor, experimentos, criatividade e expressão se entrelaçariam e se completariam uns com os outros. O atelierista trabalha do (mas não sempre no) ateliê e tem uma formação de tipo artístico, e não pedagógico; é mais um artista do que um professor, mas trabalha em contato estreito com os docentes nas escolas, e vemos ambos comprometidos com os processos de aprendizagem. A sua contribuição é introduzir, no processo de aprendizagem, o que Vea define de maneira múltipla como "dimensão estética" ou "linguagens poéticas". O que isso significa? E como pode contribuir para a aprendizagem?

Reggio está associada ao que Carla Rinaldi (2006) define como a "teoria fantástica" das cem linguagens das crianças, não obstante continue afirmando que a referência a "cem" é arbitrária e foi escolhida como asserção muito provocadora, que atribui às diversas linguagens não somente a mesma dignidade, mas também a possibilidade de comunicar e se conectar uns com os outros. Vea explica o conceito das linguagens, de acordo com a modalidade seguinte:

> Nós (em Reggio) consideramos as *linguagens* como diversos modos utilizados pelo ser humano para se expressar: linguagem visual, linguagem matemática, linguagem científica etc. Em uma conversa sobre a relação entre pedagogia e ateliê, Claudia Giudici, pedagogista, explica-a desta maneira: *"Quando falamos de linguagem, referimo-nos aos diversos modos com que as crianças (os seres humanos) representam, comunicam e expressam o seu pensamento com diversos meios e sistemas simbólicos; as linguagens, portanto, são as múltiplas fontes ou gêneses do conhecimento"*. As *linguagens poéticas* são formas de expressão fortemente caracterizadas por aspectos expressivos ou estéticos, como a música, o canto, a dança ou a fotografia.

Nós, assim como os pedagogistas de Reggio, pensamos que essa teoria é particularmente provocadora em um momento em que a educação predominante parece ser cada vez mais concentrada (até mesmo obcecada) somente em duas linguagens: leitura e escrita. Na verdade, as cem linguagens surgiram de uma discussão política na Itália nos anos 1970, sob razões sustentadas e como consequência do privilegiar essas duas linguagens entre as muitas disponíveis para as crianças. A teoria relativiza essas duas linguagens não desvalorizando-as, mas, sim, colocando-as entre uma ampla gama de linguagens, em que todas têm um papel importante na aprendizagem e na vida. Perguntamo-nos: por que essas duas mais que as outras? O que acontece se deixarmos de lado as outras linguagens? De que maneira elas podem contribuir para o desenvolvimento humano?

Portanto, parte do processo de aprendizagem mediante as relações e as outras conexões consiste em trabalhar com uma ampla gama de linguagens, e uma das funções do atelierista é estimular o papel das "linguagens poéticas", sobretudo das visuais: "se a estética promove a sensibilidade e a habilidade de conectar as coisas, em vez de separar umas das outras, e se a aprendizagem acontece por meio de novas conexões entre diversos elementos, então a estética pode ser considerada um ativador importante para a aprendizagem". O atelierista dá suporte às conexões ou, como Vea define mais poeticamente, "à dança" "entre o cognitivo, o expressivo, o racional e o imaginário". Um senso estético é alimentado pela empatia, pela relação intensa com as coisas: "não insere as coisas em categorias rígidas e, portanto, ele pode constituir um problema para o que concerne à excessiva certeza e a simplificação cultural". A tarefa aqui não é unicamente conectar, mas infringir as construções criadas pelo monolinguismo, pelas disciplinas fechadas em si mesmas, pelas categorias preestabelecidas, pelos fins predeterminados.

O ponto central no pensamento de Vea e do livro é que o ateliê e o atelierista representam o coração da aprendizagem; eles são parceiros-chave dos professores, e não especialistas técnicos que transmitem as suas competências, ajudando as crianças a criarem belos produtos. Os atelieristas não são sequer fornecedores de uma matéria em particular que as crianças podem ter de quando em quando (a "aula de Artes" duas vezes por semana): "sempre fizemos as coisas de modo tal", diz Vea sobre seu trabalho, "o ateliê se difundiu nas classes e na escola... Sempre trabalhamos com projetos, e era o progresso que determinava a presença das crianças no ateliê".

Além do atelierista como educador (mesmo não sendo professor), Vea explora outros papéis e contribuições. Há o atelierista como guia para atravessar as fronteiras entre o mundo da arte, da arquitetura e do *design*, dotado de antenas sensíveis para os assuntos contemporâneos; como mediador e coordenador que mantém junto o grupo de professores e que atua com bases solidárias; como uma lente para a comunidade escolar, que ajuda a ver as crianças e os adultos de maneira estética; e como provocador, como "defensor confiante de *processos não disciplinados*".

Organização e métodos

A terceira ideia que surge claramente no livro é a grande importância reconhecida por Reggio Emilia para a organização e os métodos. Para nós, Reggio Emilia exemplifica o potencial de poder trabalhar com a democracia, a experimentação e a ética de um encontro. E Reggio Emilia conseguiu fazer isso evoluindo constantemente o próprio pensamento e a própria prática ao longo de sua existência até aqui. Essa extraordinária força de sustentabilidade e de renovação não é fruto do acaso. Deve-se muito a uma comunidade que educa e a profundos valores políticos e culturais inseridos na cidade de Reggio Emilia. Isso dependeu do contínuo apoio político, administrativo e popular e tirou benefício de uma riqueza de relações internacionais, do diálogo e do reconhecimento. No entanto, emergiu também de uma atenção para criar as condições em que a democracia, a experimentação e o encontro pudessem ser sustentados e em que o pensar e o fazer, o trabalhar de mãos dadas (porque há uma forte antipatia com relação à separação entre teoria e práxis) fossem constantemente abertos para a avaliação, a reflexão, o diálogo e para novas direções.

Vea fornece importantes reflexões sobre essas condições. Algumas foram de tipo organizacional, por exemplo, a introdução e o desenvolvimento de novos modelos de trabalho: novos papéis, em especial os do atelierista e do pedagogista, e novos modelos de trabalho, em particular, deslocando-se do trabalho baseado no único professor para o trabalho em classe, em que os professores trabalham sempre em dupla. Outros exemplos incluem sistemas fortes para o desenvolvimento profissional dos educadores e dos comitês de gestão dos pais.

Algumas condições pressupõem a utilização de instrumentos e de metodologia de trabalho. Vea traz diversos exemplos, mas dois têm importância particular. A documentação pedagógica representa parte vital da pedagogia de Reggio, o que Malaguzzi descreve como "um instrumento extraordinário para o diálogo, a troca, o compartilhamento [...] (que, para Malaguzzi, significava) a possibilidade de discutir 'tudo com todos'" (Hoyuelos, 2005, p. 7). Vea a considera a origem do atelierista, cuja evolução, "juntamente com a da pedagogia de Reggio Emilia, provém, sobretudo, do nascimento e da difusão da observação e da documentação dos processos de aprendizagem". Este livro fornece uma contribuição importante para a crescente literatura sobre os escopos e as práticas da documentação, um instrumento de grande valor para a projetação, a investigação, o desenvolvimento profissional e o apoio à participação democrática (para outras fontes complementares, ver Dahlberg, Moss e Pence, 2007; Rinaldi, 2006).

É o trabalho por projetos, a projetação,[1] portanto, parte integrante da pedagogia de Reggio e da sua compreensão da aprendizagem e o atelierista tem um

---

[1] N.T.: termo adotado pelas Escolas e Creches da Infância do Município de Reggio Emilia para designar o trabalho por meio de projetos; projeto em ação.

papel fundamental no trabalho por projetos. O trabalho por projetos, explica Vea, é um "trabalho em que os adultos (professores, atelierista, pedagogista) fazem hipóteses iniciais e procuram ter uma melhor compreensão de um campo ou de um assunto, mas em que os elementos-chave para seguir adiante vêm do trabalho das crianças e de uma análise atenta feita pelos adultos do que está acontecendo ao longo do percurso". O projeto fornece, então, um contexto de apoio para a aprendizagem como construção do conhecimento, é um método que evoca a ideia de um processo dinâmico, uma viagem que prevê a incerteza e as probabilidades que sempre surgem nas relações com os outros. O trabalho por projetos cresce em muitas direções com uma progressão não predefinida, não há resultados decididos antes que a viagem comece. Significa sermos sensíveis com relação aos resultados imprevistos das pesquisas e das investigações das crianças (Rinaldi, 2006, p. 19).

Um terceiro tipo de condição, ao qual Vea presta muita atenção, é o ambiente físico da escola, não somente os edifícios, mas também o mobiliário e o acabamento. Ela reconhece o seu valor por diversas razões: pela sua contribuição à aprendizagem, ao bem-estar e pela experiência estética que oferecem, pela habilidade em expressar valores, ideias, imagens e emoções e pela capacidade de permitir, encorajar e "educar modalidades para ver, explorar e aumentar a sensibilidade". Vea defende com orgulho a importância de um ambiente belo e bem cuidado: "estamos convencidos do direito à beleza em uma saudável relação psicológica com o que nos circunda".

A importância que Vea atribui ao ambiente foi um estímulo para importantes projetos de pesquisa e diálogo em Reggio entre educadores (atelieristas, pedagogistas e professores) e arquitetos que levaram, entre outras coisas, a estreitas relações de trabalho entre Reggio, *designers* e produtores de objetos de ambientação inovadores e de outros instrumentos.

Essa atenção à organização e aos instrumentos foi qualificada por algumas considerações importantes. Essas condições para a sustentabilidade e a renovação devem sempre ser determinadas por valores: a prática política e ética vence a prática técnica. A gestão está em contato estreito com a prática, por meio da documentação pedagógica e do diálogo regular com os educadores. Nesses termos, e em muitos outros, Malaguzzi criou um precedente importante. Ademais, um bom trabalho ocupa e necessita de tempo: tempo para a preparação, tempo para a escuta, tempo para a documentação, tempo para a discussão, tempo para as reflexões, tempo para o prazer. Vea reserva alguns dos seus comentários mais pungentes às tendências na educação moderna que levaram a uma aceleração, gerando um trabalho superficial.

Isso nos parece ser o coração do problema. Se a educação é relativa a especialistas que transmitem informações e competências e fornecem resultados predeterminados, com base em normas predefinidas, então as crianças ou os educadores precisarão de pouco tempo para pensar ou para trabalhar. Contudo, se é um processo democrático de construção do conhecimento, por intermédio de relações e processos criativos, então a educação requer um tempo correspondente.

Preocupação, esperança e entusiasmo

Pode-se verificar claramente no livro que Vea olha para os desenvolvimentos contemporâneos com uma certa preocupação. Ela aprecia os grandes desafios a serem enfrentados se um projeto local ambicioso como o de Reggio não estiver enfraquecendo e desaparecendo. É extremamente crítica sobre a maior parte dos sistemas escolares atuais e sobre o percurso educativo dos professores, que não prepara os estudantes para serem sensíveis com relação à estética, nem para compreenderem o forte papel que ela pode assumir. Os professores, ao contrário, são, com frequência, "excessivamente seduzidos pela técnica e tendem a propô-la às crianças, utilizando unicamente um conhecimento simplificado do seu potencial expressivo".

Na sociedade como um todo, a autora vê as evidências de uma cultura "apressada, superficial, que tende a diminuir o senso de maravilhamento. A superficialidade, a falta de concentração, a pressa são coisas que experimentamos de maneira mais óbvia ou menos óbvia, imersos como estamos em um barulho de fundo constante e que penetra todos os ambientes".

Não obstante essas fortes anotações de prudência e expressões de profundo incômodo, o que emerge deste livro é, sobretudo, uma paixão pela educação, um profundo prazer pelas relações, tanto com as crianças quanto com os adultos, uma alegria duradoura no trabalho como atelierista e educadora, e um grande orgulho pelo que foi realizado, ao longo dos anos, em Reggio Emilia e nas suas escolas. Aposentada do seu trabalho de atelierista da Escola Diana, Vea hoje trabalha no Centro Internacional Loris Malaguzzi de Reggio.

Sua estima e sua consideração internacionais cresceram ao longo dos anos e milhares de pessoas viram pessoalmente o seu trabalho em Reggio ou ouviram falar dele em outros países.

A história de Vea, do seu trabalho com a dimensão estética e as linguagens poéticas nas escolas e nos processos de aprendizagem, é, sobretudo, uma fonte de esperança para todos os que acreditam na possibilidade de uma pedagogia afirmativa e inventiva: uma pedagogia aberta às conexões, aos afetos, à intensidade e à aparição; uma pedagogia aberta aos potenciais das crianças e que tem uma capacidade de escutar eventos expressivos – eventos intensos e afetos – e de estar aberta ao que ainda não foi expresso em palavras; uma pedagogia que encontra alegria no inesperado, que ousa seguir projetos em movimento, sem saber aonde eles podem levar, sempre pronta para a surpresa e o risco; uma pedagogia que acrescenta e não subtrai algo do mundo, já que tudo é comum na educação. Em um *mundo* obcecado pela quantificação, pelo reducionismo, pela normalização e pelos resultados predeterminados, essa pedagogia fornece os motivos para se acreditar novamente no *mundo*.

Podemos encontrar outros motivos para esperar, de maneira especial, que o trabalho em Reggio Emilia possa estar alinhado com alguns desenvolvimentos importantes fora das suas fronteiras. Como Vea, pensamos que exista uma longa tradição de banir as linguagens poéticas; que, na educação, a ideia das cem linguagens e o valor dos processos de aprendizagem estética ainda não foram levados a sério e estão em conflito com o que Vea define como "a cultura e a educação tradicional", e realmente podem ser considerados, com grande suspeita, como subversivos. Todavia, como Vea nos mostra, diversos cientistas importantes enfatizaram a importância dessas linguagens e da beleza. Parece que estamos assistindo a uma mudança, já que cada vez mais cientistas estão refletindo se essas linguagens devem ser separadas por um núcleo cognitivo. Michael Thaut, professor de Música e de Neurociências, é um desses cientistas. Ele afirma que "o cérebro pensa utilizando diversas linguagens" e que "a música e as artes em geral são agora propostas como precursoras e pré-requisitos cognitivos para o desenvolvimento de funções cognitivas mais elevadas e o surgimento da linguagem verbal" (Thaut, 2009, p. 2).

O trabalho de Vea não é só fonte de esperança, mas, também, de entusiasmo. Como outros livros da nossa Coleção, Vea explora novas perspectivas teóricas e mostra a sua relevância para o campo da educação da primeira infância, mas, na verdade, para toda a educação. O entusiasmo é gerado pelo que foi feito até agora e pelo potencial do trabalho futuro, na exploração das perspectivas teóricas e na aplicação delas no trabalho. Vea, é claro, não está relatando um projeto linear, com início, uma parte central e um fim, mas um projeto rizomático, sem início nem fim, no qual se está superando as dificuldades em diversas fases e com aberturas, percursos de voo, impulsos para diferentes direções.

A própria Vea indica algumas possíveis direções para explorar, que podem nos fornecer uma maior compreensão do que acontece quando aumentam as conexões, a intensidade e o afeto. Pensamos serem necessárias novas perspectivas teóricas para levarmos em consideração mais plenamente o que está acontecendo nas escolas de Reggio. O que podem oferecer, por exemplo, as teorias do caos e da complexidade?

Um livro como este, que oferece tanto esperança, com base no que foi feito, quanto entusiasmo, abrindo-se olhares para o que ainda deve vir, é muito especial e muito precioso.

Referências

DAHLBERG, G.; MOSS, P. *Ethics and politics in early childhood education*. London: Routledge, 2005.

DAHLBERG, G.; MOSS, P.; PENCE, A. *Beyond quality in early childhood education and care*: languages of evaluation. 2. ed. London: Routledge, 2007.

HOYUELOS, A. A pedagogy of transgression. *Children in Europe*, 2004, v. 4, p.6-7.

LENZ TAGUCHI, H. *Going beyond the theory/practice divide in early childhood education*: introducing an intra-active pedagogy. London: Routledge, 2009.

MASSUMI, B. *Parables for the virtual*. Durham: Duke University Press, 2005.

OLSSON, L. M. *Movement and experimentation in young children's learning*: Deleuze and Guattari in early childhood education. London: Routledge, 2009.

RINALDI, C. *In dialogue with Reggio Emilia*: listening, researching and learning. London: Routledge, 2006.

THAUT, M. H. The musical brain – An artful biological necessity. *Karger Gazette*, n. 70, 2009.

Sumário

Capítulo 1

INTRODUÇÃO

> [...] o ateliê era (e vai tornar-se cada vez mais) um lugar de investigação [...], mas o que ele ainda privilegiava era o fascinante múltiplo jogo que se pode fazer com a imagem: fazer uma papoula, um carro, uma luz, um pássaro vagante, um fantasma aceso, uma flor pensativa, um montinho vermelho nos campos verdes e amarelos de trigo...
>
> (Malaguzzi, 1998, p. 74-5)

Até agora, pouco foi abordado acerca do ateliê nas creches e nas escolas municipais da infância de Reggio Emilia e da contribuição que essa presença deu para a construção da identidade pedagógica delas.

Fora do ambiente mais estritamente reggiano, alguns o fizeram, mas só Loris Malaguzzi, no livro *As cem linguagens das crianças* (Malaguzzi, 1998, p. 49-97), fala do ateliê, em poucas páginas sóbrias e belas, e confia a ele uma missão que engloba também um desejo: de que seja garantia de frescor e de originalidade na abordagem das coisas.

E, agora, eu, que trabalhei por 30 anos como atelierista na Escola Municipal da Infância Diana, de Reggio Emilia, gostaria de contar sobre o ateliê. A minha intenção não é pesquisar uma rigorosa colocação histórica, nem escrever um relato autobiográfico, mas propor, por meio do filtro da memória da minha experiência direta, algumas reflexões sobre as contribuições pedagógicas que a presença do ateliê e o trabalho do *atelierista* podem levar para uma escola e para a didática em geral, e o quanto as linguagens expressivas podem tirar vantagem e evoluir, se entrelaçadas a uma pedagogia que as considera importantes nos processos de conhecimento.

As pessoas que, como eu, tiveram uma formação artística e, depois, foram trabalhar nas escolas da infância de Reggio Emilia, foram definidas, na falta de precedentes, como "atelieristas". Trata-se de um neologismo, um nome inventado, que contém clara e imediata referência à natureza da própria atividade.

O próprio termo *ateliê*, que evoca, de maneira romântica, os estudos dos artistas da região da Boêmia, foi revisto e interpretado no interior da filosofia pedagógica de Reggio, tornando-se sinônimo de lugar no qual o projetar está preponderantemente associado a algo que tomará forma por meio da ação: um lugar no qual o cérebro, as mãos, as sensibilidades, as racionalidades, as emoções e o imaginário trabalham em estreita cooperação. A nossa linguagem cotidiana compreende e subentende uma infinita série de significados virtuais que, vez por outra, as correntes culturais e as ondas emotivas fazem surgir, dando a eles novos valores e novos significados.

No âmbito da pedagogia internacional que se relaciona com a Reggio Children, o termo *ateliê*, associado a *atelierista*, acabou assumindo um valor claro, compartilhado, ou seja, o indicador de uma presença, em uma filosofia educativa, na qual a dimensão estética assume uma nova importância e um grande valor pedagógico e cultural.

Eu subdividi o livro em capítulos que tratam de maneira específica de alguns assuntos que considero representantes da filosofia reggiana, *vistos do ponto de vista do ateliê*, evitando propositadamente aprofundamentos e reflexões sobre os aspectos mais gerais da filosofia de Reggio, de maneira a não repetir pensamentos já conhecidos. Outros são mais capacitados a fazê-lo, e, em alguns casos, já o fizeram.

A minha intenção é a de fazer surgir, com alguns traços distintivos, uma cultura do ateliê capaz de produzir, com as crianças, os professores, os pedagogistas, as famílias, a cidade, aquele confronto entre abordagens e pensamentos diferentes, que até agora se revelou, para a didática e a educação de Reggio, *borbulhante* de possibilidades e de avanços.

Além da minha, aparecem, em alguns capítulos do livro, outras vozes que narram: a de pedagogistas (Capítulo 4), a de uma administradora (Capítulo 5), a de arquitetos (Capítulo 7), a de professores (Capítulo 8) e a de atelieristas (Capítulo 9). As suas inteligentes e competentes contribuições enriquecem as minhas reflexões e representam, mesmo em pequena parte, o trabalho de entrelaçamento e de troca de opiniões entre muitas pessoas com competências diferentes, bases do trabalho das creches e das escolas da infância reggianas. São uma amostra representativa daquela multidão de pessoas que contribuíram para construir essa realidade: meninas e meninos, pessoal das creches e das escolas da infância, pedagogistas, administradores, famílias. Das conversas gravadas, transcritas e reelaboradas, mantendo o ritmo da linguagem verbal, tivemos, infelizmente, que fazer alguns cortes, porque eram muito longas para o espaço que este livro poderia conceder. A escolha não foi simples, mas creio que sejam perceptíveis a sagacidade e a paixão dos participantes.

A contribuição dos diversos autores que cito neste livro não deve ser entendida como coletânea de citações cultas, porque as suas palavras foram, para mim, *companheiras de viagem* enquanto eu escrevia: creio que aconteça com frequência, tratando de vários temas, encontrar naquilo que se está lendo, ao mesmo tempo, frases e pensamentos próximos de nossas reflexões e que as esclareçem. Seria um pensamento próprio quando alguém faz uma citação? Eu prefiro entender isso como uma espécie de mesa-redonda virtual, muito divertida também.

Uma última especificação: no texto, alterno, com liberdade, pensamentos pessoais e testemunhos didáticos capazes de comunicar com mais clareza o papel do ateliê, permitindo sair de um campo muito específico e restrito, no qual o mundo da escola e da cultura pretende, com frequência, renegá-lo.

Para mais clareza e ritmicidade da leitura, ao trazer essas narrativas, foi modificada a tipologia.

Nota sobre o ateliê

O ateliê, como espaço e como possibilidade técnica e expressiva, está presente tanto nas creches quanto nas escolas da infância, mas a figura do atelierista está prevista somente nas escolas da infância, não porque não se considere importante o seu papel com as crianças menores, mas porque os custos de tal presença cairiam posteriormente sobre um serviço que, como as creches, apresenta custos de gestão bem altos.

O projeto pedagógico de 0-6 anos no município de Reggio Emilia permitiu uma troca de competências entre creches e escolas da infância, que é facilmente identificada nas creches reggianas.

Esperamos que a definição de ateliê de Reggio Emilia emerja com base na leitura do livro. Farei apenas uma breve consideração concreta para quem nunca foi a uma creche e a uma escola municipal da infância de Reggio Emilia.

De modo compatível com o espaço à disposição, o ateliê é um ambiente suficientemente grande para acomodar várias crianças e permitir diversas atividades, e está em relação, também visual, com o resto da escola. É equipado com instrumentos: mesas; recipientes para materiais; computador; impressora; máquinas fotográficas digitais; cavaletes para a pintura; suportes para o trabalho com argila; forno para cerâmica; gravador; microscópio óptico; e outros instrumentos, se permitidos pelas disponibilidades econômicas. Além dos instrumentos digitais, há muitos tradicionais: tintas para pintura e para desenho de diversos tipos, consistências e tonalidades; argila preta, branca, vermelha; óxidos de diversas cores; tintas para a cerâmica; arames de diversas espessuras; chapas metálicas; material reciclado; e muitos outros materiais. Há, também, instrumentos e materiais que permitem às crianças a realização de muitas experiências, em que os pensamentos tomam formas diversas (visuais, musicais, dançantes, verbais).

O atelierista é uma figura com formação artística, que entra nas escolas por meio de um concurso público. Não tem uma preparação pedagógica, por isso, a experiência do trabalho com as crianças acontece após a sua contratação nas escolas e mediante encontros com os professores e os pedagogistas, entre outras atividades específicas.

Figura 1.1 – O ateliê e a atelierista Vea Vecchi na Escola Municipal da Infância Diana.

Capítulo 2

ESTÉTICA/POÉTICA

Seria realmente ingênuo pensar que somente a presença de um/uma atelierista possa constituir uma grande mudança para a aprendizagem, se a cultura do ateliê e a da pedagogia não se encontram em escuta recíproca e se ambas não são de qualidade.

Com a introdução do *ateliê* em uma escola, poderá crescer facilmente a quantidade dos materiais a serem utilizados com as crianças e as técnicas e a qualidade formal dos produtos acabados poderão melhorar; mas é, sobretudo, a abordagem, a relação com as coisas, que deve ser colocada em ação, por meio de alguns processos em que a dimensão estética é uma presença importante, fundamental.

A meu ver, a reflexão sobre o papel da *dimensão estética* na aprendizagem e na educação em geral é premissa indispensável para a ideia de *ateliê*, e esse é um assunto que mereceria ser mais bem avaliado e compreendido, mesmo fora do tema do ateliê e da pedagogia reggiana. Um assunto difícil, mas que é preciso ao menos mencionar, porque entre as características originais da pedagogia reggiana está justamente a de se ter reconhecido e acolhido a estética como uma das dimensões importantes na vida da nossa espécie e, portanto, também nas escolas e na aprendizagem. Isso é o contrário do que acontece normalmente: em geral, o ambiente escolar está distante desses temas, ao passo que o papel da *dimensão estética* é imediatamente perceptível nas instituições reggianas.

Creio que não seja possível compreender bem a pedagogia reggiana caso não se reflita também sobre esse aspecto. O assunto pode ser tratado de muitos pontos de vista e com aprofundamentos de diversos níveis. Eu vou tratar dele, sobretudo, para orientar melhor sobre o papel do ateliê e do atelierista no interior das instituições educativas e da sua inserção no currículo de uma aprendizagem escolar.

É indubitavelmente difícil definir com simplicidade e clareza o que se entende por *dimensão estética*; talvez seja, antes de tudo, um processo de empatia que coloca em relação o sujeito com as coisas e as coisas entre si. Como um fio fino, uma aspiração à qualidade que faz escolher uma palavra no lugar de outra, assim como uma cor, uma tonalidade, uma música, uma fórmula matemática, uma imagem, um gosto de comida... É uma atitude de cuidado e de atenção para aquilo que se faz, é desejo de significado, é maravilhamento, curiosidade. É o contrário da indiferença e da negligência, do conformismo, da falta de participação e de emoção.

A *dimensão estética* certamente não é só isso. No âmbito educativo, mereceria uma profunda reflexão, e estou certa de que a sua presença consciente nas escolas e na educação faria elevar tanto a qualidade das relações com o contexto quanto a dos processos de aprendizagem.

Também procurarei argumentar, com alguns testemunhos, sobre como a percepção sensorial, o prazer, a sedução, o que Malaguzzi chamava de "a vibração estética", podem tornar-se *ativadores de aprendizagem* e como podem apoiar e alimentar um conhecimento que não se nutre somente de informação, mas que, evitando uma fácil classificação em categorias, leva a uma empatia e a uma relação com as coisas, estimulando a criação de conexões.

Creio que vocês podem perceber, entrando nas creches e nas escolas da infância de Reggio, como a presença do ateliê e o trabalho do atelierista dão à escola um ambiente físico, produtos das crianças e dos professores e documentações particularmente bem cuidadas. Nem todos, porém, reconhecem nesses aspectos peculiares a avaliação educativa positiva que, a meu ver, têm.

É necessário refletir sobre o quanto o reconhecimento dado por nós à estética incide não só nos produtos finais, mas nas modalidades do fazer escola e, por isso, na aprendizagem das crianças, dos professores, da filosofia pedagógica. É essa a parte mais difícil de contar e pode-se procurar fazer isso por meio de exemplos e testemunhos.

Estética como metaestrutura

É bom esclarecer desde o início que, para nós, cada disciplina, ou melhor, linguagem, é feita de racionalidade, de imaginação, de emoções, de estética.

Uma cultura que separa, de modo rígido, essas qualidades e esses processos do pensamento, inevitavelmente tende a subtrair das diversas disciplinas, ou linguagens, parte desses processos: aos engenheiros, tende a reconhecer a parte racional; aos arquitetos, a parte imaginativa; aos matemáticos, os aspectos cognitivos; aos artistas, a expressividade; e assim por diante, por categorias simples e simplistas.

Nessa ação de fragmentação e de exclusão de alguns processos que, repito, pertencem ao modo de pensar da nossa espécie e constituem uma bagagem biológica provavelmente inata, acontece de fato uma subtração de recursos culturais, da qual deriva um empobrecimento da qualidade global dos conceitos e do pensamento.

A racionalidade sem emoções nem empatia, assim como a imaginação sem cognitividade nem racionalidade, constrói um conhecimento humano parcial, incompleto.

Os vários filósofos e pensadores que falaram sobre o tema colocam a estética em uma zona limite de tensão e de aproximação entre racional e imaginativo, entre o cognitivo e o expressivo. Tensão e aproximação que tenderiam a levar a uma maior completude do pensamento. Gregory Bateson define a estética como: "O ser sensível à *estrutura que conecta*" (Bateson, 1979, p. 9) e acrescenta que "*A estrutura que conecta é uma metaestrutura*. É uma estrutura de estruturas" (Bateson, 1979, p. 11) e que é preciso pensá-la "*em primeiro lugar* como uma dança de partes que interagem" (Bateson, 1979, p. 13). Poucas páginas depois, cita uma descoberta de Goethe, "valente botânico capaz de reconhecer o não banal (isto é, as estruturas que conectam), o qual ordenou o vocabulário da anatomia comparada das plantas" (Bateson, 1979, p. 13). Pegando como exemplo uma folha, Goethe definiu como não satisfatórios os termos com os quais eram chamadas as várias partes, já que eram vocábulos muito abstratos, distantes da vida que é construída por meio de estruturas em relação; dizer caule tem pouco significado, se não for colocado em uma relação de crescimento e de vida com outros elementos vitais.

> "Um caule é o que segura uma folha."
> "Uma folha é o que tem uma gema nas axilas."
> "Um caule é o que naquela mesma posição era uma gema antes."
> (Bateson, 1979, p. 17)

Bateson (1979, p. 18) comenta a formulação do botânico com uma consideração mais geral: "As formas dos animais e das plantas são transformações de mensagens".

Eu também vou tentar utilizar o mundo vegetal para apoiar a minha tese.

As folhas parecem ser muito desejadas na didática escolar por diversas, e também corretas, razões, mas, muito frequentemente, e muito cedo, elas se transformam em cadáveres muito distantes daquele *pulsar da vida* que é preciso não perder ao longo das investigações que estão sendo feitas, tanto de desenho quanto de ciências naturais e outros. Aproximar-se de uma folha, considerando-a um organismo vivo, desenvolve um sentido de empatia em relação a ela, que mantém alto, e prolonga, o interesse nas crianças (e nos adultos), dá à mente lentes solidárias, que frequentemente acabam por orientar olhares e pensamentos, modificando o processo de compreensão, tanto daquela folha como, ao mesmo tempo, a qualidade de compreensão de todo o mundo vegetal (ver Figuras 2.1 a 2.3).

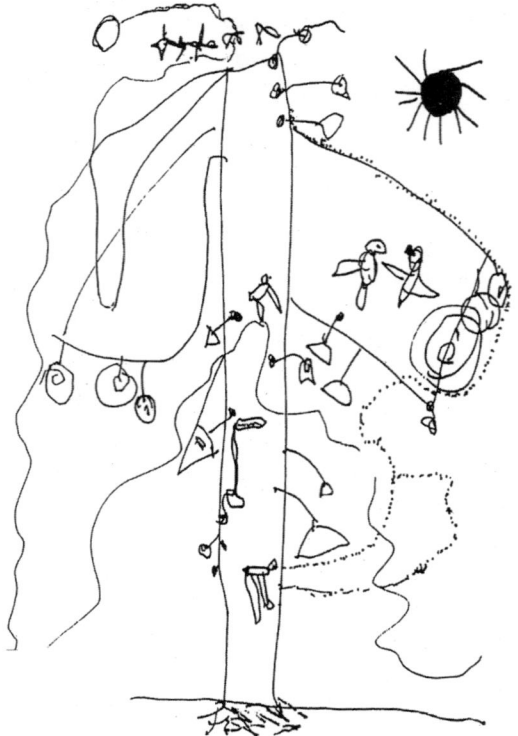

Figura 2.1 – Árvore gráfica. "Eu acho que as árvores são vivas porque fazem as maçãs, fazem as folhas, fazem o vento". Marco, 4 anos, Escola Municipal da Infância Diana.

Figura 2.2 – Árvores de argilas com as raízes. "As raízes são muito importantes porque são o cérebro da árvore". Giuseppe e Giulia, 5-6 anos, Escola Municipal da Infância Diana.

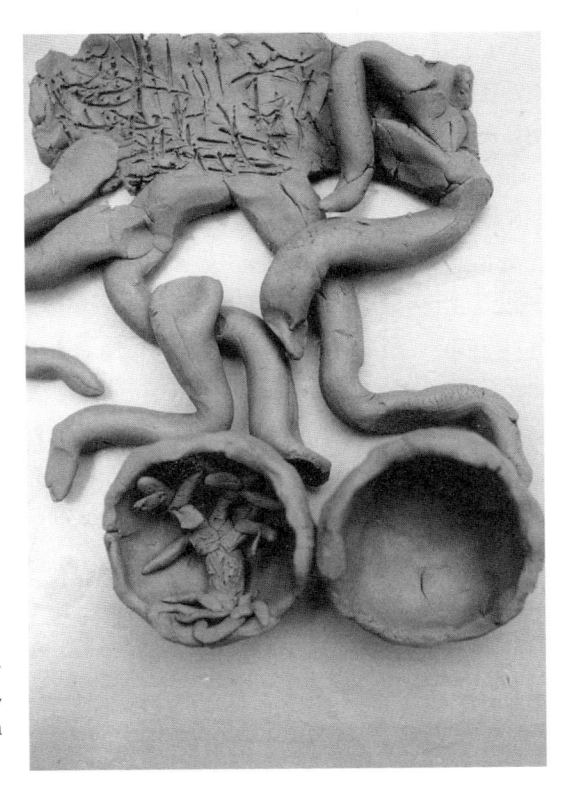

Figura 2.3 – A semente aberta da árvore. "A semente já sabe o que virar". Vittorio, 5-6 anos, Escola Municipal da Infância Diana.

Eu dizia antes que não é fácil demonstrar essas afirmações.

Quem, assim como eu, teve um percurso de formação no campo da arte e tem algum conhecimento da linguagem visual consegue colher, nos produtos finais – desenhos, esculturas, linguagens verbais –, sinais de uma relação cultural e afetivamente complexa entre o autor e as folhas.

Em relação à qualidade formal dos resultados, essa abordagem complexa fornece ao sinal gráfico, ou às outras formas de representação que podem derivar de diversos tipos de técnica e de materiais, uma particular sensibilidade e originalidade, que dificilmente podem ser encontradas.

A atitude empática, a *simpatia* ou a *antipatia* para com o objeto que se indaga com interesse, produzem uma relação com o sujeito que leva a introduzir *uma pulsação de vida* nessas explorações. E são justamente essas *pulsações de vida* que frequentemente estimulam intuições e conexões entre elementos diversos, desenvolvendo novos processos criativos.

Estética como ativadora de aprendizagem

Com incontestável, mas inevitável, superficialidade, ao tratar de um monstro sagrado da filosofia, eu gostaria de mencionar brevemente o ponto de vista de Kant, que vê a estética como uma fronteira na qual "razão e emoção não entram em acordo senão no interior de uma tensão" (Deleuze, 2000, p. 9). O próprio Kant e outros autores falam do pensamento como um limite móvel, um jogo contínuo de desafio e de reinvenção, reformulador da estruturação das faculdades e dos seus domínios, e como essa tensão é, muito frequentemente, a origem da renovação de paradigmas e, portanto, produtora de criatividade.

Se acreditarmos nessas afirmações, que naturalmente requereriam avaliações posteriores e mais aprofundadas, poderemos estabelecer uma primeira conexão básica: *se a estética favorece a sensibilidade e a capacidade de conectar coisas até muito distantes entre si e a aprendizagem acontece por meio de uma nova conexão entre elementos diversos, então, a estética pode ser considerada como uma importante ativadora da aprendizagem.*

Se tudo isso for também só parcialmente verdadeiro, é difícil compreender por que a dimensão estética está, em geral, tão distante do mundo das escolas, tão estranha à formação dos futuros professores e pedagogos.

Eu já disse, no início, o quão ingênuo seria pensar que pode ser suficiente a presença de um ateliê e de um atelierista nas escolas para garantir que a *dimensão estética* se torne ativadora de aprendizagem.

É necessário um diálogo contínuo entre um ateliê de qualidade e uma pedagogia sensível às linguagens poéticas, com a consciência de que ambos são caracterizados, com frequência, por um olhar diferente, profundo e que antecipa os tempos, para construírem, juntos, espaços inovadores de grande interesse para a educação e a aprendizagem.

Como uso sempre as expressões *linguagens* e *linguagens poéticas*, eu gostaria de esclarecer desde já ao que me refiro. Na pedagogia reggiana, foi feita a escolha conceitual de se estender o termo *linguagem* para além da verbal, considerando *linguagens* como as diversas modalidades com as quais o ser humano se expressa, ou seja, a linguagem visual, a matemática, a científica etc. A pedagogista Claudia Giudici, ao longo de uma conversa sobre a relação entre pedagogias e ateliê, diz: "[Em Reggio Emilia] *quando falamos de linguagem, referimo-nos aos diversos modos da criança (do ser humano) de representar, comunicar e expressar o pensamento por meio de diversas mídias e sistemas simbólicos; as linguagens, portanto, são as múltiplas fontes/gêneses do conhecimento*".

Por *linguagens poéticas*, entendemos aquelas formas de expressão mais fortemente caracterizadas pelos aspectos expressivos e estéticos, como a música, o canto, a dança, a fotografia.

Essa fecunda relação entre as linguagens poéticas e pedagogia é testemunhada pela forma particular de observação e de documentação didática dos processos, que é, há bastante tempo, utilizada nas instituições escolares reggianas, e é justamente na análise e na documentação do processo que a *dimensão estética* exprime a sua maior força e confirma as suas capacidades de desenvolver novas conexões. Procurarei, a seguir, oferecer testemunhos esclarecedores sobre isso.

Creio que a escola em geral não leve em conta a *dimensão estética* na aprendizagem porque, na maioria dos casos, considera-a como supérflua, talvez também prazerosa, mas não necessária ou indispensável.

Surge também uma dúvida: será que uma abordagem livre para os problemas e a irreverência com relação a saberes consolidados, típicas de quem se ocupa de estética, não podem representar um potencial componente subversivo em relação a uma cultura e uma educação tradicional? Educação tradicional que é, com frequência, baseada em paradigmas fixos, imutáveis ao longo do tempo, com poucas dúvidas e incertezas.

A estética se nutre de empatia, de relação intensa com as coisas, não categoriza de maneira rígida e pode, portanto, constituir um problema em relação a certezas excessivas e simplificações culturais.

Beleza como aspiração e direito da espécie

Talvez um fator importante com o qual concordar é que *a procura da beleza* pertence, de maneira natural e profunda, à nossa espécie e constitui uma parte importante dela, uma necessidade primária. Basta um olhar, ainda que rápido e superficial, para a nossa história para reencontrar continuamente, em cada época e cultura, a presença do cuidado formal, da atenção para a dimensão estética nos produtos manufaturados que surgiram. Não só nas grandes obras de arte, mas também nos ornamentos do corpo e em simples mobiliários cotidianos, há testemunhos nos quais afloram gestos de cuidado, procura da qualidade formal e da beleza. Trata-se de uma aspiração que encontramos em todos os povos e em todas as culturas, atuais e passadas: a atenção estética, entendida e vivida como filtro de interpretação do mundo, como atitude ética, uma forma de pensamento que requer cuidado, graça, atenção, sagacidade, ironia, uma abordagem mental que supera a simples aparência das coisas e evidencia aspectos e qualidades inesperados. Uma aspiração à beleza que é, muito frequentemente, abatida pela atual cultura dominante, que subestima as suas importantes repercussões, tanto psicológicas quanto sociais.

Não é fácil nem simples falar de beleza e estética em um mundo atormentado por injustiças, pobreza, dominações e crueldade. Beleza e estética parecem temas tão efêmeros e distantes do cotidiano que se tem quase pudor de falar deles, mas, ao mesmo tempo, adverte-se como, à sua aparente fragilidade, contrapõem uma força e resistência extraordinárias.

Trago considerações de dois diferentes autores que refletem as partes mais dramáticas dessa contradição.

A primeira é de George Steiner, terrivelmente verdadeira e angustiante: "O fascismo, o apocalipse de Auschwitz não surgem no deserto, mas no centro da alta cultura da Europa. Existem só duzentos metros entre o jardim de Goethe e a porta de Buchenwald" (Steiner, 2006, p. 43).

A outra é do arquiteto Andrea Branzi (1997, p. 25), que escreve: "A questão estética representa o grave problema político do futuro, no sentido de que ou esse sistema conseguirá ser menos feio, ou está destinado a um colapso social e a uma rejeição política".

Pessoalmente, como tantos, continuo pensando que beleza e estética são agentes de salvação para as mulheres e os homens, e que a sua proposição como direitos fundamentais e inalienáveis seria de grande benefício para a humanidade inteira.

Poética

Em uma de suas visitas a Reggio Emilia, o psicólogo Jerome Bruner, em um encontro informal em uma escola da infância, falava sobre como, durante as próprias aulas na universidade, preferia substituir o termo *estética* pelo termo *poética*. Essa afirmação me tocou muito, não só porque se tratava de uma declaração de um grande mestre como Bruner, mas, também, porque eu percebia o termo *poética* menos abstrato, menos pomposo, quase mais humanamente doce.

É verdade que a *Poética* escrita por Aristóteles sai do específico da produção poética tratada por ele (representações teatrais) e que as reflexões filosóficas expostas por ele assumem significados que se estendem para toda a comunicação humana onde as qualidades poéticas se expressam.

A palavra *poética* assim entendida se amplia e compreende todas as linguagens artísticas, as estruturas do conhecimento e os processos que estas subentendem.

Estética e *Poética* são termos diferentes para significar conceitos e processos muito próximos: de modo simplificado, poderíamos definir a *Estética* como um sistema de valores e a *Poética* como um projeto de valores de natureza mais subjetiva, em que a "tarefa do poeta não é dizer o que aconteceu, mas o que poderia acontecer" (Aristóteles, 2007, p. 3) e em que criatividade e rigor correm em paralelo. O pensamento criativo se desenvolve procurando-se conscientemente "como as tramas devem ser compostas para que a poesia saia bem" (Aristóteles, 2007, p. 19).

De qual maneira a *dimensão estética* e a abordagem poética às coisas acrescentaram valores particulares à pedagogia tradicional?

Por meio de quais canais se demonstraram mais incisivos?

Há, nesse processo, riscos de um esteticismo superficial, de fachada, do qual, vez por outra, as escolas de Reggio Emilia são acusadas, sobretudo por parte de alguns pedagogistas?

São questões para as quais procurarei dar uma resposta do meu ponto de vista nos vários capítulos deste livro.

O senso estético

É bom lembrar aqui novamente que o *senso estético*, justamente por ser provável que é inato à espécie, transpõe os limites com facilidade entre os diversos campos do saber e é transversal às várias disciplinas. Não está ligado somente à arte, mas se torna modalidade de investigação, chave de interpretação, lugar de experiência.

Quando os matemáticos admitem que, frequentemente, entre várias hipóteses de solução, é escolhida aquela que apresenta a fórmula mais bonita e elegante, confirmam de fato esse comportamento. Eis alguns exemplos.

Primo Levi, químico, além de escritor, define como "graciosa" uma estrutura de uma matéria (aloxana) e comenta: "Faz pensar em algo sólido, bem conectado", e acrescenta: "Dizer belo é dizer desejável" (Levi, 1994, p. 182). Paul Dirac, um dos fundadores da mecânica quântica, diz que "uma lei física deve ter beleza matemática" (Atiyah, 2007, p. 47). O matemático Hermann Weyl também escreve: "Creio que certas características implícitas na Matemática aproximem essa matéria mais às artes criativas do que às outras disciplinas experimentais" (Atiyah, 2007, p. 47).

> Creio que a melhor maneira para fazer entender como os matemáticos entendem o conceito de beleza seja por meio de um confronto entre matemática e arquitetura. A arquitetura traz muitas das suas características do impacto visual do seu conjunto, da natureza artística do seu projeto, da engenharia que subentende a sua estrutura e da atenção sofisticada para os detalhes da decoração. Diversos técnicos trabalham ao mesmo tempo em partes diferentes da construção, a qual resulta permeada de uma constante tensão entre estética e funcionalidade.
>
> A matemática pode ser vista sob o mesmo prisma: um edifício abstrato, cuja estrutura elegante exprime um projeto de conjunto de extrema beleza, em que o refinamento do detalhe pode ser admirado na sua intrincada argumentação, e cuja solidez é constantemente reforçada por uma técnica rigorosa e por uma

> intrínseca utilidade nas suas inumeráveis aplicações. Seja na matemática, seja na arquitetura, é possível elencar as qualidades, cuja soma cria beleza: a elegância, o equilíbrio, a precisão, a profundidade, mas, no final, a estética matemática começa a existir somente quando se torna finalmente visível aos nossos olhos.
>
> (Atiyah, 2007, p. 47)

Existem vários exemplos em todas as profissões, mas se sabe que, para cada atividade cultural, o *senso estético* deve ser apoiado e defendido com constância ao longo do tempo.

A escolha de Loris Malaguzzi, no final dos anos 1960, de inserir em cada escola da infância um ateliê gerido por uma figura com formação artística foi, e é, uma escolha mais revolucionária do que pode parecer, porque levou para dentro da escola e dos processos de aprendizagem um novo olhar em relação aos hábitos e à tradição pedagógica.

Trata-se de se ter uma visão diferente dos problemas.

Sem diminuir o seu valor, é necessário ir além dos materiais e das técnicas que o ateliê introduziu na escola, que também são muito importantes para os processos que favorecem e as competências que pressupõem. Ir além dos materiais e das técnicas e observar os processos de empatia e de relação intensa com as coisas que o ateliê promove, pensar que os atelieristas se colocam como aqueles que garantem o fato de que, em cada disciplina, ou linguagem, estão sempre presentes tanto a parte expressiva e emocional quanto a racional e cognitiva.

Na experiência reggiana do ateliê, a *dimensão estética* encontra, com o seu trabalho especialmente com linguagens visuais, pela própria natureza, sensíveis e próximas a todas as outras linguagens poéticas, uma importante e tangível expressão em olhares, ouvidos, mãos que sabem, ao mesmo tempo, construir e se emocionar.

Sugestões da arte

O ateliê traz muitas sugestões das artes, tanto do passado quanto contemporâneas. Não para somente nos produtos, também importantes, mas colhe as sugestões que os artistas, com as suas antenas sensíveis, devolvem por meio das suas obras. Cito somente algumas:

- a qualidade e as transformações da luz durante o dia (um claríssimo testemunho disso encontramos em *O lago das ninfeias*, de Claude Monet);
- o sinal (gráfico ou pictórico) como escrita e narrativa;
- como o mesmo sujeito nunca se apresenta por meio de uma só *face*, mas no multiplicar-se de vários pontos de vista, entendidos não como soma, mas como identidade complexa;
- como a cor canta e se expressa ou como canta e se expressa a cor por suas tonalidades, até expressar-se na sua unicidade cromática, como nas obras de Klein;
- a matéria percebida também na sua essência cromática, como na pintura de Alberto Burri;
- a *body art* na qual o corpo se torna gesto, ritmo, participação total;
- a *video art* onde o tempo e o movimento são parte integrante da obra;
- a música ambiental, em que som e rumor perdem a clássica autonomia e o cotidiano, por meio de uma escuta sensível, torna-se música;
- as fotografias de Luigi Ghirri, em que temos uma abstração formal, conceitual e a cor se torna som cromático;
- a arte conceitual, na qual a metáfora se conta;
- ...

Eu poderia prosseguir demoradamente, porque muitos, realmente muitos, *são os olhos*, *os ouvidos*, *os gestos*, as emoções, as denúncias que generosa, e às vezes, raivosamente, as artes e os artistas nos oferecem.

O importante é entender o quanto essas sugestões não são elementos puramente formais, mas se concretizam em outros tantos conceitos e novos tipos de relação com o mundo. É por isso que a referência ao mundo da arte e aos seus valores deve, sobretudo, ser revivida e reinterpretada nas elaborações dos professores e nas elaborações e nos imaginários das crianças.

Nesse processo de troca, de aproximação e de *parentesco* com o mundo da arte, em Reggio, nasceram modalidades de trabalho e estruturas didáticas geradoras de uma cultura e de uma abordagem com as coisas que, em pouco tempo, difundiram-se visivelmente por toda a escola: no ambiente, nas propostas voltadas às crianças, nos processos e nos produtos finais.

Em um projeto educativo, a *escuta* é uma prática difícil, mas indispensável, que precisa ser aprendida. A tensão estética com as suas peculiaridades de empatia, de procura de relação, de *"estrutura que conecta"*, mas também de graça, ironia, provocação, não determinismo, é apoio ao processo de escuta.

Estética/Ética

Ninguém pode negar que existe o risco de uma atitude decorrente de uma estética superficial, que possa chegar a encobrir a fragilidade ou a escassez dos conteúdos, porque, na nossa sociedade, existe um forte processo de homologação de certos modelos culturais que imperam, divulgados pela grande mídia, nos quais, muito frequentemente, a beleza é vendida nas suas formas mais fúteis, supérfluas, luxuosas.

Essa depreciação não deve, certamente, ser atribuída à natureza da *dimensão estética,* mas é fruto de um mal-entendido, ou pior, de uma traição.

Em uma estética como a que nós entendemos, que é promotora de relações, de conexões, de sensibilidade, de liberdade e de expressividade, parece natural uma aproximação à ética.

Em relação à educação, eu falaria da necessidade de uma união inseparável entre estética e ética: a união mais segura para distanciar formas de prepotência e fazer da sensibilidade estética uma das mais fortes barreiras contra as violências físicas e culturais.

Até porque a experiência estética é, principalmente, expressão de liberdade e, não por acaso, a pesquisa estética de vanguarda sempre foi, e ainda é, combatida em todas as ditaduras.

Estética/Epistemologia

Enquanto eu terminava de escrever estas poucas reflexões, chegou às minhas mãos o relatório que o Professor Mauro Ceruti[1] fez em Reggio Emilia, em 2007. Ceruti presidiu a comissão encarregada de redigir as *Indicações para o currículo da escola da infância e do ciclo básico de instrução*, publicadas pelo Ministério da Educação, em 2007. Devo dizer que a leitura do seu relatório não podia me

---

[1] Mario Ceruti é professor de Lógica e Filosofia da Ciência, na Universidade de Bergamo. É Presidente da Sociedade Italiana de Lógica e Filosofia da Ciência (SILFS).

fazer mais feliz, porque, além das inteligentes reflexões sobre a escola como um lugar de pesquisa, com um feliz pensamento sintético nas últimas páginas, Ceruti trata do tema da arte como "profundamente epistemológica e pedagógica" e sustenta que ela não deve ser "colocada em uma moldura, num museu, caso contrário, o seu potencial estético, e, portanto, epistemológico, desaparece, porque o verdadeiro perigo é o da museificação da arte". Poucas linhas depois, reafirma: "Epistemologia e estética são sinônimos". Por quê? Porque talvez "[...] nós perdemos até o sentido da palavra estética. Na nossa experiência cotidiana, e penso que na atividade crítica, quando a transformamos em uma disciplina acadêmica [...]. A estética é o cuidado da nossa sensibilidade para as relações" (Ceruti, 2007).

Eu reencontrei essa aproximação entre estética e epistemologia também em um livro publicado há alguns anos, que trata da morfogênese sintética ("A geração de formas simuladas com base em algoritmos, e a biogenética, geração de formas vivas artificiais com base na recombinação de informação genética", Berardi Bifo e Sarti, 2008, quarta capa), em que nada é rigorosamente previsível:

> [...] o que nos interessa é o ponto de intersecção entre a estética e a epistemologia. E, por isso, aproximaremos o olhar da lente de aumento que nos é fornecida pelos artistas [...]. Temos que partir da sensibilidade, da percepção física e conceitual e também do sentimento de desconforto que o tecido íntimo das coisas provoca, vez por outra, na trama epidérmica da subjetividade.
>
> É do nosso corpo que falamos quando tratamos de estética. Desse ponto de vista, podemos entender um pouco melhor o que quer dizer arte: o trabalho da arte é construir antenas.
>
> Antenas que percebam o quanto de intolerável, incômodo, odioso, repugnante há no universo que nós mesmos construímos. E também antenas capazes de nos colocar em sintonia com as constelações felizes da existência, de indicar um caminho técnico e epistemológico para sair da escuridão, para nos liberar da opressão, para dissolver a violência.
>
> Em tal sentido, o nosso livro é um livro de estética. Porém, ao mesmo tempo, é um livro de epistemologia. (Berardi Bifo e Sarti, 2008, p. 8)

Os autores acrescentam: "Epistemologia é a ciência que estuda os fenômenos da nossa atitude mental, cognitiva [...]" (Berardi Bifo e Sarti, 2008, p. 9).

Não deixa de me entusiasmar a união entre *epistemologia* e *estética*, evocada, também, por expoentes de disciplinas diversas: o trazer a experiência estética para a experiência de vida e de relações, tirando-a de uma área, talvez, solene demais, para trazê-la a um processo cotidiano que ajude a perceber a *dança das coisas entre si.*

A minha motivação é escutar com atenção o apelo feito por tantos sobre o quanto o não refletir sobre a aproximação epistemologia-estética, não considerá-las sinônimos, priva-nos de uma compreensão mais profunda das coisas: "Eu me atenho ao pressuposto de que termos perdido o sentido da unidade estética tenha sido, simplesmente, um erro epistemológico" (Bateson, 1979, p. 19).

Capítulo 3

OLHAR GERAL

Hipótese irreverente

Nesses últimos anos, na Itália, no resto da Europa e no mundo, estão surgindo muitos ateliês e laboratórios, mas se trata de estruturas externas aos *currículos* escolares: sem dúvida, realidades positivas, mas o seu papel em relação à escola é muito diferente do papel de um ateliê inserido no interior de uma estrutura, entrelaçado em estreita conexão com todas as outras disciplinas.

O meu convite é para refletir e avaliar o quanto pode ser importante uma maior presença na escola das linguagens definidas, de maneira mais simplista e arbitrária, como "*expressivas*": visual, musical, corporal; e, sobretudo, em qual medida a atenção para a expressividade e para a *dimensão estética* de cada disciplina pode contribuir para dar ao saber uma dimensão de maior completude e *humanidade*.

A pergunta que precisaria ser feita é relativa a quanto, e de que modo, os processos de aprendizagem e de ensino seriam modificados, se a cultura escolar acolhesse as linguagens poéticas e a dimensão estética como elementos significativos da construção do conhecimento.

É uma hipótese que faz muitos sorrirem, como se se tratasse de uma pergunta surreal, porque talvez seja muito, muito distante da nossa realidade cotidiana.

De fato, existem escolas que atuam nessa direção, mas se trata de casos isolados que, no mundo, têm uma incidência numericamente limitada na formação do conhecimento.

Essa *hipótese irreverente*, ao contrário, realizou-se parcialmente nas creches e escolas municipais da infância de Reggio Emilia, nas quais é possível observar concretamente e refletir sobre o estranho e inusitado fenômeno educativo que, ao longo dos anos, foi construído lá. Em vez de falar de maneira abstrata, essa experiência me permite fazer algumas reflexões sobre situações concretas e verificáveis.

Por que isso aconteceu justamente em Reggio? Segundo um recente ensaio do arquiteto Andrea Branzi sobre a cidade, Reggio Emilia é uma cidade inovadora, porque agrega, contemporaneamente, muitas culturas, tradicionais e novas, unidas a uma forte e natural paixão pelo pensar e fazer, "uma espécie de energia natural que se manifesta em uma forma de vitalidade espontânea, muito sofisticada" (Branzi, 2007, p. 236).

Eu gostaria que fosse realmente assim. Certamente, no início dos anos 1970, quando encontrei a pedagogia de Reggio, a qual descobri ao ouvir Loris Malaguzzi falar sobre ela em uma conferência e ao entrar para trabalhar nas escolas, fiquei fascinada, talvez envolvida, por aquela *energia vital* evocada por Branzi, com o sonho de um projeto educativo no qual uma formação cultural e profissional como a minha (pelo Instituto de Arte de Modena e com habilitação em Educação Artística e História da Arte, em Florença) ganhava sentido e corpo, ao contrário da breve experiência de ensino nas escolas médias e nos liceus[1] realizada até então, em que as matérias artísticas, no currículo, eram (como são até hoje) consideradas secundárias.

Embora as escolas da infância de Reggio ainda se encontrassem no início do seu percurso educativo, entrando naqueles serviços, percebia-se, sobretudo, a tensão e também o otimismo de uma comunidade que trabalhava com forte consciência social e ética.

Uma consciência que, com o passar do tempo, ganhou cada vez mais corpo em um forte imaginário comum, para compreender a particularidade de que não bastam simples análises sobre as maneiras nas quais acontece a formação didática e educativa dos professores.

Talvez fosse a situação social e cultural daquele período histórico, talvez fossem as palavras de Malaguzzi, que conseguiam dar motivações profundas

---

[1] N.T.: em relação ao Brasil, as chamadas "escolas médias" italianas correspondem ao ensino fundamental II e os liceus, ao ensino médio, com a particularidade de que estes oferecem formação teórica específica em Artes, em Ciências Humanas, Exatas ou Biológicas.

a uma profissão tão socialmente pouco reconhecida, como a dos professores de creches e de escolas da infância, mas talvez fosse também a consciência (a esperança ou a possibilidade) de que, com o nosso trabalho, estávamos contribuindo para uma ideia de aprendizagem e de conhecimento muito diferente das ideias que circulavam e que eram culturalmente pouco estimulantes.

Multiplicidade das linguagens

Desde sempre, tenho a impressão de que, no campo da Educação, o conceito de *conhecimento* deveria ser definido de maneira mais aprofundada e consciente, para permitir crescimento e evolução em condições de maior entusiasmo e vivacidade cultural, uma espécie de sensibilidade epidérmica e velocidade para responder aos estímulos culturais. Ao termo *conhecimento*, para melhor definição, juntarei outras palavras como *transdisciplinaridade*, *coparticipação* (termos propostos por Edgard Morin), *solidariedade*, *ironia*, *carinho*, *graça*, e não menos importante, *beleza*.

Creio que, em uma profissão como a minha, que se ocupa de educação, entre outros objetivos, deve-se também procurar esclarecer *para qual tipo de conhecimento* se trabalha.

Tudo isso já foi dito muitas vezes também por pessoas respeitáveis, mas isso não impede de retomar o assunto e enfatizar o quanto é limitante para a evolução do pensamento um sistema de ensino que tende a separar as diversas disciplinas e, como, agindo dessa maneira, chega-se a despedaçar a realidade, tornando tão mais difícil uma compreensão mais geral e mais completa das coisas, e como essa separação pode ser um obstáculo para a possibilidade de observar aqueles elementos capazes de estabelecer conexões que constituam o suporte e a ligação forte da rede complexiva do saber.

Isso não deve ser entendido como um convite à renúncia a um necessário e positivo aprofundamento disciplinar, mas corresponde à ideia de que um enriquecimento dos conhecimentos disciplinares deveria trazer consigo o desejo de confrontar-se e conectar-se a outros saberes.

Digo "deveria trazer", porque é justamente a separação disciplinar inicial que causa e apoia uma especialização cada vez maior que, no final, revela-se míope, não enriquece, de fato, nem o indivíduo, nem a inteligência coletiva.

Essa é uma das razões que levam a pedagogia de Reggio a preferir a utilização do termo *linguagem* em vez de *disciplina*, e, por linguagem, como já foi mencionado, não se entende somente a verbal, como a tradição escolar nos habituou, mas todas as modalidades comunicativas que levam o pensamento humano a refletir, a aprofundar, a questionar, a interpretar, em âmbitos culturais diferentes, tanto na ciência como na música, na arquitetura como na pintura, no cinema como na matemática, até compreender todos os campos da comunicação humana.

Cada *linguagem* possui uma gramática própria, tem uma especificidade peculiar, mas apresenta, também, uma estrutura preparada para a comunicação e a relação. Estruturalmente, a linguagem está aberta à comunicação.

Quando, na pedagogia de Reggio, declaramos que a criança tem e *"fala cem linguagens"*, entendendo as muitas possibilidades comunicativas que a nossa espécie tem como herança genética, a nossa hipótese é de que acontecem processos de aprendizagem nos quais mais linguagens (disciplinas) podem interagir entre si.

Penso que já seja conhecido e, cada vez mais, confirmado pelas pesquisas e descobertas neuronais o quanto a nossa mente e as nossas sensações estão em contínua conexão: estamos, porém, convencidos de que a possibilidade e a liberdade de analisar cada problema ou situação complexa, por meio do filtro de mais linguagens, facilita uma capacidade natural e biológica do nosso cérebro, favorece as relações e o escorrer entre processos que ativam as diversas áreas da sua configuração e pensamos que essa abordagem pode dar uma maior riqueza e completude ao pensamento.

No entanto, também sabemos que, para essas capacidades biológicas, são necessários contextos, materiais e tempos adequados para experimentar e exprimir o crescimento.

Tais declarações nos levam a projetar e planejar tanto o ambiente da escola quanto os materiais que utilizamos, os procedimentos que colocamos em ação, a formação dos educadores, as propostas feitas às crianças, com a real possibilidade de que, para as *cem linguagens*, seja dada a oportunidade de desenvolvimento por meio da sinergia. Além disso, as observações e as documentações que produzimos devem ter um olhar atento para o entrelaçamento entre as linguagens.

Espero que fique claro que não pretendemos simplesmente colecionar uma série de pontos de vista disciplinares sobre certo assunto, mas, sim, propor uma espécie de *adubo transdisciplinar rico em vitalidade*, capaz de acolher diversas modalidades de pensamento, sem temor de interferências e contaminações, considerando essas modalidades uma possibilidade, e não algo *fora do tema*.

Pessoalmente, estou convencida, e já declarei isso várias vezes, de que, quanto mais rica e competente for uma linguagem, mais se consegue entrar em sinergia com os outros e acolhê-los. Isso, porém, significa que cada linguagem deve ser tratada pelos adultos, em conjunto com as crianças, na sua riqueza estrutural e expressiva.

Isso certamente não é simples, porque não são muitas as linguagens que cada um de nós conhece de modo aprofundado, e, aliás, em comparação com muitos, somos quase semianalfabetos, e isso limita também a nossa capacidade de *escuta* dos processos das crianças nos âmbitos que conhecemos de maneira superficial.

O que fazer? Em primeiro lugar, dar às crianças e a nós mesmos a possibilidade de não hierarquizar imediatamente as linguagens, compreendendo a riqueza que pode derivar disso. Podemos oferecer uma formação escolar na qual as diversas linguagens sejam tratadas de maneira específica e interdisciplinar, e continuar a experimentá-las concretamente no cotidiano do ensino, formando grupos de professores com competências diferentes que projetam e se confrontam juntos.

Deste ponto em diante, alternarei minhas reflexões com testemunhos de crianças de várias idades. São historietas capazes de fornecer palavras de vida a uma profissão como a minha.

A multidão

Precisaríamos ser surdos (e, infelizmente, os professores, com frequência, se tornam como que surdos por uma forma errônea de programação didática) para não perceber, nessas primeiras conversas de um grupo de crianças, no início de um projeto sobre a imagem da "Multidão", como elas se relacionam com a realidade, mediante um entrelaçamento de percepções nas quais as fronteiras entre as linguagens são contínua e reiteradamente atravessadas.

A seguir, quatro meninas e quatro meninos, separadamente, com idade de 5 anos a 5 anos e 6 meses, discutem e definem imagens de multidão (conversa extraída de Malaguzzi, 1996, p. 143).

Grupo de meninas

— Quando tem muita gente, tem muita bagunça. As pessoas fazem muito barulho com os passos, muito barulho com os passos.

— As crianças podem se perder.

— As pessoas passam com as costas estreitas.

— A gente ouve falar, gritar... Alguns vão para a direita, alguns para a esquerda, alguns reto, pras descidas, pras subidas, por um lado, por outro, todo mundo vai para onde bem entender.

— É um tapete de gente que caminha e se move.

— As meninas têm um cheiro gostoso.

— E as meninas também têm minissaia, meias-calças, *jeans*, sapatilhas, tênis, sapatos de salto, calças... Os homens, não. Eles não têm roupas bonitas...

Grupo de meninos

— Tinha um monte de gente perto da minha casa, em fila, a gente via só cabeças, muitas cabeças.

— Eu tava no meio. Mas quando tem muita, muita, muita gente é um grande problema, porque a gente pode se perder.

— Eu vi pela televisão muita gente assim: a gente vê muitas camisetas, muitos casacos.

— As pessoas respiram, suam, fedem.

— Eu presto atenção em todo mundo, vejo todo mundo por todos os lados. Se as pessoas vão pra lá, eu vejo as costas.

— Quando tem uma multidão toda junta, a mamãe te carrega no colo ou o papai faz cavalinho, e você vê todo um monte de cabeças.

— A multidão à noite é muito perigosa porque tá escuro.

— Todos os meninos gostam de vestir preto. É a cor preferida deles.

Tudo já está aqui, nas palavras das crianças, nas suas definições de multidão, nas sintonias e nas diferenças colhidas entre meninas e meninos: já existem, para os professores, todos os indicadores do projeto que permitem não prevaricar o ponto de vista das crianças, que já prevê e contém uma utilização sinérgica da linguagem.

Basta escutar as crianças para compreender como a *transdisciplinaridade* (ou seja, o pensamento humano que, para aprofundar um assunto, se conecta a disciplinas e linguagens diferentes) não é uma teoria filosófica e científica avulsa à realidade, nem um mandamento didático, mas uma estratégia natural do pensamento, sustentada pela hipótese inicial de que as possibilidades combinatórias e criativas de mais linguagens enriquecem a percepção e intensificam a relação que a criança tem com a realidade e o imaginário.

George Steiner, crítico literário e ensaísta eclético, estimula todos a reencontrar uma visão do conjunto e vê, na fratura entre ciência e humanismo, o impedimento principal da nossa cultura: "A matemática era para Platão e Aristóteles, mas também para Leibniz e Valéry, a música do pensamento. Leibniz disse: 'Quando Deus cantou, cantou a álgebra'. Maravilhosa expressão, cantar a álgebra" (Steiner, 2006, p. 46). Realmente maravilhosa, uma expressão que comunica uma ideia de números bela e apaixonante, que não diminui o rigor disciplinar e as dificuldades que o estudo da matemática comporta.

Explorações matemáticas

Alice, 5 anos recém-completados, tem, há tempos, como muitas crianças da mesma idade, uma verdadeira paixão pelos números e são muitíssimas as situações que as estimulam a contar, a somar, a subtrair, a desmontar e a remontar a mesma cifra de maneiras diferentes, a tentar brincar com as multiplicações.

Diverte-se ao entender quais são os números definidos pares e os ímpares e por quê. Ama construir autonomamente alguns problemas matemáticos... E resolvê-los. Inicia-os com "Se um...", início utilizado por ela com o tom certo da pesquisa, com *suspense*. Está tentando entender bem os dias da semana, avaliar a passagem do tempo.

Há poucos dias, ela me perguntava: "Se eu demorar 1 hora para fazer 10 quilômetros, em meia hora eu faço 5 quilômetros? Quantos quilômetros eu faço em três quartos de hora?". Depois, nessa última pergunta, ela se perdeu, até porque eu não fui capaz de fornecer-lhe uma resposta claríssima.

Uma professora de uma turma de crianças de 5 anos à qual me dirigi para uma rápida troca de opinião sobre esse problema me confirmou o interesse de muitas crianças pelos números e me mostrou alguns materiais, boa parte idealizada por ela e pela colega, já preparada para apoiar e fazer evoluir esse tipo de interesse.

É possível que essas paixões e curiosidades se apaguem tão facilmente quando as crianças ingressam no ensino obrigatório? Que, para elas, os números vão *parar de cantar*? Trata-se somente de uma dificuldade maior? O quanto incide nessa dificuldade de ensino da matemática o fechamento dela, desde o início, em uma categoria restrita, artificialmente limitada e estranha?

Malaguzzi nos dizia com frequência que *esforço* e *prazer* coincidem na aprendizagem, e é este o caminho que é preciso procurar e percorrer com as crianças e os jovens: talvez não seja muito simples, mas, no fundo, nem difícil demais.

Trago uma série de testemunhos, a propósito disso, diferentes entre si por assuntos e idades das crianças.

Composições matemáticas

Para crianças de cerca de 4 anos foram distribuídas algumas varetas, com dimensões iguais, e algumas pedrinhas com várias dimensões e formas (planas, redondas). A solicitação foi relacionar cada vareta a uma pedrinha, explicitando, dessa maneira, o conhecido conceito matemático "termo a termo".

É interessante analisar como as crianças desenvolveram o tema; além do problema de aproximar o número, ao mesmo tempo atentaram para a sua percepção do espaço e das formas. Desafio quem quer que seja a notar o quanto a solução do problema influenciou a beleza das composições formais (ver Figura 3.1).

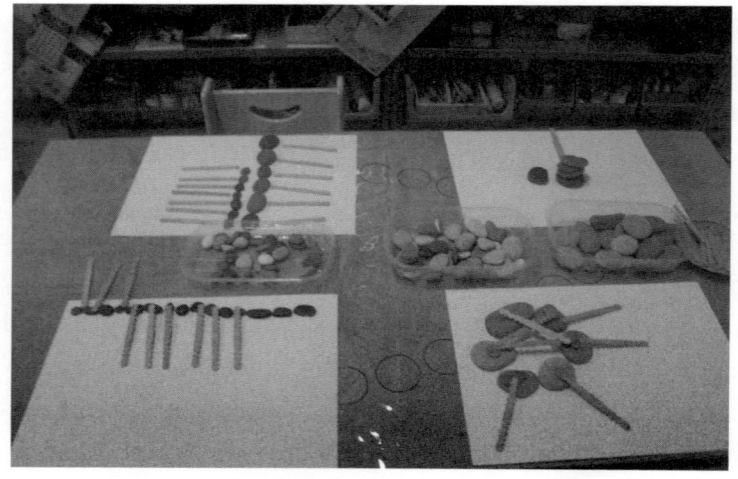

Figura 3.1 – Composições matemáticas, crianças de 3 anos a 3 anos e 6 seis meses.

A potência do zero

Cristian, um menino de 5 anos e 8 meses, fez este desenho, visualizando uma teoria matemática: "Um zero que une toda a sua força para fazer os números ao infinito".

Aqui também é difícil separar a parte formal e estética da parte cognitiva.

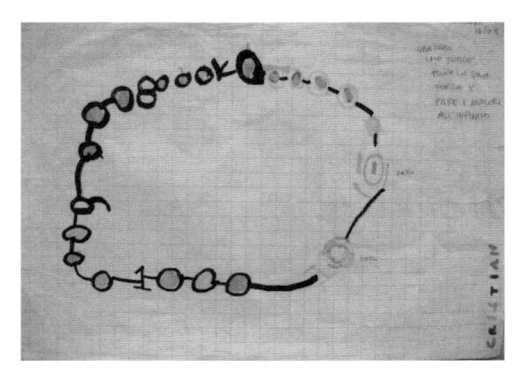

Figura 3.2 – A potência do zero: visualização de uma teoria matemática. Cristian, 5 anos e 8 meses.

O girassol

Percebemos há tempos como as crianças são sensíveis e atentas aos jogos de luz e sombra, e isso fez os professores se tornarem sensíveis também, porque, caso contrário, não teria sido possível documentar um episódio como o que segue.

Duas crianças de aproximadamente 2 anos, enquanto caminham pela classe, param, atraídas por um raio de sol que entra pela janela.

"Parece uma surpresa."

"É um pedaço do sol... É um girassol."

Em duas simples frases, as crianças nos fazem ver a semente do conhecimento: o maravilhamento, a curiosidade, a capacidade de construir novas conexões.

Após o acolhimento alegre e curioso do raio, acontece o esclarecimento de que se trata de um raio de sol e, depois, com um extraordinário salto do pensamento, afirmam tranquilamente que o raio se desloca no espaço em relação ao movimento do sol.

Com uma intuitiva e fulgurante similitude, sugerem essa analogia e a declaram por meio da reproposição de uma palavra composta que atribui uma precisa identidade ao fenômeno observado: *é um girassol.*

Não sabemos o quanto a criança que a pronunciou conhecesse a flor homônima, talvez sim, talvez não. As crianças são capazes de invenções e de intuições de saber científico inacreditáveis, como também são capazes de juntar informações de modo totalmente inesperado.

Fico sempre emocionada com a abordagem que as crianças têm aos fenômenos da realidade e, como em muitos outros casos similares, esse episódio me parece uma extraordinária união de racionalidade e poesia, porque o olhar das crianças interroga o mundo, surpreende-se e procura hipóteses de interpretação.

Após observarem a conversa das crianças, as professoras *deixaram espaço* para a luz solar, organizando o ambiente de maneira a permitir ao sol construir formas e jogos de luz e sombra, e a luz do sol se tornou, cada vez mais, uma presença *fluida*, capaz de construir contextos fascinantes.

Essa sensibilidade à luz, notada em muitas outras ocasiões, tocou também os arquitetos e os *designers* com os quais costumamos colaborar, levando-os a se tornarem cada vez mais sensíveis a esse tipo de problema, até chegarem a inserir nos seus projetos ocasiões de criação de fenômenos luminosos, prevendo possíveis explorações das crianças.

Retroprojetor

Luz solar e luz artificial, luzes e sombras: foi necessária a contribuição do ateliê para transformar o retroprojetor, um objeto banal que, normalmente, é utilizado somente em conferências ou aulas escolares, em um instrumento para potencialidades inexploradas, quase mágico para as crianças.

O retroprojetor, há tempos, é uma presença constante nas creches e nas escolas da infância de Reggio (e já em muitas escolas do mundo), um instrumento para interessantes descobertas perceptivas e científicas, para brincadeiras e explorações estimulantes e capazes de criar cenários fantásticos.

É um instrumento quase mágico quando, com a sua luz, torna precioso o material colocado no seu plano transparente, mas cria uma visão absolutamente extraordinária, quando projeta, sobre uma superfície distante, a imagem gigante de objetos e materiais diversos: *"Olha, olha que maravilha"*, exclama uma menina de 4 anos, convidando colegas e professora a participarem da alegria de uma experiência inesperada e encantadora.

No interior das salas de aula, a projeção se torna, vez por outra, uma fascinante cenografia para contar histórias ou para mergulhar o corpo na imagem, e pode tornar-se uma surpreendente fonte de descobertas, como a comparação da imagem projetada em relação à sua posição original, ou como a constatação de que o aumento ou a redução da imagem dos objetos projetados depende da distância da fonte luminosa, um fenômeno que muitos adultos não sabem gerir com facilidade. Aliás, com frequência, acontece que as previsões (e as ações) são invertidas em relação à correta solução dos problemas de óptica propostos.

Figuras 3.3-3.4 – Projetar com o retroprojetor.

A documentação de um projeto[2] relativo à luz, coordenado por uma atelierista, traz uma discussão entre duas crianças de cerca de 4 anos e meio, filmadas enquanto exploram uma fivela para cabelos apoiada à altura do retroprojetor e cuja sombra é projetada sobre a parede branca:

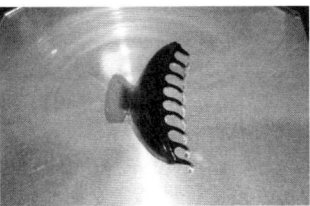

Figuras 3.5-3.7 – A piranha de cabelo. Lucia e Marco, 4-5 anos, Escola Municipal da Infância Gulliver.

---

[2] Projeto intitulado "Enigma de luz", da Escola Municipal da Infância Gulliver, para crianças de 4 a 5 anos, com a professora Lucia Levrini, a atelierista Anna Orlandini e a pedagogista Maddalena Tedeschi.

Marco: *"A imagem, quando chega na parede, é diferente... É virada, e, para mim, deve ter um sistema eletrônico que faz todo esse percurso para chegar no alto, depois chega na parede".*

Lucia: *"É esse sistema que transporta a figura dos objetos".*

Marco: *"Talvez seja o tubo menor, que tem dentro a imagem e a porta no espelho (o espelhinho do retroprojetor)... Em uma passagem secreta, que é um atalho, até levar a imagem o quanto antes para a parede".*

Lucia: *"A imagem que está no espelhinho, para ir para a parede, faz uma corrida. É o espelho que faz virar do outro lado".*

Marco: *"É como se a piranha desse uma cambalhota".*

Lucia: *"A cambalhota na parede. Na lampadinha tem a imagem da piranha... A piranha dá cambalhota na parede".*

Marco: *"Não, dá primeiro no espelho".*

Lucia: *"Precisa de uma lente como aquela dos binóculos".*

Marco: *"A lente serve para projetar a cambalhota".*

Lucia: *"Resolvido o mistério".*

No breve diálogo, cada um de nós pode colher e interpretar aspectos diferentes. O que não pode se eximir de fazer é reconhecer a inteligência e a capacidade analítica e inventiva que o diálogo encerra. A capacidade de escuta do outro, que leva as duas crianças, com natureza e vivacidade intelectual, a continuar, utilizando o pensamento anterior.

Percebem que a imagem projetada está virada em relação à original e, já que há no meio um instrumento, é, sem dúvida, um "sistema eletrônico" que transporta a imagem por "um percurso" e a transforma, antes de chegar à parede: uma "passagem secreta". Um percurso aventureiro e um pouco misterioso, mas é, indubitavelmente, interessante o percurso imaginado por Marco e sustentado por Lucia, que especifica que o "sistema transporta a figura dos objetos", diferenciando, de maneira clara, o mundo real do projetado: mundos paralelos com vidas e regras diferentes. Ao longo do caminho, o objeto encontra o espelho, um elemento conhecido pelas crianças, e mesmo não sendo bem compreendido o fenômeno da inversão da imagem refletida, devem tê-lo percebido porque é no espelho que se projeta a atenção de Lucia, que atribui ao espelhinho o fenômeno de "fazer virar do outro lado" os objetos. Há, então, essa imagem empolgante, alegre, um objeto que, com duas cambalhotas rocambolescas, a primeira no espelhinho, a segunda "correndo" na parede, passa do mundo do real ao mundo projetado. E aqui é "resolvido o mistério".

O ensino não pode esquecer a beleza

É tão errado pensar que possa existir uma aprendizagem na qual maravilhamento, ética e beleza, prazer e rigor estão na base do conhecimento?

Luigi Zoja, no seu livro *Giustizia e bellezza* (Justiça e beleza, em tradução livre), fala de como a crescente complexidade eliminou a beleza, já que era "obstáculo à eficiência, à velocidade e à mensurabilidade econômica que orientam a sociedade de modo cada vez mais exclusivo. É preciso admitir: os valores estéticos tendem mesmo a ser antifuncionais e antieconômicos" (Zoja, 2007, p. 22-23). Mais adiante, Zoja conclui a reflexão com um pensamento de esperança sobre a inevitabilidade da beleza

> A beleza triunfa em si e de si. É bem diferente de simples eliminação da feiura: aliás, não a requer. [...] E, já que precisamos de tarefas positivas, não só de moralismo que berra contra o mal, secretamente nos dirigimos à estética como complemento instintivo e gratuito aos problemas éticos. Oferecer o belo é naturalmente justo. Melhora imediatamente o mundo, sem requerer cruzadas contra o mal, sem favorecer ideologias assassinas. É generosidade (portanto, ética), justamente porque seu beneficiário pode ser qualquer circunstante, não só o autor ou comprador da beleza. (Zoja, 2007, p. 23)

A tarefa do professor não pode esquecer a beleza. Trata-se de um sério problema a ser enfrentado na educação. Zoja (2007, p. 38) ainda adverte: "Quem não vê a beleza que é perdida para sempre não alcança o coração da injustiça e, portanto, falta consciência necessária para enfrentá-la". Muito do mundo à nossa volta parece sempre mais propenso a não reconhecê-la, ou pior, a não sentir a sua necessidade, e os danos produzidos por tal ausência são mais graves do que pode aparecer em uma primeira impressão.

Falta de relação com o ambiente, cada vez com menos constrangimento e dolorosamente maltratado, habitações que correspondem mais aos lucros de quem as constrói do que atender a uma cultura do habitar, falta de cuidado e solidariedade com os lugares, vulgaridade desenfreada, ruído de fundo cada vez mais atordoante e contínuo...

A mensagem cotidiana que recebemos é frequentemente contra a beleza e contra um conhecimento que reconhece a beleza como semente indispensável para a civilização.

Claramente, a pedagogia reggiana, que acolheu essa semente e procura defendê-la e nutri-la ao longo do tempo, que considera as linguagens poéticas e as formas artísticas uma presença vital no currículo da aprendizagem, que quis o ateliê e o atelierista, como defendeu a cozinha interna e a atenção à comida, que resistiu e resiste às pressões econômicas que consideram ateliê, cozinha e beleza, um luxo e, por isso, dispensáveis, é uma microscópica presença na internacionalidade da formação escolar e, certamente, não pode contrastar, além de certo ponto, com a sociedade atual.

Contudo, talvez seja também a obstinada defesa dessas presenças, aparentemente menos defendíveis, para uma argumentação deliciosamente racional, que contribuiu para a vida de quase meio século da pedagogia reggiana, em uma rede de escolas municipais públicas, que se tornou, ao longo do tempo, um ponto de referência e de esperança para tantos professores de países e culturas diferentes.

Em um dos seus últimos textos, Andrea Branzi (2007) evoca a importância de se trabalhar sobre "coisas inúteis", pois elas simbolizam uma qualidade que representa um *plus* de energia e de generosidade, importante no plano antropológico. Evoca o fato de que todas as civilizações, as sociedades, desenvolveram-se a partir de uma grande energia em relação ao que, com frequência, é percebido como inútil: a arte, a poesia, a música, as coisas prazerosas. É isso, e não só os objetos funcionais, que permitiu à sociedade se desenvolver. No plano social e político, é importante transformar uma flor em um presente precioso.

Há uma bela poesia de Danilo Dolci (1970), na qual encontro uma das razões do sucesso no mundo do que é chamado de "Reggio Approach": aquela mistura fascinante de realismo e utopia, que nos leva a acolher os outros com as suas ideias e sua cultura de modo franco, sem nunca desistir de concebê-los de modo diferente de como são. Acolhemos uma realidade que, muito frequentemente, pune a infância com o otimismo de continuar a acreditar que cada criança tem direito a alguém que tenha para ela um projeto de futuro e de crescimento, com a convicção, como diz a poesia, de que "cada um só cresce se for sonhado".

A mostra das creches e das escolas municipais da infância de Reggio Emilia, *As cem linguagens das crianças*, que está rodando o mundo há quase 30 anos, traz uma declaração inicial de Loris Malaguzzi, que a aproxima da poesia que acabou de ser citada: "Esta é uma mostra do possível".

Com essas palavras, Malaguzzi anunciava ao público, com consciência, que a qualidade dos projetos expostos não estava presente em toda a rede das escolas reggianas, mas que aquela era a qualidade didática e educativa que nós sonhávamos alcançar para todas as escolas e pela qual trabalharíamos.

Conseguimos em parte, mas estou totalmente convencida do fato de que *cada um só cresce se for sonhado*. Creio, também, que pensar que cada criança nasce com a possibilidade de se expressar por meio de muitas linguagens torna a educação e a didática capazes de falar *muitas línguas*. Consciente e obstinadamente. Estou convencida, também, de que a pedagogia reggiana deve boa parte da sua atração internacional ao fato de continuar a sonhar e a trabalhar em alguns aspectos, como considerar importantes, na aprendizagem, a beleza e os processos que as linguagens poéticas promovem.

Não significa, como alguns insinuam e às vezes declaram, que, nas escolas de Reggio Emilia, estamos fazendo as crianças viverem em um ambiente escolar artificialmente *bonito* e *bom* demais se comparado à condição geral da sociedade, mas que uma profissão como a do professor não pode evitar o enfrentamento de problemas éticos e estéticos.

Em uma transmissão televisiva com difusão nacional, ouvi uma jornalista famosa, mulher de um importante político italiano, declarar que nunca mandaria os seus filhos para as escolas de Reggio Emilia, *porque são bonitas demais*, e as crianças devem viver desde cedo *a realidade*, que não é bonita.

Acho sempre que há, em declarações como essa, uma forma de *violência contra o sonho* e, definitivamente, contra a mudança para melhor, que me aterroriza um pouco.

É claro que, paralelamente ao sonho, acontece um trabalho difícil e constante, que não esquece, ao longo do caminho, os objetivos ambiciosos e concretos que se tinha proposto.

É possível que a ternura na Educação seja vista como uma forma de fraqueza e permissividade e que a ela seja sempre contraposta uma inútil e injustificada severidade? Trata-se do antigo, e sempre atual, equívoco que existe entre respeitabilidade e autoridade.

Só os *antigos* parecem dispostos a ir até o coração do problema. Edgar Morin, a quem foi perguntado em uma entrevista "como voltar a uma escola que seja um lugar no qual se vai para aprender?", responde simplesmente: "Com amor, e não é uma ideia minha, estou só citando Platão" (Lilli, 2007, p. 49).

As crianças e os jovens, antes de tudo, pedem atenção e amor.

Crianças difíceis

Aconteceu-me de observar e documentar três crianças de 4 a 5 anos que faziam parte daquelas crianças definidas como *difíceis*, porque estão frequentemente brigando com as outras e é complicado envolvê-las nas propostas educativas.

As três crianças tentavam fazer uma construção, mas passavam a maior parte do tempo brigando e se empurrando. De maneira intencional e desenvolta, a professora introduziu no grupo uma quarta criança, com características e capacidades relacionais marcantes.

O aspecto mais interessante do resultado da inserção surgiu do registro da linguagem verbal utilizada pela criança envolvida: chamava os colegas pelo nome, usava o plural, nós, em um contexto de projeto, *"Agora vamos montar esse objeto? Depois vamos fazer virar uma astronave?"*.

Prospectava uma continuidade da brincadeira, pedia o consentimento para aquilo que propunha: *"Você gosta? Você concorda?"*.

A linguagem verbal e a dos gestos devolvia uma imagem global, que propunha e pedia colaboração. Emergia assim, com clareza, que o que faltava às outras crianças não era o desejo de colaboração, que talvez desejassem desesperadamente, mas eram *analfabetos* em relação às linguagens relacionais.

Dedicamos, em seguida, uma atenção maior para aquelas crianças, documentando-as, por exemplo, em situações positivas.

Nem sempre o resultado era imediato, mas, sem dúvida, tinha aumentado o clima de confiança recíproca entre crianças e professoras. Depois fiquei comovida quando uma das três crianças *difíceis* me fez encontrar uma folha de outono de uma bela cor na mesa do ateliê. A mim, que talvez tenha agradecido de maneira excessiva, ela respondeu um pouco embaraçada, minimizando: *"Mas tem muitas e eu não sabia o que fazer com elas"*.

Por alguns dias, continuei encontrando uma bela folha na mesa do ateliê.

Inteligência coletiva

De fato, as crianças levam para a escola, junto com as famílias, toda a realidade externa e é com essa realidade que a cada dia nos confrontamos, e nunca é uma realidade simples. Entretanto, justamente porque a escola e o conhecimento não vivem dentro de uma bolha artificial separada da realidade, e é bom que seja assim, creio ser necessário que a escola declare *com consciência* qual conhecimento pretende promover.

A escola pode fazer isso por intermédio de escolhas que são essencial e conscientemente éticas e estéticas, que se exprimem não só por meio de sermões com maior ou menor moralismo, mas, sobretudo, por sua abordagem às coisas, ao pensar e ao fazer que dão um valor concreto ao que se entende por conhecimento.

Essa concretude se expressa pela qualidade das propostas e dos procedimentos didáticos, no confronto contínuo com a contemporaneidade, com uma ideia de ensino que não transmite a *verdade* circunscrita das várias *matérias*, mas que está do lado das crianças, construindo, junto com elas, contextos nos quais elas, individualmente e em grupo, possam explorar as próprias ideias, hipóteses e discuti-las com os amigos e a professora.

Aparece forte e quase visível, nas escolas de Reggio, o que Pierre Lévy chama de inteligência coletiva: "Uma junção de todas as capacidades cognitivas, das competências e da memória das pessoas que participam do fluxo de informação. Um fluxo que prevê comunidade de imaginação, não só de notícias" (Lévy, 1996, p. 65).

Penso que as creches e as escolas municipais da infância reggianas sejam lugares que apoiaram e instruíram concretamente um imenso grupo por meio das pessoas que trabalhavam na escola, com características muito diferentes entre si, e de todas as competências que chegavam do mundo externo, de Loris Malaguzzi a pedagogistas, psicólogos, neurologistas, arquitetos, *designers*, artistas... dos quais falarei mais adiante. Um mundo *transdisciplinar*, com algumas ideias em comum sobre humanidade e conhecimento.

As teorias das crianças

Uma das bases do nosso trabalho é uma atenta, respeitosa, solidária e carinhosa *escuta* das estratégias e das modalidades de pensamento das crianças, de crianças que se sentem livres para expressar opiniões e confiantes pelo fato de que serão escutadas com atenção e respeito.

Não é por acaso que Jerome Bruner conta que o que lhe tocou mais, vindo pela primeira vez às escolas de Reggio, foi uma professora que escutava algumas teorias de uma criança sobre o fenômeno da formação das sombras, enfatizando que se tratava de uma escuta séria e interessada, porque aquela criança estava montando uma teoria, não importa qual fosse a sua veracidade, porém, mais significativo, era o processo que a levava à construção daquela teoria.

Alice, 4 anos e 11 meses, deitada na caminha, de repente diz: *"Acho que o cérebro é circundado por livros... Nós dizemos cérebro, leia o livro arco-íris! E nós pensamos no arco-íris. O cérebro é circundado por milhões de livros em que estão escritas muitas coisas e os livros são as coisas que nós pensamos"*.

Alguns meses mais tarde, a mesma menina, Alice, enquanto passeia em um prado, diz: *"Onde pegam as cores que nós usamos? Talvez juntem muitas borboletas mortas e com as suas asas fabricam as cores... Não, talvez usem umas gramas..."*.

É fascinante como as crianças constroem teorias. Só nas teorias dos grandes pensadores encontramos tão presentes e entrelaçados o racional e o imaginativo. Além disso, encontramos, nas teorias infantis, uma abordagem empática com as coisas que as crianças desenvolveram muito, filtro sensível para entender e conectar os elementos entre si.

Não parece fácil fazer muitas pessoas entenderem qual é o reflexo importante, tanto para crianças, jovens e professores, da qualidade com a qual se abordam as várias linguagens, a diferença que se cria no conhecimento por meio do *ângulo* e do modo com os quais as linguagens são propostas.

Vou tentar esclarecer melhor essa passagem, mesmo achando difícil contar como as coisas podem ser propostas às crianças, porque o que se oferece não são somente palavras e ações, mas é, sobretudo, uma certa relação com o mundo. Uma relação pela qual as propostas nascem do conjunto das palavras e dos comportamentos que as acompanham: gestos, tons, mímicas do rosto e do corpo.

De qualquer forma, vou tentar contar essa complexidade com dois exemplos, voltando a declarar que o ateliê deveria ser considerado como *aquele que garante processos,* nos quais nunca sejam separados os aspectos cognitivos dos expressivos, e nunca seja separado o racional da intuição, procurando manter ativos o maravilhamento e a emoção que a aprendizagem produz.

Reflexões cromáticas

Uma cor não é uma cor se não tiver uma identidade expressiva: "O laranja é uma cor que ri", diz uma criança de 3 anos, enquanto está pintando, "O preto é de todas as cores", declara um menino de 2 anos e meio, após ter explorado um grande tapete preparado pelas professoras, obtido encostando-se materiais pretos de diferente consistência e tatilidade.

Se um professor conhece Yves Klein e se emociona olhando os seus famosos quadros *Azul Klein,* pode reconhecer mais facilmente a mesma emoção em uma criança de 3 anos que, no cavalete, ao dar a primeira densa pincelada de cor azul, que passar a escorrer do alto da folha, grita emocionada: *"Olha este azul o que está virando!".*

Uma gota de azul que escorre na folha e traça formas e caminhos inesperados: a diferença que deriva da contribuição do atelierista está talvez simplesmente nisto: na compreensão da poética das cores e na emoção pela sua força evocativa e expressiva junto com a criança. E não pense que se trata de uma coisa pequena.

O que, ao contrário, geralmente acontece? Agrupam-se as cores de maneiras elementares, sem fazer distinções sobre a sua identidade cromática e tonal, sem atenção "se formam a casa dos amarelos, ou dos azuis", ou de outras cores, englobando em uma categoria única e simplificada tonalidades de cor extremamente diferentes entre si por luminosidade, matéria, consistência, tatilidade.

Ou, então, pensando que se trata de uma técnica de sabor científico e que pode facilmente ser replicada, às crianças é dada a oportunidade de descobrir que o vermelho e o amarelo, juntos, produzem o laranja; que o vermelho e o azul criam o roxo; o amarelo e o azul, o verde... e lhes são fornecidas informações simplificadas, sem interesse, que carecem do maravilhamento da descoberta, instituindo imediatamente categorias elementares, que, para alguns, são satisfatórias, nas quais a extraordinária e subversiva vivacidade das cores está aprisionada.

Outra coisa é deixar que as cores se expressem por meio das suas diversas identidades em uma relação complexa e subjetiva com a criança, porque a mesma tonalidade de amarelo se modifica se as dimensões da pintura forem mudadas, se se trata de um objeto de borracha, de veludo ou de cetim, se o amarelo está encostado em uma outra tonalidade de cor parecida ou complementar, ou se está exposto a uma luz especial.

As tonalidades das cores podem ser descobertas e recolhidas também *in natura*, assim como podem ser degustadas em algumas comidas.

As cores podem adquirir uma forte carga expressiva e comunicativa por meio das palavras, da pintura, podem cantar e dançar; é possível preparar mesas de diversas tonalidades, misturando pó de cor ou substâncias naturais colhidas da área externa, como acontecia nos antigos laboratórios dos artesãos, mas muitas tonalidades também podem ser encontradas na tela do computador, pelo qual, com programas de desenho (como Adobe Photoshop®) que as crianças sabem usar bem, os seus desenhos podem ser modificados tanto na cor como nas tonalidades.

Vi uma menina de 3 anos procurar com sagacidade um tom particular de rosa, uma cor alegre que devia exprimir a sua felicidade, para acompanhar o seu nome escrito com o computador, e procurar um tom de verde assombreado para colorir o seu nome, quando ela estivesse triste.

Paro por aqui, ainda que os exemplos sobre os aspectos cromáticos possam ser realmente muitos, e não se deve acreditar que tudo o que estou contando é muito sofisticado para as crianças. Todos nós nascemos dotados de uma refinadíssima sensibilidade perceptiva com relação à cor, mas como ocorre para outras capacidades perceptivas, é o cérebro que deve estar treinado para decifrar. Para desempenhar essa tarefa, é importante encontrar contextos adequados, caso contrário perdemos parte das possibilidades de *ver* e *degustar* o que nós temos em volta. Não nos ajuda, nesse treinamento, uma cultura superficial e apressada, que tende a empobrecer maravilhamentos, interesses e emoções, entregando à aprendizagem uma *marca* da qual foi eliminada a estética: a do gesto, a da inteligência perceptiva, a do tempo, que evolui junto com a razão e as emoções.

Empatia

Creio que a tarefa de um professor seja estar ao lado da criança e, quando necessário, por meio de intervenções focadas, promover aquela qualidade de relação que as crianças facilmente têm com as coisas que as circundam ou com o que estão fazendo.

Para mim, é preciso repetir que um aspecto que acho deletério para a educação das crianças é propor-lhes realizar coisas com gestos apressados, com tempos muito breves e uma insuficiente qualidade de relação com o sujeito, levando, muitas vezes, dessa maneira, a elaborar uma relação padronizada e somente formal.

Essa *pressa* leva frequentemente a uma ação que tem significados escassos e a aprender o uso dos materiais e das técnicas de modo mecânico, sem emoções, sem relações intensas e gratificantes.

A intensidade da relação é talvez a primeira, instintiva e importante forma de abordagem às coisas que o mundo da arte nos sugere, mas é, também, a que ensina (ou entrega) gestos de atenção e cuidado com aquilo que se faz e distancia a indiferença, que é um dos piores caminhos para a aprendizagem. A atitude de cuidado não acho que seja coisa irrelevante, coisa também muito concreta, e infelizmente bastante habitual, como habitar uma escola com as paredes sujas, placas escritas apressadamente, penduradas nas paredes ou nos vidros com pedaços de fita adesiva marrom, gestos grosseiros que não levam em consideração as reações do outro... pequenos e grandes gestos do cotidiano que requerem atenção e participação emotiva. Superficialidade, falta de concentração, pressa: tudo o que estamos sofrendo de modo mais evidente ou menos evidente, imersos como estamos em um barulho de fundo contínuo e irradiante.

As crianças se aproximam naturalmente das coisas com um forte senso empático, e pesquisas recentes sobre o cérebro, especificamente sobre os neurônios-espelho, são de enorme interesse a esse respeito: um grupo de pesquisadores de Neurociências de Parma fez uma descoberta que, para a educação e a aprendizagem, também é especialmente importante: nascemos com um "mecanismo" pelo qual um neurônio (chamado de neurônio-espelho) responde aos estímulos motores com uma representação visual do gesto e da intenção final do gesto, não só quando o produzimos, mas, também, quando é feito por um outro

(Rizzolatti e Sinigaglia, 2006). Significa que, geneticamente, nascemos com um substrato neuronal que necessita da presença do outro. Poderíamos definir o processo ativado pelo neurônio-espelho como uma inter-relação encarnada.

Respeitar a empatia, considerando-a um veículo precioso para a aprendizagem, sugere propostas didáticas que treinam e alimentam um conhecimento *que não tem pressa* de dividir o mundo em categorias de pensamento mais rígidas ou menos rígidas, mas, ao contrário, procura conexões, alianças e solidariedade entre categorias e linguagens diversas ou diferentes disciplinas.

Outro exemplo, para esclarecer o que entendo por atenção à abordagem com as coisas e como penso que as propostas didáticas possam concretizar esse processo, é um fenômeno perceptivo e psicológico bem conhecido, que estabelece como uma certa forma, uma cor, um som ou outras experiências sensoriais podem, por meio de um processo substitutivo, simular outras formas da realidade, e, com esse propósito, é famoso o cabo de vassoura, que se torna cavalo e é cavalgado pelas crianças, como nos contou Ernst Gombrich em *Meditations on a Hobby Horse and Other Essays on the Theory of Art* (1963). Esse é um processo de substituição muito utilizado na arte e, não por acaso, também por crianças pequenas, porque estão particularmente abertas às conexões alusivas que podem se instaurar entre as coisas.

A matéria, por intermédio de um processo de memórias polissensoriais, de conexões de caráter perceptivo, pode aludir a certa realidade, reevocando-a, contando-a ou representando-a.

Paisagens com neve, ou com sol, ou com neblina, ou outonais etc. podem ser narradas visualmente também pelas crianças menores, por meio de modalidades e técnicas diversas, incluindo as que são baseadas em materiais e não figurativas.

Importante é entender que tais processos requerem tempos adequados e fases exploratórias de qualidade. O exemplo que segue tem como tema um contexto ambiental.

Uma primeira abordagem útil é, sem dúvida, colocar-se em relação intensa com a realidade. Sobretudo, para as crianças menores, essa fase é fundamental para a qualidade do desenvolvimento das fases sucessivas, uma situação ambiental que possa ser explorada em primeira pessoa, utilizando todos os sentidos e no interior de um contexto de relações interpessoais, e pode ser definida como *associações corretas*.

Uma segunda fase pode ser a de procurar diferentes materiais com as crianças, deixando-as como protagonistas das escolhas. Os materiais podem ser diferentes em dimensão, cor, matéria, tatilidade, sonoridade, mas que sejam capazes de acender a memória sobre experiências vividas. Nossa mente é capaz de conectar planos e níveis muito diferentes, e uma percepção pode evocar uma memória e narrar uma cena quando esta vem à tona.

Em geral, o encontro entre as crianças e o material é riquíssimo de sugestões, memórias, significados, sem que sejam necessárias muitas intervenções por parte do professor. As crianças, vasculhando entre os materiais, recordam, escolhem, interpretam, conectam facilmente certo material com percepções da experiência real.

A procura de materiais representativos de certa realidade pode assumir traços de teatralidade, porque as crianças facilmente, ao recordar a vivência, tendem a utilizar o tom de voz e a mímica do corpo que consideram mais sugestivos e adequados para contar a experiência que pretendem recordar.

A representação da experiência pode estar fechada em uma espécie de *performance* corporal na qual as crianças e o material dialogam e na qual se entregam com prazer. Trata-se de uma situação *teatral*, às vezes acompanhada pela projeção de imagens da realidade indagada nas paredes, o chão, o teto do ambiente no qual acontece a exploração do material.

Mais frequentemente, o entrelaçamento dialogado entre a criança, a experiência vivida e o material representativo se evidencia e se torna visível por meio da realização de um produto tangível, visual, sonoro ou ambas as coisas.

A aproximação do adulto serve para fazer que, ao construírem o produto, as crianças não percam a memória da experiência real e das sensações experimentadas, de modo que os seus gestos, ao darem forma à matéria (visual, sonora ou outra) sejam participantes das devolutivas perceptivas e emocionais que viveram.

A imagem mental que será construída em cada criança será um conjunto das partes, que permitirá a cada uma um olhar especial, de autor, ao olhar a própria obra e também a dos colegas. As crianças facilmente encontrarão elementos análogos nos produtos dos colegas, reforçando a memória de uma experiência vivida pessoal e coletivamente.

Alguns anos atrás, percursos desse tipo foram vividos e contados em diversos *workshops* para professores provenientes de diferentes partes da Itália, mas o que eu pude tirar disso? Em mais de uma ocasião, encontrei todo esse delicado e sofisticado processo percorrido pelas professoras de modo acelerado, apressado, pulando fases importantes para chegar imediatamente a obter um produto.

A pedagogista de uma escola da infância de um município do norte da Itália mostrou-me os desenhos de crianças de 5 anos, feitos com lápis de cor que, por sua natureza, deixam um traço opaco e leve. Ao lado, havia um pacote de papéis de seda brancos, e ela me disse: "[...] *depois vamos fazer as crianças rasgarem todos esses papéis e os colocaremos em cima dos desenhos, e será como quando há uma neblina*".

Procurei explicar à pedagogista e às professoras a diferença que pode existir entre uma técnica mecanicamente aplicada para se obter um resultado que possa representar a situação examinada de modo apropriado, como estavam tentando fazer naquele caso, e o contrário: resultados que podem surgir de um processo mais completo e atento à relação, nesse caso, com a neblina.

As professoras me escutaram, mas me pareceram pouco convencidas, e tive dificuldade para fazê-las compreender a diferença entre as duas maneiras de trabalhar. Tive a impressão de que estivessem avaliando a minha forma de trabalhar como um excesso de refinamento que, no fundo, não teria modificado muito a qualidade final da obra.

Continuei, explicando que o resultado dos produtos que tinham me mostrado seria uma imagem de neblina simplificada e conformista e, muito provavelmente, seria muito diferente das percepções das crianças.

Perguntei, então, se ao menos as crianças já tinham explorado a neblina e de que maneira, e me responderam: "*Não, ainda não, mas a neblina vai chegar daqui a pouco*", e rebateram dizendo que essa atividade estava prevista no *programa de trabalho* delas (escrito em perfeito *pedagogês*), durante o qual realizariam com as crianças ilustrações de várias situações atmosféricas, utilizando técnicas de grafismo adequadas, e que a situação com a neblina entrava em um desses momentos.

Pode ser que, em parte, tivessem razão, que definitivamente, sobretudo quando as crianças são muito pequenas, o produto final obtido por meio de duas diferentes abordagens não teria sido muito diferente, mas o que, a meu ver, muda muito são os traços que permanecem do trabalho feito e os significados que a criança leva dentro de si: a diferença é dada pela construção da abordagem diferente com as coisas, com a realidade, uma atitude diferente que alimenta a qualidade da nossa relação com o entorno.

A diferença está em procurar evitar a perda do maravilhamento e da curiosidade das crianças quando olham as coisas, evitar padronizar as suas reações.

O jogo da metáfora

Entre os cuidados importantes que um professor e um atelierista devem tomar está o de aprender a desenvolver um percurso de trabalho sem trair as crianças, os seus diversos interesses, as suas percepções e, para avançar e melhorar a qualidade do trabalho, recorrer às antenas muito sensíveis das quais as crianças são dotadas, de modo que também possam oferecer a nós, adultos, novos e mais ricos olhares para o mundo.

Entre as diversas filosofias educativas que podem ser adotadas, a atenção ao processo inteiro é o que, a meu ver, faz a diferença; é o que constitui a base para a forma de conhecimento que desejo. Penso, por exemplo, que todo o processo que faz alusão à realidade, como mostra o caso anterior, que substitui elementos da realidade por outros aparentemente distantes, se bem conduzido pelas crianças e pelos professores pode desembocar em um processo metafórico de grande interesse.

Sabe-se que a Arte, como as crianças, utiliza-se muito da metáfora. Não quero entrar aqui em uma análise e em uma comparação entre os processos metafóricos utilizados pelos artistas e pelas crianças, mas penso que todos possam concordar em avaliar a construção das metáforas como uma operação mental que leva a procedimentos incomuns, inesperados e, com frequência, a resultados totalmente originais.

Penso que a metáfora corresponda a uma atitude de investigação da realidade e da participação, a permitir a abertura do pensamento e a ultrapassagem das rígidas fronteiras que habitualmente são construídas.

A metáfora é como um verdadeiro sistema organizador do desenvolvimento intelectual. É por esse motivo, mas também porque considero que se trata de um *pensamento em festa,* que penso que seja útil e divertido utilizá-la de maneira frequente, com desenvoltura e leveza.

Muito é dito e escrito sobre as metáforas verbais, mas não sobre as metáforas não verbais, que utilizam outras *linguagens* e que, a meu ver, são frequentemente usadas pelas crianças. Em relação à metáfora visual, as reelaborações não estão limitadas só a aspectos formais como muitos dizem: a substituição de uma forma da realidade por outra forma análoga, que possa substituí-la no significado, é certamente o aspecto que mais aparece e que encontramos com mais frequência, mas não devem ser subestimados outros elementos como as cores e os materiais. Em uma arte realizada por um menino de 4 anos, em que uma velha caneta-tinteiro se transforma em uma lança de guerra, claramente a forma da pena levou a uma analogia com a lança, mas o quanto contribuíram também a cor e, sobretudo, a matéria metálica da pena, não pudemos saber. E nem o quanto o verde de uma casca de ervilhas, além da forma, pôde transformá-la em um gafanhoto (ver Figuras 3.8 e 3.9).

Figura 3.8 – Metáfora com a casca de ervilhas: *Um gafanhoto*. Alice, 5 anos e 10 meses.

Figura 3.9 – Metáfora com a casca de ervilhas: *Homem com bigode*.
Alice, 5 anos e 10 meses.

Estou tratando disso porque os percursos mencionados sobre o material também permitem fazer pequenas pesquisas de campo sobre as metáforas não verbais.

Como se apresentam as metáforas? Com qual idade? Com quais formas perceptivas? São diferentes as femininas das masculinas? Quando devemos defini-las como metáforas e quando como pensamento analógico? Lembro-me que, há muitos anos, na Escola Municipal da Infância Diana, tínhamos realizado uma pesquisa que propunha dar respostas críveis a esses quesitos e tínhamos construído um documentário visual com o material colhido.

Trata-se de temas e pesquisas que deveriam ser retomados, reelaborados, atualizados e aprofundados, porque as crianças mudam rapidamente, tanto de forma individual quanto pela evolução da sociedade ao longo do tempo e, para todos os professores, a pesquisa de campo constitui o modo mais eficaz para aumentar o próprio interesse e melhorar a própria qualidade profissional.

A pesquisa de campo, ou, ao menos, a atitude de pesquisa, encontra-se frequentemente em estreita relação com a qualidade do processo vivido pelas crianças e pelos professores, e a observação e a documentação constituem, respectivamente, o seu instrumento e o seu filtro. Mas trataremos disso mais adiante.

Escolher os atelieristas

Em relação às "linguagens expressivas" e às técnicas com que se pronunciam, existem diversas tendências no campo da educação: uma é de especializar alguns professores nesses temas; em outros casos, são solicitadas a artistas contribuições e intervenções didáticas.

Trata-se, de qualquer forma, de iniciativas meritórias, porque, mesmo de maneira diferente, ambas as abordagens procuram enfatizar e apoiar concretamente a importância das "linguagens expressivas".

Quanto aos que fazem essas escolhas, fica, porém, a dúvida de quão cientes estão dos diversos processos de aprendizagem que as diferentes escolhas acarretam tanto nas crianças quanto nos professores, e como são avaliados esses processos.

Gostaria de fazer algumas breves reflexões a esse propósito: estou quase certa de que a escolha de Malaguzzi de inserir, nas escolas da infância, figuras com uma formação artística, sem fazê-las assumir um papel de especialista, no sentido de não limitar a atividade somente às linguagens artísticas, foi uma escolha corajosa e radical, que produziu uma renovação e uma interpretação nova e importante tanto do ateliê quanto da pedagogia, e, com este livro, intenciona-se testemunhar isso.

Em relação aos artistas chamados para trabalhar na escola da infância, a formação deles em geral não prevê um conhecimento específico da cultura das crianças. Se os artistas não conseguem entrar em um forte diálogo com uma pedagogia que acolhe as linguagens artísticas e é consciente das estratégias das crianças, respeitando-as, a sua contribuição acaba, quase fatalmente, sendo uma intervenção circunscrita e em uma única direção, um testemunho no qual os artistas tendem a transmitir a sua visão pessoal das coisas, levando a um tipo de operação que se revela o contrário da ideia de liberdade, própria do imaginário artístico.

Infelizmente, acontece, com muita frequência, que seus métodos educionais não deem os resultados esperados, ao menos para aquela parte da pedagogia que sustenta a existência de uma criatividade da infância com pontos de vista e estratégias próprias.

Em contrapartida, na maior parte dos casos, na formação escolar dos professores, não está compreendida uma preparação sensível à estética e que a considere um elemento potente de compreensão e conexão com a realidade, formadora de cultura sob um aspecto mais amplo.

Por isso, acontece com frequência que os professores fiquem excessivamente seduzidos pelas técnicas e tendem a propô-las às crianças, por meio de um conhecimento simplificado das possibilidades expressivas, em vez de alimentarem diálogos sensíveis com a realidade. Ao mesmo tempo, revelam-se muito mais atentos aos produtos do que ao processo que os gerou e têm dificuldade em aceitar abordagens novas e diferentes daquelas que aprenderam ao longo das atualizações para aprofundamento da sua formação artística. Também nesse caso, tende-se a dispersar ou, pelo menos, a não emergir toda aquela *negociação* do pensamento que acompanha o trabalho das crianças.

Não se deve generalizar demais, e não excluo que existam artistas e professores que tenham, ao mesmo tempo, o dom da escuta, da relação e da sensibilidade poética com as crianças e com a realidade, nem posso negar que existam contextos nos quais as diversas escolhas (artistas, professores) encontram o ambiente *certo* para uma renovação educativa, mas penso que tudo isso não seja nem muito provável nem muito simples, e que seja necessária muita consciência para que essas condições possam ser realizadas.

Dito isso, a escolha feita em Reggio Emilia também não está isenta de riscos e não assegura, de modo automático, nem a qualidade dos atelieristas, nem a qualidade efetiva do processo de renovação pedagógica, porque a escolha feita por Malaguzzi, em meados dos anos 1960, é refletida e renovada nos pensamentos e nas possibilidades que promove, *"Só crescemos se sonhamos."* (Dolci, 1970)

Nos Institutos de Arte, nos Liceus Artísticos e nas Academias de Belas Artes, também deveriam ser feitas novas reflexões e ser renovadas as didáticas, porque as pessoas que se formam nessas escolas, muitas vezes, têm dificuldade para sair dos finos esquemas culturais e de *enlaçar escutas sensíveis* com as crianças e com o entorno.

Contudo, há um traço distintivo da pedagogia reggiana que é essencial para sustentar a qualidade pedagógica que deriva da presença do ateliê e se revela capaz de superar de alguma maneira a qualidade profissional de cada uma das pessoas: trata-se da presença forte de uma filosofia pedagógica que considera a criança e o adulto como construtores de conhecimento, a investigação como elemento imprescindível para a aprendizagem, que considera as linguagens poéticas como elementos fundamentais para a aprendizagem e o conhecimento.

Ao mesmo tempo, precisamos ser conscientes de que o caminho necessário para fazer crescerem e evoluírem as diversas criatividades das crianças é complexo e longo, ou, pelo menos, foi também para nós, atelieristas das escolas de Reggio.

Lembro-me de uma pergunta que se colocava, e insistentemente nos repropunha Francesco Tonucci, pedagogista, pesquisador e renomado ilustrador, com o qual tivemos, no passado, diversas colaborações, uma pergunta que temo que nunca tenha recebido de nós uma resposta totalmente satisfatória. A pergunta era esta: "Por que é possível que, olhando o desenho das crianças, eu reconheça a escola da qual provêm os desenhos?". E Tonucci continuava colocando o quesito do papel e da incidência das professoras e do atelierista.

Gentilmente, Tonucci deixava a última parte da pergunta em aberto: o quanto esses aspectos não completamente definitivos entravam em contradição com a nossa declamada *escuta individual das crianças*?

A meu ver, mais que a presença do atelierista e da sua personalidade, sobre o reconhecimento da proveniência dos trabalhos incidia, e incide, ainda, a situação ambiental, o *húmus cultural* característico de cada escola, condição que constitui o entrelaçamento, a resultante de tantos caracteres, personalidades, culturas diferentes e da maior ou menor efetiva integração desses componentes.

Se posso me permitir uma associação, gostaria de lembrar o quanto os produtos alimentares podem adquirir sabores e características muito diferentes em relação ao ambiente no qual são produzidos: o sol, o ar, a água, o terreno, a grama etc. determinam sobre produtos geneticamente similares características organolépticas e formais diferentes, também de maneira muito acentuada.

Antigamente, como hoje, outro aspecto importante estava relacionado às modalidades e aos interesses mais envolventes que, nos diversos períodos, circulavam no interior das escolas. Por exemplo, se as investigações e as "cópias fiéis dos colegas" (como eram chamados os retratos), que eram os pontos de vista e a atmosfera do ambiente, eram mais bem cuidadas e utilizadas.

Podia acontecer que, em certos períodos, eram focalizadas as artes abstratas das crianças ou, em outras ocasiões, que alguns animais pudessem se tornar os sujeitos preferidos.

É verdade também que, há muitos anos, é muito menos fácil distinguir as escolas de proveniência dos vários trabalhos infantis, mesmo porque aprendemos a fazer intervenções mais atentas e a evitar interferências na originalidade do trabalho de cada criança. Ademais, conseguimos substituir os parâmetros estéticos iniciais, derivados do conhecimento da arte dos adultos, com avaliações mais apropriadas em relação às linguagens das crianças.

É preciso muita atenção e muito tempo para aprender a escutar melhor quem é diferente, e as crianças são *diferentes*.

De qualquer forma, para se ter bons resultados, é necessário conhecer suficientemente bem tanto as linguagens próprias da poética quanto as que são sugeridas pelos materiais e pelas técnicas (mais do que tudo é necessário ter uma *abordagem sensível para o entorno*, um olhar *poético*), além das estratégias de pensamento utilizadas pelas crianças.

Naturalmente, o nível do ambiente cultural continua sendo importante e chega a incidir tanto na produção infantil quanto na dos professores, por isso, o problema é, sobretudo, a qualidade dos processos que crianças, professores e atelieristas conseguem desenvolver juntos.

Ateliê e laboratórios

Hoje, em Reggio Emilia, consideramos *ateliê* um termo talvez um pouco inapropriado, mas, com a apropriada leveza, nós o defendemos como elemento discriminante em relação a uma ideia de "laboratório" tradicional, distinguido frequentemente por propostas e gestos não refletidos de forma suficiente, em que a pressa gera facilmente superficialidade e semelhança, e o produto final, em geral cultural e esteticamente pobre, tem a precedência sobre a atenção à qualidade do processo inteiro.

Na educação escolar, a repetição, mesmo sendo importante para a aprendizagem e para o prazer de aprender, com frequência faz perder, ao longo do caminho, a motivação que a produziu, e a ação proposta, a escolha de uma técnica ou de outra, arrisca-se a reduzir-se a uma ação simplificada, que não deixa muito traço de si em quem a executa, uma espécie de *fast-food* em relação a técnicas e a habilidades.

Falo em nível geral, ainda que talvez não devesse, porque existem muitas diferenças entre os laboratórios que surgiram ao longo dos anos e as pessoas que trabalham nesse campo, diferenças que deveriam ser respeitadas, mas a atitude superficial que citei é muito mais difundida de quanto se possa acreditar, e seria mantida *sob controle* talvez até nas escolas reggianas.

Hoje, mais que nunca, voltar a atenção para o projeto é importante, porque, nas novas gerações, a pressa parece ter dominado e, quando existem, os projetos são muito breves, cedem rapidamente o passo para outros projetos ainda mais breves, ao passo que os interesses, que são tantos, quase insaciáveis, têm a breve duração da emoção do gesto, tanto que muito frequentemente "as ações acabam por se exaurir nos gestos" (Galimberti, 2008a, p. 278).

Contei muito, tanto que quase reduzi essa minha consideração a um *slogan*; como, por meio do ateliê, as técnicas podem e devem *tornar-se linguagens,* e como as habilidades executivas deveriam crescer no interior de significados mais amplos e complexos.

Talvez a frase possa parecer um pouco enfática, mas continuo pensando que essa configuração teórica relacionada ao uso das técnicas e dos materiais contenha uma abordagem que, em relação ao ateliê e também mais no âmbito geral, cria efetivamente a diferença na construção das aprendizagens, porque requer uma vitalidade e uma capacidade de crescimento relacional que pode continuar despertando novos interesses.

Penso que a importância e a atenção dedicadas à qualidade do percurso inteiro dos procedimentos que levam ao produto final, sejam elementos de base que distinguem o ateliê e a pedagogia reggiana de outras experiências.

Essa atenção e essa importância, alimentadas também pela pesquisa e pelas descobertas em campo realizadas mediante a observação e a documentação, decorrem da inteligência e dos processos criativos dos quais as crianças são naturalmente capazes.

Tentarei esclarecer o meu pensamento com dois exemplos, dois testemunhos de como, justamente na cotidianidade, podemos encontrar algumas diferenças importantes em relação à nossa maneira de sermos professores, mas, sobretudo, sobre a importância do contexto no qual acontece o processo de aprendizagem.

Não é fácil demonstrar o que, e de qual maneira, esse tipo de abordagem produz de diferente, mas continuo pensando que o modo de se aproximar dos problemas constitui o *fator* que, no final, faz a diferença.

Mattia e o buraco de transpassar

O primeiro exemplo é sobre Mattia, um menino de 10 meses que, engatinhando, aproxima-se de um móvel e, ficando sentado, consegue alcançar o puxador de uma gaveta, em forma de anel e, ao mesmo tempo, nota uma colherinha de metal sobre o chão.

Não sabemos a partir de qual associação de imagens ou experiências anteriores Mattia relacionou as duas coisas, mas começou logo a fazer a colherinha passar através do puxador.

É necessário considerar, também, que não foi simples para Mattia posicionar a colherinha no centro do furo do puxador, mas o som que ela produzia toda vez que caía no chão tinha para ele o sabor de uma vitória.

Mattia continuou com esse jogo por muito tempo, repetindo-o muitas e muitas vezes. A repetição é um processo eficaz para a aprendizagem e está claro que Mattia estava curioso, interessado, gratificado por um jogo constituído por uma sequência precisa de gestos que requerem habilidades motoras e perceptivas, e, em tudo isso, está incluso aquele pequeno som produzido pela queda da colherinha no chão.

Muito provavelmente, Mattia procurará transferir para outro contexto uma experiência tão interessante, revivendo, também, o sentimento de curiosidade e de satisfação daquela brincadeira.

Nesse ponto, podemos evidenciar uma primeira diferença no modo de entender a profissão do professor: um professor vê a cena e pode até apreciá-la, mas o seu interesse termina aí, porque a coloca em uma realidade que considera estranha à profissão de educador; outro professor, ao contrário, observa esse pequeno fato com atenção e anota toda a exploração de Mattia, considerando-a um material interessante, a ser reutilizado após uma reelaboração apropriada, com outras crianças.

O professor que documentou o jogo de Mattia pode, assim, iniciar o projeto de um pequeno contexto para oferecer aos contemporâneos do menino, e colocá-lo em um ambiente que permita a outros a reprodução das fases principais da exploração de Mattia, exaltando e variando alguns aspectos perceptivos também, como a dimensão das peças (tanto do furo pelo qual se deve passar o objeto, quanto do próprio objeto); a dificuldade de transpassar o buraco do puxador ou a altura da queda do objeto transpassado; o material de que é constituído e a base sobre a qual o objeto cai, introduzindo, assim, sonoridades diversas e variadas.

Um aspecto importante da diferença de comportamento desses dois educadores é que pode ser que um deles tenha um programa definido no início e, depois, repetido, sem prestar muita atenção ao que acontece no meio-tempo; o outro pode ter um projeto educativo aberto às mudanças que derivam de uma escuta atenta da realidade na qual se vive, com uma forte predominância de sugestões nascidas da observação das crianças.

Se uma proposta didática nasce do interesse comum entre crianças e professores, ela terá sucesso com ambos mais facilmente, até porque todo o percurso será acompanhado e cuidado por um professor que compreendeu bem a qualidade de base e, por esse motivo, estará mais curioso e capaz de propor ajustes e intervenções interessantes.

Essa figura de professor terá a consciência também de que, não necessariamente, a proposta vai ter sucesso com todas as crianças e não avaliará negativamente as que não estiverem interessadas. Variações individuais estão sempre presentes e serão feitas hipóteses: a criança, naquele momento, poderia não estar atraída por aquele jogo, poderia cansar-se depois de duas tentativas e abandoná-lo, ou poderia, ao contrário, achar aquela uma situação fascinante e continuar jogando sozinha por muito tempo.

O adulto pode, portanto, convidar uma criança a passar um objeto através de algo com determinada forma, e a criança pode aprender a técnica e apaixonar-se ou não pela brincadeira, mas é necessário ter consciência de um fato aparentemente pequeno, mas de grande significância: nem toda a aprendizagem chega pelas ofertas do adulto, sobretudo se o adulto intervém demais, por meio de repetições excessivas; o aspecto que é, em parte, subtraído à criança é a invenção do jogo, a sua descoberta e a gestão autônoma de sua duração.

Muitos jogos projetados com as melhores intenções e definidos como *"inteligentes"* apresentam, com frequência, microcontextos fechados, já completamente definidos, que permitem poucas variações, e terão sempre o limite e a incógnita, não somente do interesse que podem solicitar, mas da capacidade expressiva em relação à aprendizagem acionada diretamente.

Nem toda aprendizagem pode ocorrer de forma independente, eu entendo, mas não se deve esquecer que a motivação espontânea, que não é previamente comandada, constitui uma primeira e importante faísca e uma subsequente boa base para que o processo de aprendizagem ocorra da melhor maneira possível.

Penso que um professor deva sempre levar em consideração esse aspecto e deva empenhar-se para procurar modos e propostas para construir contextos interessantes, a fim de permitir a cada criança e ao grupo de crianças entrarem em aventuras do pensamento e da ação da maneira mais autônoma e subjetiva possível, com a consciência de que a educação dificilmente pode ser planejada de modo simples, com uma oferta e uma resposta direta.

Deve, ao contrário, deixar a porta aberta para todas as possibilidades que nascem, *escutando* as crianças e a sua extraordinária capacidade de inventar situações novas e criativas.

A coluna de borracha preta[3]

A situação não é muito diferente neste segundo exemplo, no qual algumas crianças maiores encontram novos materiais e novos instrumentos; o problema é como incentivar as motivações e deixar que as crianças sejam, o máximo possível, autores dos próprios projetos.

---

[3] Projeto da Escola Municipal da Infância Diana, crianças de 5-6 anos; professoras: Sonia Cipolla e Evelina Reverberi; atelierista: Isabella Meninno; pedagogista: Tiziana Filippini. A síntese foi construída usando a documentação da atelierista Isabella Meninno. A documentação completa está publicada no volume *La colonna di gomma nera. Dall'ideazione alla realizzazione del bozzetto finale*, Reggio Emilia, Reggio Children, 2009.

Figura 3.10

Um grupo de crianças de 5 a 6 anos explora o espaço de um edifício que será a futura sede do Centro Internacional Loris Malaguzzi de Reggio Emilia (do qual falaremos mais adiante, no Capítulo 11) e está especialmente atraído por duas salas vazias, destinadas a exposições de mostras e caracterizadas por duas filas paralelas de colunas, no centro.

As crianças comentam: *"Bonitas estas colunas, mas são iguais demais, cada coluna é uma"*.

Emerge aqui, com evidência, nas palavras das crianças, um elemento importante, central: o forte desejo de reconhecer e dar importância à individualidade dentro da coletividade.

Trata-se de um discurso ético e social de grande importância, que deveria ser sempre levado em consideração quando se trabalha com crianças, um tema do qual, por enquanto, não pretendo tratar, por me concentrar, ao contrário, em um aspecto só aparentemente secundário, relativo aos procedimentos didáticos, porque a ação cotidiana confere concretude aos valores educativos e sociais que se pretende promover e desenvolver.

Figura 3.11

As crianças enfrentam o problema da individualidade das colunas e o resolvem fazendo hipóteses sobre a preparação de alguns revestimentos diferentes e personalizados, coluna por coluna, aos quais chamam *"roupas"*. Isso permitirá às colunas mudarem de aspecto e se distinguirem, mas levará, também, a uma transformação perceptiva e relacional de todo o ambiente.

A ideia das roupas nasceu, provavelmente, da descoberta, por parte das crianças, de pequenas diferenças e de particularidades mínimas sobre a superfície das colunas, como as diversas *texturas* e as imperfeições superficiais derivadas das caixas de madeira, feitas manualmente, que foram utilizadas para jogar cimento: uma série de superfícies irregulares percebida pelas crianças e definida como "a pele das colunas". Nasce a vontade das crianças de devolver a cada coluna as próprias particularidades.

Após executarem vários esboços de colunas, constroem alguns protótipos de *roupas* com materiais e técnicas diferentes.

Desse longo projeto, trago somente um fragmento relativo à realização do revestimento de uma coluna a ser feita com borracha preta, porque se trata, a meu ver, de um exemplo esclarecedor de como uma técnica pode ser aprendida no interior de um contexto aventureiro e interessante, que consista em tentativas e erros, sem que estes cheguem a desmotivar os autores em uma situação diferente, mas, no fundo, mais similar à de Mattia tentando passar a colherinha pelo puxador do que possa parecer.

As crianças saem da escola e se dirigem a uma loja para escolherem e adquirirem o material que servirá para o protótipo e, depois, no ateliê, começam as operações de construção das *"roupas"*, que retomam algumas técnicas já experimentadas anteriormente.

Paolo, com um giz de cera branco, começa a desenhar figuras diretamente na borracha: trata-se de formas geométricas; e a professora pergunta: *"Agora, o que nós fazemos com as formas que você desenhou?"*.

Paolo responde: *"Vamos cortar"*. As outras crianças do grupo concordam.

O corte requer um delicado e atento trabalho de previsão sobre a organização dos espaços cheios e dos vazios, de acordo com as linhas traçadas e as suas espessuras: uma forma igual pode ser cortada e contornada de muitas maneiras diferentes.

Fazer um corte significa, na prática, redesenhar as formas, prevendo a alternância correta dos espaços vazios e dos cheios, uma experiência difícil, totalmente nova para as crianças.

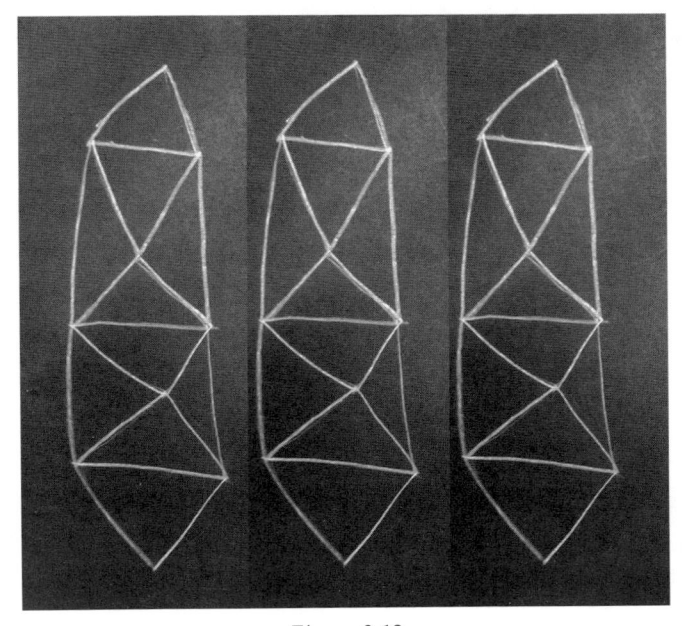

Figura 3.12

Para deixar as crianças fazerem algumas tentativas antes da incisão definitiva na borracha, a atelierista decide fazer diversas cópias da forma desenhada por Paolo, em cartolinas pretas como a borracha, para, depois, distribuí-las a Paolo e alguns amigos, para que possam antecipadamente explorar diversas estratégias de corte.

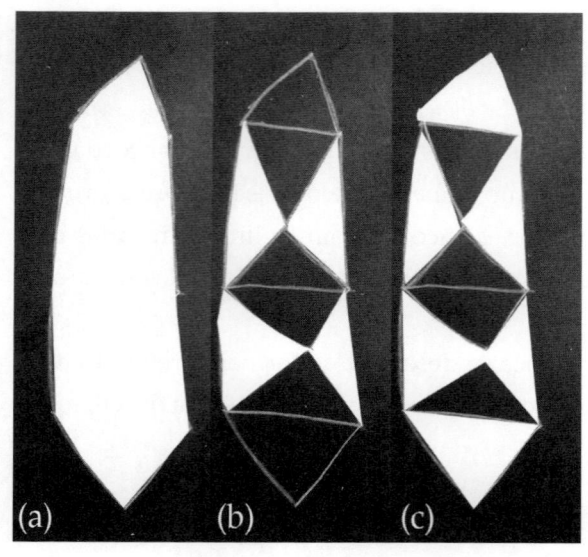

Figura 3.13

Vemos as variações de duas crianças, Paolo e Alessandro, sobre a primeira figura.

Paolo começa a cortar sob o olhar vigilante de Alessandro.

O primeiro corte é no perímetro da figura (a), que se destaca por inteiro; na segunda figura (b), Paolo corta duas duplas de triângulo de modo simétrico e os triângulos centrais ficam separados; na terceira figura (c), Paolo recorta também os dois triângulos no vértice, e alguns pedaços se separam.

Alessandro, que continua assistindo, intervém: *"Temos de cortar menos"*.

Figura 3.14

Paolo pede uma quarta figura análoga a outras e, nessa quarta figura, desenha duas linhas, uma interna e uma externa em relação ao triângulo de partida, e comenta: *"Porque assim se corta primeiro um pedaço dentro, depois, fora"*.

O corte efetuado corresponde à necessidade, prevista, de deixar uma espessura apropriada; Paolo acrescenta outra linha e recorta novamente. As crianças trabalham muito concentradas e em silêncio.

Figura 3.15

Figura terminada, na qual o último corte faz destacar o pedaço, mas Paolo decide que está bem assim e, olhando a figura, comenta: *"Não cortei até o fundo do desenho, senão, esse pedaço do meio ia sair e não ia ter mais e, então, ia ficar pior"*.

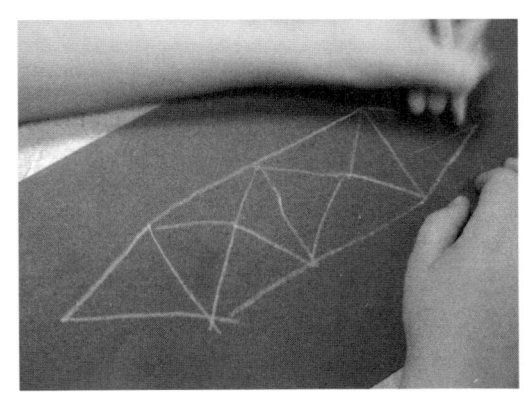

Figura 3.16

Figura de Pietro. Partindo da mesma figura de base e após ter observado o trabalho de Paolo, Pietro anuncia: *"Eu colocaria outras coisas dentro"*, e, com um lápis vermelho, modifica a figura original, fazendo uma cruz no triângulo de cima.

Figura 3.17

Desenhando e recortando, continua. Depois, em certo ponto, muda de metodologia: *"Agora corto as linhas, e não o preto"*.

Figura pronta.

A ideia é levar uma variação à forma de base, marcando novas linhas com o lápis vermelho, e isso agrada também às outras crianças e muitos adotam esse novo método, ainda que com várias diferenças no processo construtivo.

Andrea, por exemplo, tenta fazer o seu recorte contra a luz e este *desenhar com a luz* é a verificação que usa diversas vezes ao longo do percurso de recorte dessa e de outras figuras. Ao traço do lápis vermelho acrescenta a sedução de um traço de luz.

Essa também é uma sugestão observada por outras crianças.

Figura 3.18

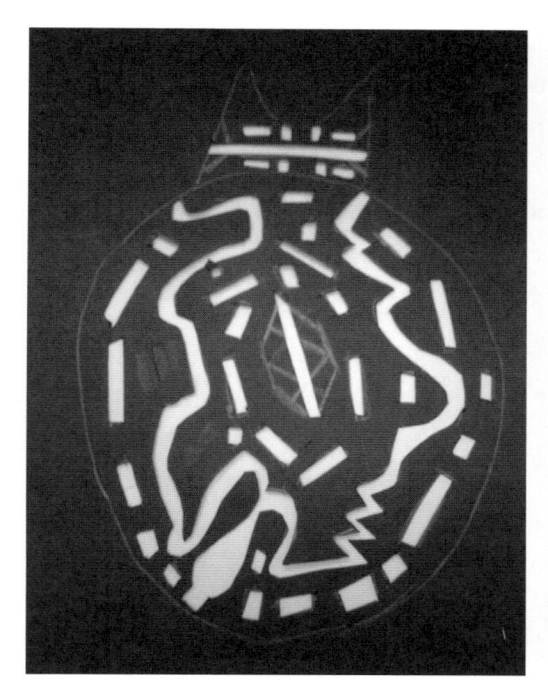 

Figura 3.19

O "contágio" que ocorre entre as crianças é um processo interessante e frequentemente criativo. Ao prosseguirem o trabalho, as crianças se tornam muito mais hábeis e se lançam em desenhos e recortes audazes.

Figura 3.20

Um último comentário relativo à maneira de pensar das crianças.

Em vez de jogar fora os pedaços recortados, Paolo os dispõe em uma composição, e reforça a sua percepção da forma com um traço de cor, dizendo: "*Esses também vamos grudar na coluna*".

As crianças dificilmente descartam um pedaço do seu trabalho: cada peça produzida por elas é percebida como parte de um todo, de um processo. O material que nós consideramos como descarte tem, para as crianças, um valor diferente.

Haverá outros problemas a se enfrentar antes de chegar à coluna acabada; o objetivo final, porém, nesse caso a construção do protótipo da coluna, nunca é perdido de vista.

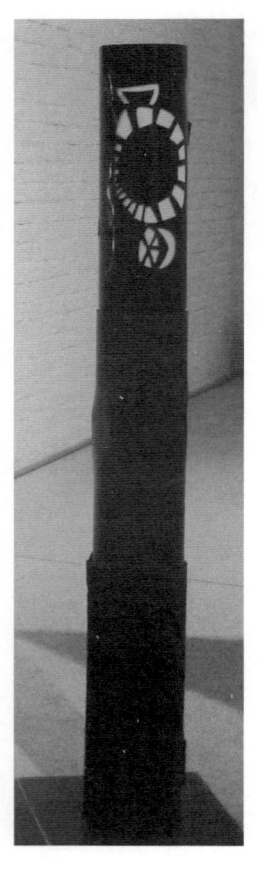

Figura 3.21 – Protótipo da coluna acabado.

Creio que a bela documentação, que tive de sintetizar esperando ser clara, não precise de muitos comentários; quero acrescentar somente um comentário relativo ao "contágio" entre crianças. Se nos lembrarmos da descoberta do "neurônio-espelho" (mencionado anteriormente), podemos colocar o "contágio" em uma área inicial de simulação do gesto intencional do outro, uma estratégia de aprendizagem que, no caso mostrado, desenvolve-se imediatamente com uma variação, que se faz de agente explorador para outras tentativas e descobertas.

São muitas as páginas do caderno de trabalho escritas pela atelierista que acompanhou todo o projeto.

Sua leitura é tão apaixonante e interessante como a de um livro de suspense; nunca temos certeza do que acontecerá, porém, antes do final, somos levados a descobrir quantas e quais surpresas o modo de pensar das crianças poderá encontrar.

Uma das muitas reflexões geradas por histórias como essa é a diferença que existe entre a transmissão de uma habilidade técnica por parte do professor, situação na qual o desenvolvimento da habilidade mental acaba sendo o objetivo principal do trabalho e uma atitude diferente por parte do docente, de acordo com a qual deixa-se às crianças tempo para perceberem os problemas, para procurarem enfrentá-los e resolvê-los de modo autônomo ou pela observação do trabalho dos amigos; nessa última situação do fragmento de relato trazido, a ação da criança e a técnica são colocadas no interior de uma compreensão dos problemas mais gerais, o que acontece por meio da experimentação, com tentativas, erros e verificações.

Não é que a primeira abordagem ao problema, isto é, a transmissão direta de uma técnica, seja errada: traz consigo algumas vantagens e, talvez, produza resultados apreciáveis. Está, porém, claro que a nossa escolha é a favor da segunda maneira de agir, porque pensamos que esse tipo de professor é mais capaz de apoiar e fazer evoluir criatividade e personalidade em indivíduos e grupos de crianças.

Essa maneira de atuar e esse processo são mais eficazes para uma compreensão melhor de um problema e, por esse motivo, mais adequados para reconceitualizar o problema e resolvê-lo dentro de contextos diferentes. Contudo, não se trata só disso: há, nessa abordagem, uma vitalidade que acompanha o aprender coisas novas e uma emoção da investigação que é preciso manter vivas o máximo possível.

Malaguzzi dizia que uma profissão como a do professor é para "profissionais do maravilhamento". É uma grande e linda definição e um desejo para uma profissão tão delicada.

Se, nessa profissão, não se sabe aguardar, confiantes de que o que sairá da investigação das crianças poderá ser algo que nos surpreenderá, e a elas também, o professor vai se tornar, sem dúvida, uma profissão menos divertida e interessante, e o clima da aprendizagem será diferente e provavelmente muito menos produtivo, tanto para as crianças quanto para os docentes.

A pior dúvida ou risco é se contentar com o óbvio e renunciar à qualidade. E acaba assim: sem nem vê-la mais nos olhos das crianças e dos jovens que estão à nossa frente.

A minha impressão é a de que, na atual filosofia de Reggio, seja necessário renovar com lucidez e consciência o significado de uma pedagogia na qual a Poética ocupa um lugar relevante e a estética continua a desenvolver um papel de importante estrutura conectiva dos processos de conhecimento.

Mesmo os melhores hábitos, se não forem constantemente submetidos à verificação pelos seus valores e significados, podem *evaporar-se* em uma série de gestos nos quais se perdem vitalidade e sentido.

Seria uma verdadeira pena, porque a presença do ateliê, assim como cresceu ao longo do tempo e se colocou nos processos de conhecimento, penso que seja um dos traços mais originais da pedagogia de Reggio. Não seria uma perda pequena.

Capítulo 4

A METÁFORA DA BICICLETA

Não se pode falar do ateliê das escolas de Reggio Emilia sem relacioná-lo à pedagogia que Loris Malaguzzi buscava: uma pedagogia sensível às linguagens poéticas que não está engessada em fórmulas preconcebidas, não sendo suficiente qualificá-la de modo apressado como uma pedagogia de referência como o socioconstrutivismo, por mais interessante e esclarecedora que seja.

Malaguzzi era um pedagogista muito atento à contemporaneidade, curioso e interessado nas reflexões e nos desenvolvimentos conceituais de outras disciplinas, conhecimento que levava para as discussões pedagógicas com os professores.

Quem trabalhou com ele se recorda muito bem dos lindos encontros que eram feitos, nos quais Malaguzzi, que era um grande leitor, atualizava-nos sobre as últimas leituras realizadas, sempre muito atuais e ligadas, em especial nos anos 1990, às neurociências e à filosofia da ciência. Leituras que eram reinterpretadas por ele e colocadas em relação com a pedagogia, em um trabalho de conexão que era desenvolvido sem nunca perder a parte vital da pedagogia ligada às crianças, em uma atitude que dava também às neurociências uma forma especial de ternura e de *humanidade*. Malaguzzi também nos atualizava sobre política. Resumindo e discutindo alguns acontecimentos do período, entrava em um contexto social e pedagógico a ser conhecido e confrontado.

No final do ano escolar, fim de junho ou primeiros dias de julho, tinha se tornado um hábito – para nós, irrenunciável – convidá-lo para um *bate-papo* na Escola Municipal da Infância Diana, e, ao longo dessas conversas livres, levava-nos com grande franqueza as suas opiniões relativas ao panorama cultural, político, social e pedagógico, tanto reggiano quanto nacional e internacional.

Esse inteligente *olhar* de caráter geral era extremamente útil para nos atualizar em uma óptica ampla, para enriquecer os nossos conhecimentos e para permitir ao nosso grupo escolher, depois das férias, na volta à escola, quais prioridades dar aos projetos a serem desenvolvidos com as crianças. Nós nos arrependemos muito por, estupidamente, não termos gravado esses encontros.

Daquelas conversas, porém, aprendemos um método de trabalho e de pensamento que, na medida do possível, continuamos aplicando mediante leituras, reflexões, individuais, ou, melhor ainda, um confronto com os outros.

Como qualquer outra atividade humana, a Pedagogia, de maneira particular, precisa de ouvidos atentos para o entorno, porque se ocupa de educação e de uma parte preciosa da humanidade, as crianças, caso contrário, arrisca perder os contatos com os protagonistas das próprias reflexões e do próprio agir, as crianças e os jovens, e transformar-se em uma disciplina baseada, simplesmente, em uma série de regras a aplicar, com frequência, autorreferenciais demais, seguras de si e cristalizadas no tempo.

Umberto Galimberti, falando da psicologia, diz que é necessário ter a consciência de que as ciências relativas a ela são talvez somente um episódio entre os muitos com os quais, na História, o homem tentou interpretar a si mesmo. Penso que a consciência de que a pedagogia não é uma ciência exata valha ainda mais para a pedagogia.

Tenho, às vezes, na verdade, com muita frequência, a impressão de que as leituras de alguns pedagogistas e psicólogos importantes do passado orientam de modo excessivamente rígido o olhar de muitos educadores sobre as crianças, e que os ouvidos e os olhos não prestam atenção suficiente naquilo que elas dizem e fazem na realidade.

As crianças não são sujeitos imóveis no tempo, sempre iguais em cada época, porque mudam com grande rapidez tanto a cultura quanto a sociedade nas quais elas se formam, e os conhecimentos pedagógicos e psicológicos deveriam estar sempre abertos aos canais da escuta e interpretação, para não se tornarem um filtro míope e opaco da realidade.

Um aspecto que encontrei bastante no mundo da Pedagogia é a distonia que existe entre os assuntos da cultura à qual se faz referência, as declarações de intenções e a tradução prática de tudo isso na concretude da relação com as crianças.

Parece-me que a formação pedagógica tende a separar, de maneira bem nítida, a parte teórica da didática, e trata a didática como uma irmã pobre. De fato, essa separação empobrece ambas e quem se ocupa de escola e de formação deveria prestar muita atenção a esse aspecto.

Malaguzzi, a esse propósito, utilizava a metáfora do andar de bicicleta: para avançar é preciso pedalar com um bom equilíbrio: um pedal representa a teoria; o outro, a didática, e pedalar um só não leva longe.

Percebe-se essa distonia até nas propostas do Ministério da Instrução Pública, que contêm as "Indicações para o currículo da escola da infância e do ciclo básico de instrução", publicadas em 2007.

A parte introdutória guia a novas perspectivas éticas, sociais e culturais, e uma leitora como eu, apreciando alguns aspectos mais que outros, poderia, em geral, estar de acordo com essa primeira parte do texto e começar a fazer hipóteses de percursos didáticos praticáveis e interessantes.

Quando, então, passa-se à leitura da segunda parte do documento, que faz referência aos diversos campos do saber, encontramo-nos diante de uma espécie de restrição da linguagem, de uma redução da sua abertura cultural, e, consequentemente, de uma limitação das possibilidades imaginativas e de trabalho que derivam disso.

Pode ser que o meu comportamento seja de desconfiança em relação a um tipo de linguagem e de terminologia, e talvez esse incômodo faça que algumas definições se tornem pouco simpáticas para mim, como "as experiências gráfico-pictóricas" ou "as possibilidades sonoro-expressivas".

Parece-me que representam uma didática obsoleta, e de imediato me aparecem visões nada confortantes, tantas e tantas vezes vistas nas escolas, a lembrança de trabalhos propostos para as crianças nos quais uma concepção estereotipada das coisas é absolutamente triunfante, e o resultado é constituído por trabalhos malcuidados e ruins.

Basta somente a habilidade de certos professores para que os trabalhos das crianças se tornem ruins!

Só espero que os campos do saber do mundo da escola, ao longo das várias atualizações, de grupos de trabalho e *workshops*, possam encher-se de reflexões e de imagens que se distanciam de uma linguagem já recheada de fantasmas, e que seja amadurecida a coragem de acolher o ponto de vista das crianças, que, às vezes, parece muito distante do que se ocupa a escola.

A bola de mar

Um menino de aproximadamente 2 anos e meio constrói, com a areia úmida, compactando-a bem, uma bola, depois, corre para lançá-la ao mar. Ao voltar para a praia, com alegria, ele grita: *"Uma bola de mar, uma bola de mar!"*. A areia compacta, dissolvendo-se ao contato com a água, virou uma coisa só com o mar, e a bola de areia virou *bola de mar*.

Esses processos de pensamento e as palavras que os comunicam sempre me encantam.

De que maneira, com crianças assim, se utilizam termos como "esquema corporal" ou "atividades manuais" etc.? Pior ainda, como se faz para entregar às crianças modelos gráficos simplificados, banalmente elementares, do "esquema corporal", como é feito em diversas escolas?

Para aprender uma *linguagem* é necessário *falá-la* com frequência, desse modo, a linguagem gráfica também necessita de uso regular.

O respeito

Entre as múltiplas propostas que podem ser feitas, há, também, a investigação com base no real e, em certas situações, o sujeito pode ser um amigo que serve de modelo.

Neste breve relato, a professora está sozinha com um elevado número de crianças, em um espaço restrito da classe: prepara-se a documentação muito apressadamente, mas são evidenciados processos interessantes. Com frequência, a professora deve organizar propostas didáticas em condições difíceis, mas está confiante de que, de qualquer maneira, o percurso seja positivo. A situação é a de uma criança da classe que, naquele dia, é escolhida como modelo para um retrato em desenho ou em argila.

Neste caso, é uma modelo, Sewaa, primeiramente observada e comentada pelos amigos pelas suas características físicas, mas também de caráter: *"Os olhos são pretos, grandes e largos; os lábios dela são grandes, tanto embaixo quanto em cima... Quando sorri, a boca se encurta; os cabelos dela são enrolados e têm trancinhas, todas grudadas na cabeça... Penteia-se sempre de modo diferente, está sempre bem penteada... É magra, mas também tem músculos"* (Figura 4.1).

Figura 4.1 – Classe lotada durante atividade artística (retrato).

A *modelo* intervém com frequência, para confirmar ou contestar os comentários dos amigos.

Filippo: "Eu ouvi que Theo também gosta da Sewaa".

Theo: "Sim, eu gosto".

Filippo: "Talvez se gostem porque têm a mesma pele..."

Camilla: "Mas não é verdade... Porque eu gosto do Evans, que tem a pele marrom!".

Sewaa: "Eu gosto do Theo porque é um amigo e também do Ismail que era quase um amigo meu... Então, a cor da pele não tem nada a ver!".

Camilla: "É boa e inteligente, porque se alguém diz pra ela alguma coisa, ela concorda...".

Sewaa: "Eu fico brava com os meninos quando me machucam e depois eles me dizem: 'Eu não vou mais fazer isso!'. Então, eu perdoo... Eu quero bem a todos os meninos, são meus amigos...".

Começa, assim, a proposta gráfica que, de acordo com os nossos hábitos, prevê a subdivisão das crianças em grupos, colocadas em volta da modelo, com diversos pontos de vista: frontal, posterior, de perfil.

Enquanto está ao lado das crianças durante o trabalho delas, a professora tem consciência de que as "fotografias tiradas", mesmo não sendo boas, poderão ser utilizadas posteriormente com as crianças para discutir a relação entre a modelo e sua visão das diversas perspectivas.

A professora escolhe dar mais atenção à documentação de um grupo que desenha a modelo de perfil, porque sabe que aquele ponto de vista, como o de costas, coloca problemas interessantes para as crianças.

Enquanto desenham, as crianças, inteligentemente, controlam-se, como fazem com frequência, um pouco para verificar e um pouco para colher sugestões do trabalho dos colegas.

Laura, uma menina que vai de um lado para outro, curiosa, para em frente ao trabalho de Martina e lhe diz: *"Olha, não tá bom assim, você acha que vê ela de frente? Você desenhou a Sewaa como se tivesse assim, de frente... mas você deveria desenhar assim... de lado... de perfil... com um olho só, uma perna só, uma orelha só"* (Figura 4.2).

Figura 4.2 – Laura e Martina discutem seus desenhos.

Depois, mostrando o seu desenho, Laura explica: *"Olha, assim... Como eu fiz"*, e compara os dois desenhos (Figuras 4.3 e 4.4). *"Você fez com dois braços, dois olhos... Isso não é vista de perfil, é de frente"*.

O tom de Laura é gentil, mas seguro; por sua vez, Martina, que no início da observação da colega tinha uma expressão surpresa, parece, pouco a pouco, entender.

Figura 4.3 – O desenho de Laura.

Figura 4.4 – O desenho de Martina.

A professora se aproxima e, amigavelmente, pergunta: "*Bonito o desenho que você fez, mas, para vê-lo assim, em que lugar você deveria estar?*", ao que Martina responde: "*Lá, naquela mesa lá*" e indica os grupos que veem Sewaa de perfil.

Então, a professora não lhe diz que o desenho está errado, confirma que é um belo desenho, não lhe pede nem para refazê-lo, mas, com aquela pergunta, sanciona a diferença entre dois diferentes pontos de vista: de frente e de perfil.

Com um grande respeito pela sensibilidade da menina, não a submete a uma refação, porque, com a sua resposta, Martina demonstra ter dado um primeiro passo para compreender, já que não se trata de um simples problema de grafismo, mas conceitual. Haverá outros momentos para desenvolver a consciência que acabou de ser adquirida.

Gosto desta breve e aparentemente simples sequência de retratos, porque enfatiza uma série de aspectos importantes, que, em geral, tendem a ser subestimados:

- A aprendizagem do "esquema corporal" acontece por meio de percursos muito diferentes, que são sempre e de qualquer forma percursos perceptivos, cognitivos, sociais, afetivos.
- A consciência dos possíveis processos das crianças, nesse caso, os relativos ao desenho, apoia a professora tanto nas propostas que faz quanto na observação dos processos que as crianças desenvolvem.

- O respeito e a estima das crianças fazem da professora uma professora melhor, porque a complexidade do problema proposto e o conflito cognitivo que deriva dele não podem se tornar mais importantes do que a autoestima, em construção, das crianças e, também, a sensibilidade delas.

Uma pedagogia feminina

Não sei por quais razões nem por quais virtudes Malaguzzi conseguia não separar teoria e prática, muito menos de onde se originava a sua sensibilidade, a qual – que ele me perdoe! –, às vezes, ia um pouco para o lado *teatral*, mesmo essa teatralidade sendo, com frequência, parte das aspirações espontâneas das crianças. Creio, porém, que essa união de teoria e concretude, que era continuamente verificada no nosso trabalho nas escolas de Reggio, continuasse indissoluvelmente ligada, e que esse tenha sido um dos valores de força da pedagogia reggiana.

Era um valor difícil de manter ao longo do tempo, que deveria ser continuamente evocado e verificado, porque está sempre em risco.

Trata-se de uma pedagogia, construída na cotidianidade de muitas mulheres, *cuidada* por mentes e mãos, em especial femininas, que souberam, por meio de uma deficiência – e é, sem dúvida, uma deficiência a falta de um número maior de professores homens –, construir uma educação na qual são praticados alguns valores importantes, como o das relações, da empatia, da solidariedade, do cuidado com as coisas, da ternura, da graça; traços que a psicologia atribui tradicionalmente ao gênero feminino, mas que podem constituir uma riqueza para todos.

Há diversos anos, nas escolas de Reggio, ensina uma atelierista, Mirella Ruozzi, que, a meu ver, representa uma clara demonstração do quanto um *olhar terno* e alegre pode guiar observações e documentações muito sofisticadas, capazes de recolher dados e situações que possam relatar, de modo particularmente complexo e sagaz, as crianças da creche.

São muitas as documentações em vídeo que essa atelierista, em parceria com uma jovem colega, ultimamente realiza no Centro de Vídeo,[1] documentações que relatam a história de crianças da creche e nas quais aparecem a sua irresistível inteligência e maravilhamento curioso.

---

[1] O Centro de Vídeo foi criado nos anos 1980, no interior da Escola Municipal da Infância La Villetta. Nele estão os materiais audiovisuais que constituem a documentação dos projetos e das atividades que tomam forma nas creches e nas escolas da infância de Reggio Emilia.

Em um vídeo que narra, por meio de alguns *quadros*, parte de um dia na creche, podemos ver cenas que nos fazem refletir sobre o quanto as crianças pequenas são atentas aos relacionamentos e de que modo os vivem, e percebe-se, de maneira ainda mais forte, a injustiça em relação ao que é cotidianamente subtraído a muitas crianças.

Às vezes, pode-se ver no vídeo pequenas cenas como estas contadas a seguir.

Um som a quatro mãos: pequenas histórias de cotidianidade

Numa manhã, uma professora começa a tocar violão, um objeto maravilhoso que, naturalmente, ativa a curiosidade das crianças. Em uma das filmagens, vêm-se duas crianças de idades diferentes (10 e 23 meses), que tocam as cordas do violão procurando extrair sons, ação que a menina, por ser maior, consegue, indubitavelmente, fazer melhor.

O menino, menor, procura chamar a atenção da menina, toca-a, empurra-a e parece mais interessado na relação com ela do que no violão.

A menina se incomoda, distancia-o, quer ser deixada em paz para explorar os sons produzidos pelas cordas, mas, de repente, o menino faz algo que une o seu desejo de entrar em relação com a menina com o desejo de tocar (ambos os desejos, até aquele momento, insatisfeitos).

Após algumas tentativas frustradas, consegue pegar a mão da menina e a guia em direção às cordas, que as duas mãos, estreitamente unidas, tocam e fazem soar a música juntas, realizando, assim, as duas aspirações do menino.

Essas imagens nos dão pequenos retratos de vida das crianças e do seu ponto de vista. Talvez, documentações como essa devessem circular com mais frequência, como materiais de estudo nas faculdades que têm a tarefa de formar os professores.

Estou certa de que, para muitos docentes e futuros professores, esses exemplos constituiriam uma documentação preciosa para se aproximar das crianças e falar delas de maneira a evitar as barreiras comuns entre o momento teórico e o trabalho concreto nos serviços educativos.

Sobre os pedagogistas

Em relação aos pedagogistas coordenadores das creches e das escolas da infância, Malaguzzi os supunha pessoas incapazes de separar teoria e prática, encarregadas de ocupar-se da qualidade total das creches e das escolas confiadas a eles.

A exemplo dos atelieristas, os pedagogistas também inseriam os seus saberes e a sua formação cultural em um contexto educativo multidisciplinar, representado pela comunidade escolar, que acolhia e utilizava as suas contribuições e aprofundamentos teóricos como recursos preciosos. Ao mesmo tempo, por meio de uma série de solicitações organizacionais, didáticas, sociais, o pessoal da escola atuava de forma que a profissão do pedagogista fosse desenvolvida de modo completo, não separando as partes teóricas das concretas.

Toda a organização do nosso trabalho levava em consideração esses aspectos e sustentava o constante entrelaçamento das diversas competências e de tantos pontos de vista.

Daquilo que ouço, e, em geral, vejo nas escolas em nível nacional e internacional, o fato de haver em Reggio uma equipe pedagógica tão numerosa (cada pedagogista coordena, em média, quatro serviços/instituições: duas escolas da infância e duas creches) constitui, junto com a presença do ateliê e da cozinha interna e a participação das famílias, uma particularidade positiva, da qual é necessário ser consciente e que é um dever utilizar de modo adequado. E, para sermos sinceros, às vezes, conseguimos e, às vezes, não.

Não é fácil para os pedagogistas manter um inteligente equilíbrio entre tantos componentes sociais, crianças, professores, famílias, forças políticas da cidade e nacionais, e, sobretudo, conseguir obter um entrelaçamento coerente entre as teorias de referência que são declaradas e o trabalho que concretamente é levado adiante nas escolas.

Talvez, para eles, o risco maior seja, principalmente, o de repetir belas teorias sem inseri-las em um lúcido e contínuo confronto crítico com as realidades das creches e das escolas que coordenam.

O outro risco a ser evitado é o de declarar *o confronto* como uma das atitudes fundamentais, mas depois não levá-lo concreta e apropriadamente em consideração, tanto nos aspectos teóricos da didática quanto na ocasião da formação do pessoal, ou na troca de informações com os colegas pedagogistas sobre os projetos a se realizar nas escolas; e a mais efetiva e difícil quantidade de compromissos não pode constituir uma desculpa suficiente.

Caso se chegasse, por algum tempo, a renunciar à troca dialética entre as diversas experiências e a não prestar suficiente atenção à evolução das teorias pedagógicas e às pesquisas em ação entre as diversas disciplinas, os pedagogistas das escolas da infância de Reggio perderiam uma das características mais importantes que os distingue de grande parte da pedagogia nacional e internacional: o dar *forma*, por meio dos projetos didáticos e da qualidade cotidiana, às teorias expressas sem traí-las.

Ao mesmo tempo, é necessário que não sejamos muito afeiçoados às teorias e deixemos espaço às dúvidas, permitindo que o ato de escutar a realidade cultural e social e as crianças modifique as teorias de referência.

A consciência crítica é um bem que deve ser conservado com muito cuidado.

Conversa com...

Simona Bonilauri, *pedagogista, que após um breve hiato de ensino na Escola Municipal da Infância Diana, desde 1982 é coordenadora pedagógica nas creches e nas escolas municipais da infância de Reggio Emilia.*

Claudia Giudici, *pedagogista, que, por alguns anos, foi coordenadora pedagógica nas creches e escolas municipais da infância (de 1998 a 2007), e, desde novembro de 2009, é Presidente da Instituição Escolas e Creches da Infância do Município de Reggio Emilia. Faz, também, parte da Direção da Reggio Children, na qualidade de responsável pela área de Pesquisa, Consultoria e Formação. Quando criança, frequentou a Escola Municipal da Infância Diana.*

Vea: Duas primeiras questões: quanta convicção e consciência há na equipe pedagógica do acolhimento feito às linguagens poéticas, consideradas importantes para a aprendizagem? O quanto a presença do ateliê e do atelierista como escolha contribuiu para a identidade pedagógica de Reggio?

Simona: Você fala com frequência de estética e de poética e, de alguma maneira, assimila-as; talvez as utilize para designar algo de necessário e transversal aos processos de conhecimento. Esse plano do discurso é justamente o que, do ponto de vista histórico, foi objeto de críticas, de dúvidas e de perplexidades.

É preciso dizer que, no senso comum, a estética é vista como algo "acrescido" aos processos: pode existir e pode não existir. O fato de que exista ou de que não exista não incide na validez dos processos de aprendizagem e de construção dos conhecimentos.

Não sou dessa opinião, porque, para mim, a estética é intrínseca aos processos de conhecimento.

Claudia: O tema da estética da aprendizagem não é fácil de tratar; no início da minha experiência como pedagogista, me fiz a mesma pergunta que com frequência é feita para nós: qual a relação entre o ateliê, a arte, as linguagens expressivas, a pedagogia e a didática? Por que temos nas nossas escolas uma figura como a do atelierista? Não bastaria que algum especialista entrasse na escola para fazer laboratórios de pintura, de argila com as crianças?

A experiência educativa das creches e das escolas da infância de Reggio se caracterizou imediatamente por um forte traço de pesquisa de inovação; uma pedagogia que procurou sair das fronteiras da pedagogia tradicional, que logo procurou referências culturais (não só pedagógicas) internacionais e interdisciplinares, tornando-se e se propondo, portanto, uma pedagogia transgressora em relação à tradição; uma pedagogia que desde cedo lutou contra o hábito e o tédio, perseguindo a mudança e novas possibilidades.

Nessa procura permanente pela inovação, seguida e perseguida, atravessando fronteiras até desconhecidas e imprudentes, procurando sempre interpretar a atualidade, acho que pode ser colocada a escolha do ateliê e da figura do atelierista nas escolas municipais da infância de Reggio, que o Prof. Malaguzzi fez já nos anos 1960.

Simona: A arte, na pedagogia reggiana, foi utilizada como força de ruptura do pensamento dominante. Quando tenta, do ponto de vista construtivista e socioconstrutivista, entender como as crianças aprendem, percebe-se que isso acontece de acordo com uma modalidade multidisciplinar e polissensorial, uma modalidade que já está nas crianças e que o ateliê contribuiu para valorizar: isto é, as crianças, quando aprendem, fazem isso segundo uma modalidade polissêmica, entrelaçando e conectando diversas linguagens entre si, e isso é exatamente o que a escola tradicional não faz, porque tende a separar as linguagens (que são definidas como saberes, disciplinas, campos do saber etc.).

Vea: O termo "linguagem", que utilizamos com frequência e com muita desenvoltura, corre o risco de ser uma definição que cria equívocos facilmente.

Claudia: Utilizamos as palavras "linguagem" e "linguagens" para indicar as múltiplas fontes e formas do conhecimento das crianças e do ser humano. Quando falamos de linguagens, aludimos aos diferentes modos de a criança (do ser humano) representar, comunicar e expressar o pensamento por meio de diversas mídias e sistemas simbólicos (as linguagens, portanto, são as múltiplas fontes/gêneses do conhecimento).

Retomando a reflexão de Simona, a atenção aos modos de aprender das crianças fazia surgir com força uma coisa que hoje pode parecer óbvia e banal: as crianças conhecem por meio do corpo, da sonoridade, da linguagem gráfica pictórica, plástica... Desse modo, o que aparecia era que as linguagens expressivas/poéticas eram linguagens empáticas com o modo de conhecer das crianças, ou seja, linguagens em sintonia, em relação emotiva, afetiva, relacional e cognitiva com o modo de conhecer das crianças e entre elas.

Era, assim, necessária uma escolha que não traísse esses processos e o modo de aprender das crianças: era preciso introduzir na escola um elemento de *subversão* em relação à escola e à didática tradicional, que permitisse tornar mais complexo o processo didático e, por isso, mais coerente com o modo de aprender das crianças. E por didática entende-se, aqui, aquele conjunto de metodologias que sustentam e dão forma à relação ensino-aprendizagem e, portanto, à interpretação do ato de escuta e observação das crianças.

O trabalho cotidiano de observação e de documentação dos processos de aprendizagem das crianças foi o instrumento, a zona de entrelaçamento entre a pedagogia e o pensamento do ateliê que trabalharam simultaneamente nas conexões das linguagens, modificando-se de modo recíproco.

Foram observações e documentações que testemunharam como as crianças procuram a beleza por meio das múltiplas linguagens em empatia (não separadas e sequenciais); como procuram uma estética de expressão das suas ideias e pensamentos.

Outro aspecto-chave da experiência educativa de Reggio, sempre presente, é o da estreita relação entre teoria e prática, não uma precedendo a outra, mas juntas, ao mesmo tempo, indispensáveis para avançar. Dada essa importância e dadas as considerações e as reflexões sobre o modo de aprender das crianças, fez-se imediatamente necessária uma escolha de ordem cultural, organizativa e de gestão (que são sempre ou deveriam ser aspectos de ordem cultural): a introdução da figura do atelierista e do ateliê. Escolhas que modificaram imediatamente a didática e, portanto, ainda mais complexamente, o projeto pedagógico e educativo.

Simona: Sim, creio que o encontro entre a Arte, a Psicologia Cognitiva e a Psicologia Evolutiva tenha virtuosamente recomposto a unidade da mente da criança, que é também a unidade do homem. A primeira imagem que eu daria é, ao mesmo tempo junto, de natureza epistemológica e política. Essa é uma imagem pertinente às crianças e ao homem que pede uma forma de pensamento divergente, não conformista... que se insinuou progressivamente desde antes, como uma intuição fértil, depois se tornou necessária e ali ofereceu novos critérios e estratégias para a formação dos adultos. Ter colocado no centro a criança e os seus processos de conhecimento levou a uma transformação dos esquemas de expectativa dos adultos. Procuramos fazer um trabalho de desestruturação dos nossos conhecimentos e dos nossos esquemas mentais.

Vea: Aprender a *desaprender*...

Claudia: Ter considerado a linguagem visual e as linguagens expressivas não como disciplina separada, mas como trâmite para interrogar o mundo e construir pontes e relações entre experiências e linguagens diversas, para manter em estreita relação os diversos processos cognitivos; significou elaborar uma pedagogia que procura trabalhar com as conexões e não com a separação dos saberes. Dessa maneira, trabalha-se com saberes e linguagens que entram em ressonância entre si, que estão em relação e empatia entre si. É dessa relação que se expandem, incrementam, modificam e se enriquecem as experiências e o conhecimento das crianças. E nós, como educadores, temos de trabalhar com esse entrelaçamento e essas conexões.

Simona: O ateliê é, sem dúvida, o lugar simbólico desse novo trabalho feito do ponto de vista do saber de um sistema e de uma rede de serviços.

Vea: A escolha repentina de uma pedagogia que aceita e utiliza a cultura de um ateliê "impertinente", como o define Malaguzzi, deve continuar a ser refletida de modo lúcido pelas pessoas que a vivem, porque, caso contrário, o risco é perder a sua potência subversiva e que o ateliê seja vivido, em especial, como presença organizativa.

Simona: De fato, penso que, além dos problemas de considerar a estética ou o ateliê como algo acessório, como dizíamos antes, poderia haver também outro entendimento: o ateliê podia tornar-se simplesmente uma *técnica*, mas, por enquanto, isso não aconteceu.

Vea: Um risco possível, já que a cultura do ateliê é uma cultura que atua chegando à realização de obras de natureza variada, também por meio do auxílio de materiais e de técnicas que compreendem e aprisionam ou liberam muitos processos expressivos e cognitivos.

Simona: Porém, a técnica é a condição *sine qua non* para a expressividade. A força dos nossos atelieristas, e também dos professores, foi estar sempre em relação com os processos de conhecimento das crianças e dos adultos e redefinir-se constantemente; por isso, os atelieristas não se tornaram meros condutores de laboratórios, uma possibilidade e um risco aos quais, de qualquer maneira, não estamos imunes... Por sorte, as crianças nos mantêm sempre entre a terra e o céu.

Vea: Outro risco é trabalhar com os materiais e as técnicas sem vê-los como relação entre muitos elementos em que se desenvolvem processos de conhecimento importantes.

Simona: Mas como evitar que uma técnica não seja um fim em si mesma? Um dado interessante é relativo à palavra "experiência", porque, revendo rapidamente o que fizemos no ateliê, parece-me que permitimos considerar a experiência em toda a sua potencialidade.

Concordo com a Claudia quando diz que usamos a técnica para entender os processos, e não para instruir as crianças a serem boas. No entanto, essa afirmação também é feita com cautela, porque, se uma criança é boa para cortar papel com tesoura, não está apenas satisfeita, tem também competências.

O ateliê deu ao termo "experiência" a possibilidade de lhe dar forma dentro de um grande projeto pedagógico: Malaguzzi quando dizia: *"Nós nos ocupamos com o homem"*, queria dizer algo global, sistêmico, não setorial, que não separa as competências das crianças da dos adultos e dos contextos... Não contextualizamos as técnicas, isto é, procuramos produzir "experiências": a técnica foi posta a serviço de um projeto, um projeto maior que a pedagogia isolada e é isso que o levou a procurar outras linguagens. Justamente esse projeto para o homem e sobre o homem levou Malaguzzi à grande intuição de inserir o ateliê.

Vea: Um dos aspectos que se percebe de modo intenso nas creches e nas escolas é a presença de uma inteligência coletiva que vai além do indivíduo ou da escola. Um dos elementos, talvez a base, para o desafio do qual você está falando, penso que seja a relação intensa das pessoas com as coisas: com o ambiente, mas, também, com todos os elementos que nos circundam, com os projetos que são feitos. Essa empatia difusa necessita de tempo para se tornar uma lúcida e consciente "inteligência coletiva".

Simona: A presença do ateliê, com a ruptura do pensamento conformista, tinha trazido para a Itália, em antecipação às teorias da complexidade, a ideia de uma aprendizagem não linear, múltipla, posteriormente confirmada também em âmbito psicológico.

Essa complexidade é difícil de viver e habitar cotidianamente, e o que estamos fazendo, às vezes, é ainda linear, mesmo se cada escola tenha em si uma complexidade de pensamento e de vida da qual não podemos prescindir.

Há, também, o risco de uma interpretação estetizante.

Vea: A relação intensa com as coisas é uma das bases da arte, raivosa ou amante que seja, e se há relação, o risco estetizante se distancia.

Simona: Indubitavelmente, se levarmos em consideração a individualidade, a subjetividade e as relações, teremos um aumento de incerteza, mas, também, um aumento de liberdade. Essa atmosfera é respirada no ar de uma escola. Na Diana, percebi com força essa subjetividade, essa liberdade que também é tempo, porque lá as crianças devem poder se dar tempo.

Sobre a relação intensa com as coisas, volto ao *slogan* dos anos 1970: se você não tem tempo, compense-o por meio da qualidade do tempo.

Isso vale também para os adultos, porque a troca formativa requer e quer dizer dedicar tempo, isto é, faz-se uma espécie de circuito entre experiência e subjetividade, que são ligadas. Posso ter uma experiência subjetiva e, no encontro entre essas duas dimensões (experiência e subjetividade), há a sedução estética.

Claudia: Até porque, caso contrário, bastaria um atelierista em uma escola para fazer uma escola de qualidade, mas não é assim, são esses processos que devemos manter vitais, mas somente se entendermos o seu significado e como convite para as diversas gerações.

Uma outra coisa em relação às que já foram ditas, é como o ateliê mudou muito a linguagem da pedagogia, tanto pela utilização das imagens quanto pelas formas de comunicação. A invenção da documentação como estratégia de avaliação e de formação, que agora é reconhecida por outros, tem, com certeza, uma originalidade na experiência de Reggio.

Essa nossa linguagem sempre descreveu a pedagogia de modo híbrido e multidisciplinar, por isso, não utilizamos apenas uma linguagem didática ou psicológica ou sociológica, mas essas e muitas outras, que pertencem tradicionalmente a outros campos do saber. Essa hibridação das linguagens deve ser mantida, embora comporte um esforço consistente.

Quando escutei as primeiras apresentações de documentações, me tocou o uso das metáforas vivas, portanto, inovadoras; a associação de palavras e imagens fora das convenções, as quais por essa razão, são criadoras de novas realidades e novas possibilidades para as crianças.

É uma modalidade educativa muito utilizada também pelas crianças, por exemplo, por um menino que diz: *Uma noite macia como um cobertor...*

Vea: Uma curiosidade: por que, na opinião de vocês, há tão poucos processos individuais documentados? Se dermos para a criança espaços de liberdade, se houver curiosidade para entender as estratégias utilizadas ao enfrentar os problemas, os relacionamentos, então a documentação de um processo individual estará quase sempre interessante.

Certamente, isso depende de quanto espaço e de quanta liberdade de pensamento são concedidos à subjetividade das crianças...

Claudia: É difícil justamente por esse motivo... De qualquer forma, sobre a individualidade, arriscamos ser mal compreendidos se não a qualificarmos em um contexto de grupo, porque sempre trabalhamos com individualidade e grupo, e isso também tem um significado político da ideia de educação. Outra mensagem política que acho particularmente forte foi querer que as escolas fossem belas, quando isso, em geral, não é considerado um aspecto importante, ainda menos em uma escola pública. O cuidado com o ambiente público como significado ético.

Vea: A beleza pode se tornar um fator provocador: indo nas escolas construídas ultimamente, há quem diga em tom de desaprovação: *"Mas aqui é mais bonito do que na minha casa!"*. Há, ainda, após tantos anos do nascimento das primeiras escolas, realmente uma grande confusão entre luxo, cuidado e competência.

Claudia: Alberto Munari e Donata Fabbri, que se ocupam há tempos com os processos estéticos na aprendizagem, afirmam (cito de memória) que, quando aprendemos, existe sempre em nós um projeto estético que nos faz construir e colocar em relação o que estamos fazendo segundo maneiras que têm o seu fascínio... É essa a estética de base que nos leva a melhorar as nossas construções interpretativas, a dar ordem ao nosso mapa cognitivo, para seduzir e sermos seduzidos.

Simona: Uma vez, me foi feita a pergunta: "Não há estímulos e motivações demais para as crianças nas escolas de vocês?". Era 1980, e ela me faz rir porque eu tinha dificuldade para encontrar a resposta adequada.

Vea: Sobretudo em ambientes pequenos, como a Escola Diana, a quantidade de objetos, contextos, materiais visíveis podem dar a impressão de uma saturação excessiva. O importante é não transformar o ambiente da escola em uma exposição de museu.

Simona: Procuro uma pista para entender se nas escolas que frequento estamos nos tornando um museu ou se ainda estamos vivos; quando estou na Diana e olho as crianças circulando, a pergunta é: As crianças escolhem o que fazem? Normalmente, num museu, pelo menos aqueles tradicionais, você é espectador; aqui, ao contrário, há crianças que procuram e *trafegam* com autonomia em vários contextos. A maneira como se movem, a sua autonomia, não vem de uma *ordem*, mas de um ambiente que lhes permite escolher. Com professores e atelieristas atentos para apoiarem a variação e as possibilidades de escolha estamos distantes da imobilidade do museu.

O ateliê nutriu toda essa vitalidade, que não devemos perder.

Capítulo 5

O OLHAR PROFUNDO SOBRE ORGANIZAÇÃO

Sobre a importância da organização do trabalho como processo criativo, e não como simples aplicação ou suporte para a eficiência, existem muitos textos, até importantes, e são realizadas conferências e seminários; vou limitar-me a fazer somente algumas reflexões pessoais que, conscientemente, distanciam-se de um discurso completo e aprofundado sobre o assunto.

Interessa-me, pelo contrário, fazer menção aos reflexos que os critérios organizativos configurados por Malaguzzi tiveram sobre as pessoas que, como eu, trabalharam e trabalham dentro das escolas.

Falando de *ilusão gerencial*, Pier Luigi Celli (1997) escreve sobre como o mundo dos empreendimentos distanciou dos próprios programas e estratégias produtivas e econômicas os reais problemas sociais das pessoas, favorecendo, assim, uma hipersimplificação dos instrumentos conceituais que, não sendo mais capazes de interpretar as novas complexidades, tornam pobres as competências dos empreendimentos, exatamente naqueles conflitos que agora se tornaram críticos.

Creio que tal reflexão possa ser feita também em relação à escola: se a escola pública não toma consciência dos problemas concretos da formação dos professores, entre os quais a necessidade de desenvolver as competências e atitudes para a relação e a comunicação das realidades sociais e culturais dos jovens e das famílias, se não reflete sua cultura atual, se não são feitos sérios investimentos culturais e econômicos na educação que continua a ser condicionada, especialmente, pelas escolhas econômicas, a escola pública bloqueia as capacidades de antecipar e de governar as mudanças e desenvolver a importante tarefa para a qual é chamada.

O que as empresas chamam de "recursos humanos" (que, no contexto da escola são as crianças, os jovens e os professores, uma humanidade que representa o futuro) têm ritmos de acúmulo de saberes, de relações, de valores, de problemas, de mudanças tão rápidas que tornam a nossa escola cada vez mais distante e estranha à realidade, porque escolheu transmitir uma cultura parada no tempo, com certezas demais, poucas dúvidas e pouquíssima pesquisa.

São necessárias escolhas culturais, antropológicas, éticas e estéticas, guiadas por um pensamento e uma *respiração profunda*, uma força e uma consciência conquistadas por amadurecimentos e enriquecimentos sucessivos, por meio de experiências concretas, feitas em estreita relação com experimentações e pesquisas, nas quais a atualidade é refletida, discutida, interpretada por um pensamento *transdisciplinar*.

Não me parece que as muitas hipóteses sobre a escola feitas até agora pelos diversos partidos que se sucederam no Governo tenham sido capazes de colocar essas escolhas em ação, nem uma verdadeira mudança.

Penso que, em relação à organização, o que diz Malaguzzi tenha sido um *olhar profundo*: forneceu às escolas de Reggio uma base organizativa muito sólida, que lhes permitiu se sustentarem ao longo do tempo com uma capacidade de autossustentação, do ponto de vista teórico e prático, que se constituiu em um muro de defesa para resistir e para manter, ao longo do tempo, altos níveis de qualidade, mesmo em alguns momentos muito difíceis.

Faço a premissa de que, por caráter e por cultura familiar, sou uma pessoa pouco disposta a aceitar regras das quais não compartilho.

Dito isso, acrescento logo que, em 30 anos de trabalho, nunca senti o peso de regras que eu percebia, com clareza, como expressão de ética do trabalho de grupo e de apoio a uma vasta comunidade, e nunca senti essas regras, às vezes declaradas, às vezes implícitas, como um entrelaçamento rígido e burocrático.

Tudo estava sempre no interior de um contexto motivado, que procurava manter um correto equilíbrio entre direitos e deveres dos três sujeitos e protagonistas da escola – as crianças, o pessoal interno, as famílias – com uma atenção especial aos direitos das crianças. Como Malaguzzi dizia: *"Não há sindicatos para defendê-los"*.

A vida escolar normal

Até 2000, ano no qual concluí meu trabalho na escola, não havia livro de ponto, mas vigorava um forte autocontrole interno do pessoal de cada escola e creche, que, mesmo não declaradamente explicitado, era vital para um fluxo normal da vida escolar.

Eventuais erros de uma pessoa tinham demasiada consequência sobre o trabalho dos demais para que não fossem percebidos e, depois, civicamente mencionados pelo próprio grupo, sem a necessidade de recorrer a sanções.

Aceitar, sem se opor e sem intervir, incorreções no trabalho, como ausências não justificadas, atrasos, comportamentos inadequados, era avaliado como uma forma de cumplicidade. A omissão não era bem aceita e os problemas eram, em geral, discutidos pelo pessoal durante os momentos periodicamente dedicados ao autoaperfeiçoamento de todo o grupo dos trabalhadores da escola.

Isso não significa que não houvesse discussões. Elas existiam e eram bastante calorosas, mas entravam sempre em *conflitos* de sabor e de caráter social, sem referências excessivas a situações pessoais, e os problemas eram sempre resolvidos com amizade e no confronto de ideias.

Na Escola Municipal da Infância Diana, a fronteira entre necessária flexibilidade e indiferente cumplicidade, pelo menos que eu saiba, nunca foi superada.

Escolhas importantes

No início da década de 1970, no período de pouco anos, além da inserção da figura do atelierista, foram feitas algumas escolhas *revolucionárias* que construíram um novo imaginário público das instituições para as crianças em idade pré-escolar, por exemplo: a transformação do nome "escola materna" para "escola da infância"; a introdução da figura masculina, como professor, nas creches e nas escolas (particularmente combatida pela tradição); o trabalho em dupla dos professores; a preferência atribuída à entrada de crianças com direitos especiais nos serviços para a infância; a constituição de comitês de gestão dos pais. Todas essas escolhas foram corajosas e anticonformistas.

Foram escolhas fáceis? Certamente não; algumas mudanças, aliás, foram muito e frequentemente combatidas, também, pelo pessoal interno, que não aceitava confrontar-se constantemente com os colegas e aceitar as avaliações das famílias. Realmente, estava sendo construída uma imagem muito diferente de professor e de escola.

Havia aspectos fundamentais, como o cotidiano de trabalho em dupla por parte dos professores, por muitas horas por dia, que permitia concretamente desenvolver um trabalho com grupos pequenos de crianças e colocar em ação uma contínua troca de ideias entre as duas colegas.

É engraçado ouvir falar da socialização das crianças e dos jovens como um dos aspectos principais da educação e ver o quanto essa socialização é escassamente pensada antes e sustentada depois, na organização do corpo docente. Na última reforma da escola primária[1] do atual Governo (Ministra Gelmini),[2] entre as várias propostas, há aquela de voltar o professor único para cada classe, como no passado, proposta apoiada não só pela maioria do Governo (por motivos econômicos, já que permite uma grande economia de recursos), mas, também, por muitas pessoas que se voltam às recordações nostálgicas, às próprias experiências escolares e à professora da escola elementar como a única figura de referência.

Nas creches e nas escolas da infância reggianas, dentro do horário de trabalho, estava previsto, e ainda existe, um espaço para o autoaperfeiçoamento. Trata-se de uma reunião semanal de duas horas e meia com todo o pessoal da escola e da creche: professores, atelieristas, cozinheiras e pessoal auxiliar; uma atividade gerida de maneira autônoma, um espaço cultural e social que pode ser muito importante, com a condição de que sejam bem compreendidas as suas potencialidades. O tempo de autoaperfeiçoamento não deve ser dedicado somente para estabelecer calendário dos futuros compromissos, mas deve ser a ocasião na qual, após reflexões e discussões, sejam atribuídas aos vários programas prioridades pedagógicas, culturais e sociais.

Quando falo do grupo de trabalho, naturalmente, entendo incluir também a figura do pedagogista (em Reggio Emilia, são quase todos mulheres), mesmo ele não podendo estar presente em todos os encontros, porque é responsável por diversas escolas, nas quais desenvolve uma importante tarefa de coordenação da estratégia e verificação do trabalho realizado.

---

[1] N.T.: no sistema de ensino italiano, a escola primária (ou elementar) destina-se a crianças de 6 a 11 anos.

[2] N.T.: Mariastella Gelmini foi ministra da Educação no governo de Berlusconi, de 2008 a 2011.

Naturalmente, além do autoaperfeiçoamento, havia, e continuam havendo, outras modalidades de formação, que preveem todas as creches ou as escolas, ou grupos de creches e escolas coordenados pela equipe pedagógica.

Os programas são, frequentemente, muito interessantes, mas considero que o autoaperfeiçoamento semanal do pessoal da escola é um elemento de formação de enorme eficácia, em especial pela sua sintonia com os assuntos a considerar e aprofundar como também pela contribuição que dá à coesão cotidiana do grupo de trabalho. Justamente porque os autoaperfeiçoamentos são deixados para a gestão de cada creche e escola, está claro que não funcionam da mesma maneira em todas as escolas com a mesma qualidade. A função da pedagogista é intervir adequadamente, caso a caso, e estimular uma discussão que leve a uma qualidade mais alta. Tudo isso, de modo que a reflexão sobre as atividades cotidianas e a abordagem à didática se desenvolva sempre em um âmbito de vivacidade cultural e investigação pedagógica.

Na década de 2000, uma parte do plano de atualização geral também foi aberta para o pessoal das creches e das escolas cooperativas e das escolas privadas e públicas, e isso constitui uma oportunidade posterior de confrontos e de trocas.

Outro aspecto organizativo importante, que sempre considerei como uma escolha ditada por uma refinada sensibilidade psicológica é o de ter incluído na organização do dia de trabalho a possibilidade para todo o pessoal, docente e auxiliar, de almoçar em grupo.

A comida preparada pelas cozinheiras na cozinha interna da escola é boa, apresentada com cuidado e nutritiva, mas também é muito agradável a atmosfera que se instaura durante o almoço em comum: trata-se de 45 minutos fora do horário de trabalho, e o custo do almoço para o pessoal é muito barato.

Mesmo se depois, por muitas vezes, o tempo efetivo para o almoço se reduzir a meia hora, já que, no caso das crianças, não há *campainhas* que controlem rigidamente os horários, e, mesmo se for possível almoçar em outros locais, creio que ninguém nunca utilizou esse direito, porque os horários de almoço se tornam momentos importantes para a vida cotidiana da escola, para as atmosferas de socialização e de amizade que são criadas.

Mudanças

A mudança das creches e escolas da infância reggianas apresentou uma organização que teve a coragem de evoluir ao longo do tempo, mantendo, porém, aqueles componentes que eram considerados importantes.

As mudanças que foi necessário enfrentar após a morte de Loris Malaguzzi em 1994 foram projetadas e guiadas por dois pedagogistas que percorreram uma longa parte do caminho das escolas de Reggio, primeiramente, ao lado de Malaguzzi, como Coordenadores nas escolas, depois como Dirigentes: Carla Rinaldi e Sergio Spaggiari, personalidades muito diferentes mas muitas vezes complementares, pela sua formação e pelo seu estilo de trabalho.

Ao lado deles, uma jovem mulher, Sandra Piccinini, que trabalhou como Assessora para as Escolas e para a Cultura da Comunidade de Reggio Emilia, teve um papel muito importante na idealização e no nascimento da Reggio Children (sociedade de capital misto público-privado, à qual o Governo Municipal de Reggio Emilia deu vida em 1994 para corresponder às inúmeras solicitações de trocas pedagógicas e culturais entre os serviços para a infância de Reggio Emilia e educadores do mundo todo), e na Associação Amigos de Reggio Children (1994); na passagem, em 2003, da gestão das creches e das escolas municipais da infância para a Instituição Escolas e Creches da Infância do Município de Reggio Emilia (entidade instrumental com autonomia didática, pedagógica e administrativa); e na criação do Centro Internacional Loris Malaguzzi (2006), do qual se falará mais profundamente no Capítulo 10.

Como o ateliê se coloca em todas essas mudanças?

No início dos anos 1970, a situação era bem diferente de como se apresenta agora. O corpo docente de todas as escolas de três turmas era organizado desta maneira: cada professor ficava sozinho em uma turma de 32 crianças e um dos três professores também tinha a função de chefe do grupo. Para apoiá-los, estavam previstos um professor-assistente, com um salário um pouco inferior, e um atelierista, com o mesmo salário do professor-assistente.

Todo o pessoal trabalhava por 40 horas semanais e o atelierista também circulava com os outros professores para ajudar as crianças no momento do descanso da tarde, e garantia, em turnos, a presença de um adulto com as crianças que, tendo escolhido a frequência de tempo prolongado, ficavam na escola até as 18h20.

Atualmente, as horas de trabalho são 36: estão previstas 30 horas de trabalho com as crianças, 2h30 de autoaperfeiçoamento semanal e as outras 3h30 são destinadas a atualizações, documentações e encontros com as famílias. A figura do professor-assistente não existe mais, e o salário do atelierista foi equiparado, há muito tempo, ao dos professores, que agora são, nas escolas da infância, dois para cada turma de 26 crianças. Acrescenta-se um professor se a turma inclui crianças com necessidades especiais e, só nesses últimos anos, um mediador cultural para as crianças que não falam italiano. Para cobrir as solicitações das crianças que frequentam o período integral, entra outro professor à tarde.

Forneço rapidamente essas informações sobre a organização do pessoal para esclarecer que, no início, a presença de uma figura como a do atelierista não estava prevista e que, para poder inseri-la, era necessário recorrer a um enquadramento normativo, e econômico, de nível inferior. Depois, bem rapidamente, passou-se dessa posição profissional inferior, às vezes de apoio aos outros professores, ao reconhecimento de um papel importante dentro do grupo.

Entre os professores, no início, essa nova figura foi um pouco discutida, mas somente nos primeiríssimos tempos, porque se tratava de uma novidade absoluta e era necessário redefinir as relações entre as diversas competências e, definitivamente, entre as pessoas, porque, mesmo de modo inconsciente e instintivo, havia a tendência a se constituir algumas pequenas "hierarquias".

Recordo-me, por exemplo, de uma discussão bem calorosa que tive com uma ótima professora que defendia o próprio papel e considerava um dever ser a única a se relacionar diretamente com as famílias, e aceitava com dificuldade que eu falasse das crianças com os pais sem a sua presença e o seu consentimento.

Todas essas situações podem gerar sorrisos hoje, mas cada mudança – e, naqueles anos, houve diversas delas – requeria períodos de ajuste que encontravam em Malaguzzi um orientador sempre muito compreensivo, mas, também, defensor de decisões claras e, sobretudo, portador de motivações convincentes para todos.

Creio realmente que a introdução da figura do atelierista na escola da infância tenha aberto caminhos para a mudança da didática, introdução que teria produzido menos inovações se Malaguzzi tivesse se limitado a utilizar as competências das atelieristas (então éramos só mulheres) de modo tradicional, entendendo-as, por exemplo, somente como figuras de apoio em caso de ausência das professoras, ou colocando-as em um papel especializado de uso das técnicas necessárias para fazer as crianças produzirem trabalhos que suscitassem admiração, como desenhos para a comunicação pública.

Contudo, do papel do ateliê, e também da sua organização com as crianças de todas as turmas, falarei melhor mais adiante.

A voz de uma Assessora

Gostaria de concluir este capítulo dedicado à organização passando a palavra a Sandra Piccinini, Assessora para as Escolas e para a Cultura de 1990 até 2003 (ou seja, responsável pelas políticas educativas e culturais do Município de Reggio Emilia), e, posteriormente, Presidente da Instituição Escolas e Creches da Infância (até 2009), tendo vivido como protagonista muitas mudanças, inclusive organizativas.

Trata-se de uma voz importante: é necessário, de fato, ter consciência de que a existência de creches e escolas da infância com a pedagogia e a organização apenas mencionados requer escolhas imparciais, fora de esquemas tradicionais, e que os serviços educativos reggianos devem, a cada dia, conquistar não só a confiança das famílias que os frequentam, mas, também, a dos administradores e dos políticos que se sucedem no governo da cidade.

Não se pense que isso é uma coisa simples, porque em Reggio Emilia também, como no resto da Itália e do mundo, é difícil afirmar a cultura da infância, e, por conseguinte, escolar, que seja adequada à inteligência e à criatividade das crianças.

Infelizmente, tive de fazer alguns cortes na bela carta que Sandra Piccinini me enviou, porque é muito longa para o espaço que este livro poderia conceder. A escolha não foi simples. Espero que o leitor consiga perceber a sagacidade e a paixão dessa jovem Assessora ainda que ela defina o próprio caráter como "um pouco difícil".

Querida Vea,

Você me pediu para responder à pergunta "Por que uma jovem mulher como você foi chamada para ser chefe das políticas educativas e culturais do Município de Reggio Emilia?", e me pediu para responder não só por meio de "declarações oficiais", que eram também fortemente entrelaçadas com as minhas experiências pessoais. Para responder, procurei entre as anotações que, bem naqueles anos, tão intensos, comecei a guardar; uma espécie de diário para conservar a *memória* do que eu poderia perder, os detalhes.

Escolhi alternar dois estilos tipográficos: a fonte em redondo serviu (sobretudo para mim) para reconstruir o contexto do tempo, as razões "oficiais", você poderia dizer, enquanto adotei a que está em *itálico* para contar as experiências mais pessoais, mesmo não sendo sempre fácil de distinguir.

Estamos falando dos anos 1990, difíceis de relatar porque ainda estão muito próximos a nós não se tornaram "história". Anos de mudança, com a aceleração de todos os processos: econômicos, comunicativos, sociais... Governar a cidade queria dizer, antes de tudo, perceber antecipadamente as mudanças para não se fazer governar pelos eventos.

A cidade de Reggio Emilia, naqueles anos, recomeçava a crescer após uma substancial estabilidade que vinha do pós-guerra e após ter tido – nos anos 1980 – uma das mais baixas taxas de natalidade da Europa. Uma cidade de dimensões medianas e de caráter homogêneo: assim era percebida – até aquele período – pelos cidadãos e estudiosos que esporadicamente a descreviam.

A partir dos anos 1990, a cidade mostra as complexidades das cidades contemporâneas: fortes imigrações – da região Sul da Itália e do resto do mundo –, retomada dos nascimentos, aumento dos idosos, que necessitam de assistência e de cuidados... (com um crescimento de 15.000 habitantes em 10 anos).

A Política

Eu vinha de uma experiência administrativa anterior, naquela espécie de seleção "em campo" que a política realizava, não era muito amada nos ambientes mais ortodoxos. Todavia, estavam chamando jovens mulheres para uma lenta troca de geração dos governos locais.

Essa pode ser uma das razões do feliz encontro com a experiência das escolas da infância, uma experiência que não pode ser homologada a partidos ou a sindicatos, mas capaz de manter com a política um diálogo franco, sem aceitar as suas escolhas de maneira acrítica.

Talvez a ambição – com Loris Malaguzzi – teria sido a de condicionar mais as es-colhas administrativas, ou contribuir fortemente com elas. Na história de Reggio, esse confronto teve momentos de altos e baixos, e nem sempre foi fácil...

Os anos em que fui Assessora foram turbulentos do ponto de vista político, tanto que marcaram o fim de uma época, e as escolhas mais difíceis foram as que – em seguida – trouxeram mudanças profundas: o nascimento da Reggio Children, sem Malaguzzi; as difíceis relações com as escolas católicas antes de chegarmos a novos acordos; a universidade; a escolha de dar nova forma de gestão às creches e às escolas da infância por meio da instituição, com o início das atividades do Centro dedicado a Loris Malaguzzi.

O início, o mais difícil...

Fui nomeada Assessora no final de julho de 1990. Loris Malaguzzi estava ali, em pleno agosto, em um pequeno escritório ao lado do meu, onde chegava aos horários mais impensados, frequentemente, aos sábados e aos domingos. Eu estava um pouco ansiosa, entre papéis de documentos... Ele interrompia esse meu difícil início com perguntas astutas e histórias originais, o dia tomava um outro curso... Eu aprendia... Ele me estudava, e assim, começou o nosso encontro.

O governo italiano – durante aquele verão – havia aprovado medidas restritivas às despesas dos municípios, assim, eu era chamada para reuniões dificílimas, nas quais se falava de cortes, de fechamento de serviços, da necessidade de substituição do pessoal...

Eu não dormia à noite. A amizade com Loris Malaguzzi ainda não tinha sido con-solidada. Desconfiado e curioso, ele se interrogava atormentado sobre o que deveria ser feito, sobre o futuro. Trabalhava na sombra, para procurar apoios e tecer redes, em grande parte, desconhecidas por mim.

Não consegui manter o ritmo, adoeci, tive de me distanciar do trabalho por cerca de um mês. Malaguzzi aproveitou para me fazer estudar e me fazer aprender um pouco do que eu não sabia. Ele me deu para ler o esboço do texto da sua entrevista a Lella Gandini, cuja publicação no volume The Hundred Languages of Children *devia ser iminente. Li de uma vez só, fiz anotações para futuras conversas... que não tivemos nunca.*

Com ele, era sempre assim, os diálogos não eram programados, acontecia de nos sentarmos na mesma mesa em ocasiões públicas, depois continuávamos refletindo entre uma praça, uma escola (mormalmente, Diana ou La Villetta) e os escritórios de Educação do Assessorato. Chegou a me contar a sua história nas escolas, os seus conflitos, as tensões.

Malaguzzi era "incômodo" , bem forte para afastar-se dos políticos, mas apaixonado pela política, amava as discussões, sempre muito atualizado e muito bem informado, decepcionado com a mediocridade que estava sendo difundida.

A jovem Prefeita, Antonella Spaggiari, o tinha chamado, junto com um grupo de especialistas, para apoiar importantes decisões para a cidade, e, das cadeiras do Conselho Municipal, havia quem gritava "Basta com os antigos e velhos!". Eram ainda ecos dos anos 1980, de jovens ascendendo em suas brilhantes carreiras.

Não havia um bom clima à nossa volta. Somente com a *Newsweek*, em 1991, abriu-se uma fase nova, começou-se a respirar e, a partir daquele momento, trabalhamos ininterruptamente naquele grande e complexo projeto que levaria o nome de Reggio Children.

Passávamos diversas noites de verão, na companhia de amigos – sempre diferentes – falando de futuro, na sua casa de Albinea, nas colinas reggianas. Como acontece geralmente com as novas ideias, no início, apresentam-se de forma vaga, às vezes, contraditória, e voltávamos com a sensação de que as noites tinham sido, em grande parte, não dormidas e que não tinham levado a nada...

Lá, eu me refugiava também quando estava em crise ou depois de uma reunião difícil do Conselho Municipal, assim como antes de uma reunião difícil.

No verão de 1992, Malaguzzi teve um infarto, e, em seguida, recomeçou a trabalhar com ardor (e talvez também a fumar)... A ocasião o tornou mais próximo a mim, eu não entendia que podia ser uma coisa séria.

Então, a ideia da Reggio Children já estava se delineando, o lugar ainda não... que "não devia ser um museu", que "devia conter presenças e culturas do mundo todo"... que "devia olhar 30 anos à frente"... Íamos juntos à procura do lugar na cidade, uma vez eram conventos... Outra vez, eram armazéns sem uso...

A sua morte foi repentina, inesperada, em uma fria manhã de inverno, enquanto estávamos trabalhando da melhor forma em um projeto que tinha algo de impossível, e ele temia não terminar a tempo. Uma das maiores dores da minha vida.

A partir daquele momento, tudo me parecia grande demais e difícil de realizar. Como... uma orquestra, que deveria continuar tocando sem o maestro. Podíamos sentir o olhar das pessoas sobre nós, não só na cidade.

Certamente, ele tinha nos dado muito para continuarmos sem ele, mas só a partir daquele momento e – pouco a pouco – percebi as muitas, belas e fortes personalidades que o circundavam, e que tinham composto partes daquele maravilhoso (e difícil) mundo das escolas de Reggio.

Descobri que tínhamos que tocar todos juntos, e eu ainda não conhecia todos os solistas. Entretanto, Malaguzzi tinha me ensinado uma coisa: a não ter medo! A trabalhar muito, a procurar governar as coisas, ao invés de ser governado pelas coisas.

E assim... trabalhamos inexoravelmente e a Reggio Children nasce em março de 1994, somente alguns meses após a sua morte. Era a melhor maneira de demonstrar que a experiência tinha uma força em si, era uma maneira para não trair Loris Malaguzzi, era a melhor prova do seu "fazer escola".

Enfim, a Instituição Escolas e Creches da Infância, a proteção da autonomia cultural

Escolhemos dar vida a uma nova forma de gestão para escolas e creches da infância, após seis meses de aprofundamentos e consultas, quando a Reggio Children tinha 10 anos e havia percorrido muitos caminhos ao redor do mundo, as creches cooperativas já tinham crescido e as primeiras escolas municipais comemoravam seus 40 anos.

O projeto havia amadurecido, a dimensão e a complexidade dos serviços educativos da cidade mereciam um instrumento específico para a sua gestão.

Aquela foi uma ocasião para as escolas refletirem sobre a própria *identidade* que, como cada identidade, não deve ser prisioneira do próprio passado, mas "é procurada na sua constante evolução". De fato, as escolas continuam se *modificando na cotidianidade*, com as crianças, os professores e os pais de hoje. Contudo, a escolha da instituição foi, antes de tudo, algo para garantir autonomia cultural aos serviços para a infância, em um momento em que a política estava degenerando e invadindo campos culturais e comunicativos.

Para superar os temores que, nesse caso, podiam vir do pessoal, que suspeitava de privatizações repentinas, a chave foi: expressar abertamente as intenções, falar claro com o pessoal, com grande respeito pelo seu trabalho. E escolhas, até pessoais, coerentes: acompanhar diretamente o nascimento da Instituição. Assim, veio o meu último dia no Conselho Municipal, como Assessora, e eu estava muito tensa. Muitos diziam que eu colocava paixão no meu trabalho... Não me foi possível ainda ter saudade dele.

Para aprofundar os temas da identidade, cada escola retomou os próprios traços de memória e a grande conferência *Attraversar confini* (*Atravessar fronteiras*) marcou o início cultural da Instituição, mostrando – por meio das sessões dialogadas – até que ponto tinha chegado a pesquisa no interior das creches e das escolas da infância sobre os temas emergentes do saber e do conhecimento para enfrentar o novo milênio.

Foi uma espécie de ensaio de orquestra para o novo Centro Internacional dedicado a Loris Malaguzzi. As dificuldades não faltavam, mas isso também deve ter me fascinado desde o início, além da pouca rotina, e, quando parecia que iria alcançá-la, eu tendia a me opor a ela.

O resto fez os encontros felizes – muitos – em tal lugar.

Capítulo 6

UMA COMUNIDADE ÉTICA

Ouvi mais de uma vez Malaguzzi sustentar que até mesmo a escola mais bonita diminui o próprio valor educativo, se não coloca a relação com as famílias entre os principais valores da sua filosofia e da sua prática.

Outra forma diferente de pensar considera as escolas como o único ponto de referência para a formação cultural das crianças e dos jovens, tem os professores como *técnicos especialistas,* e *confia* à família um papel que tem a ver exclusivamente com a afetividade e a criação dos filhos, já que careceria de habilidades especializadas, devendo permanecer fora das escolas.

Considerar a escola como um lugar importante para a aprendizagem, mas não o único, leva a encarar as famílias como portadoras de valores culturais, que enriquecem a cultura global da própria escola.

A pedagogia reggiana sempre deu muita atenção a esse aspecto, já que se trata de sua vocação a escola pública e o envolvimento das famílias e dos cidadãos. É possível ver isso em diversas ações dirigidas para chamar a atenção de todos para a importância da educação, com a esperança de poder construir uma participação competente.

Trata-se de um objetivo muito ambicioso, de complicada realização, no qual todo o pessoal da escola estava e está envolvido.

Nesse processo de efetiva participação das famílias, o papel do pessoal da escola é fundamental, porque, cotidianamente, tem como referência as crianças, os pais, os avós etc., com relações e implicações afetivas, frequentemente muito fortes.

Isso, porém, não significa que a comunicação entre professores e famílias tenha sempre sido simples, e é uma relação que, nesses últimos anos, parece ter se tornado mais complexa.

Quais são os motivos? Talvez haja um distanciamento das pessoas de sentimentos de participação social; talvez tensões e cansaços; talvez um maior destaque, seja em virtude da maciça difusão de modelos culturais superficiais, da multiplicação de famílias provenientes de outras culturas também muito distantes, de uma comunicação da escola carente de capacidades relacionais. Isso não significa que, nos encontros, as famílias não estejam presentes ou que as reuniões dos Conselhos Municipais da Infância[1] sejam desertas, mas, para se chegar a relações qualitativamente altas, que superem uma simples relação de educação civil; para se conseguir dialogar, realmente é necessário verificar uma pré-condição, é necessário que se consiga "[...] capturar o sistema de símbolos do interlocutor, os seus valores de fundo, a cultura que sustenta a sua posição" (Galimberti, 2007). Um esforço que requer competências por parte dos professores e que não são simples se de adquirir.

Encontro de classe e relação do atelierista com as famílias

O encontro de classe sempre foi e ainda constitui o principal *rito* da relação entre as famílias e a escola, e a sua preparação requer sempre muito comprometimento e tempo de todos os professores e atelieristas.

Não por acaso, o tema de como o encontro de classe deve ser conduzido estava entre os assuntos tratados em um dos primeiros livros sobre a experiência reggiana (Malaguzzi, 1971), que continha, sempre com a atenta supervisão de Malaguzzi, uma série de intervenções escritas por nós, professores e atelieristas.

Esses textos tratavam de diversos temas, um relativo ao encontro de classe, no qual era narrado o trabalho necessário para a sua preparação, e eram mostradas todas as atenções e estratégias necessárias para conseguir colocar-se em uma relação eficaz com as famílias, falando das suas crianças e do que era feito com elas na escola.

---

[1] O Conselho Municipal da Infância é um órgão eleito em cada creche e em cada escola da infância, composto por professores, por outras pessoas da escola, pelos pais e por outros membros da comunidade, sem limite de número. O Conselho é um órgão democrático, cuja tarefa é promover a participação e a gestão social, assim como a corresponsabilidade das famílias que frequentam os serviços e dos cidadãos, em relação a questões educativas. Os Conselhos são eleitos a cada três anos.

Relendo esse livro, podem ser encontrados diversos elementos que ainda estão presentes na atualidade, e que, talvez, ainda sejam úteis aos professores, porque não creio que, em sua formação escolar, tenham falado da participação das famílias.

No interior das escolas, até hoje, o problema da relação cotidiana com as famílias e as problemáticas que necessariamente emergem dessa relação são objeto de muitas reflexões porque, do ponto de vista social, a divulgação da cultura da educação constitui um fator de extrema importância.

Não é simples para os professores aprender a escutar com atenção e a expressar o próprio pensamento com uma linguagem clara e sintética, isto é, a serem bons comunicadores. É bom, porém, lembrar que isso faz parte das solicitações estendidas justamente a todo o pessoal, docente e não docente, porque, nos diversos encontros com os pais e no cotidiano, também são importantes as avaliações e as intervenções da cozinheira e do pessoal de apoio.

Em geral, a cada início do ano escolar, na distribuição das tarefas entre o pessoal, feita pelo próprio coletivo, entre os diversos papéis, há o de "referência para a participação das famílias".

Naturalmente, o atelierista faz parte do Conselho Municipal da Infância da escola e, como o resto do pessoal, além de participar dos vários encontros de classe e do Conselho, aprende, também, a coordenar os grupos de discussão, a falar com as famílias, a organizar eventos.

O atelierista é normalmente o responsável pelo âmbito da comunicação pública às famílias e à cidade.

Qual é o papel do atelierista na relação com as famílias? Eu diria, de pronto, que ele prepara novos territórios, porque, com o seu trabalho, dá forte visibilidade a algumas competências das crianças, em pintura, argila, cerâmica, desenho, por meio de obras que se distinguem muito do que costuma sair de outras escolas de crianças menores. São obras bonitas, decisivamente bonitas, próximas, como referências culturais, mesmo com as apropriadas reinterpretações dadas pela idade e pelo imaginário das crianças, à cultura visual contemporânea e tradicional.

Nos encontros com as famílias, ainda que fugindo de interpretações de tipo psicanalítico, as obras de cada criança são contadas mediante testemunhos e comentários que dão aos pais novas imagens da própria criança e das crianças em geral.

Comunicação com o público

Quando, em 1970, entrei nas escolas de Reggio, já estavam presentes outras três atelieristas. A estética que se via estava mais avançada em relação à difundida na maioria das escolas que eram então chamadas de maternas, mas me parecia discutível, inadequada para representar a qualidade da cultura educativa que as escolas de Reggio já expressavam.

Eu tinha ensinado nas escolas médias e nos liceus, e não tinha experiência com crianças de idade pré-escolar, mas tinha um filho, Michele, que tinha acabado de completar 5 anos e que, a partir do momento da minha entrada na Escola Diana, tornou-se a minha fonte de observação e de experimentação para tentar entender quais propostas didáticas poderiam ser adaptadas e ser interessantes para as crianças daquela idade.

As experimentações e as competências de Michele, a leitura de alguns livros indicados por Malaguzzi, a experiência do ensino, sobretudo com os jovens das escolas médias e, naturalmente, o meu conhecimento do mundo da arte, foram as minhas primeiras referências para os projetos a propor para as crianças.

Logo após dois anos da sua abertura, na Escola Municipal da Infância Diana, organizamos uma mostra que ocupava todo o espaço central da escola, uma mostra aberta ao bairro e à cidade, que produzia um grande clamor, porque, dessa exposição, emergia uma imagem de criança realmente nova para aqueles anos, uma criança até perigosa, porque era capaz de interpretar a realidade de maneira original e imprevisível.

Desde então, todos os anos, as escolas da infância passaram a encerrar o ano escolar com uma exposição mais ou menos trabalhosa e, ao mesmo tempo, começamos a divulgar pequenas publicações que mostravam os trabalhos das crianças.

Uma primeira revolução cultural claríssima que o ateliê fez foi a da comunicação visual para o público.

Talvez agora seja difícil entender a sua importância, porque o tempo e o hábito tiram a possibilidade de avaliar bem as diferenças com o passado, mas o impacto foi surpreendente, a presença das escolas e a documentação das suas atividades se estendia a toda a cidade, com manifestos, panfletos, fôlderes que anunciavam conferências, mostras, eleições de Conselhos Municipais da Infância, que, na época, chamavam-se Conselhos de Gestão.

Em toda aquela repentina multiplicação de iniciativas, o atelierista era professor, gráfico, *designer* etc., e é preciso dizer que as competências nem sempre estavam à altura do que teria sido necessário, mas eram, sem dúvida, melhores que aquelas utilizadas até aquele momento.

Naquele período, no estúdio de arquitetura do meu marido, na cidade vizinha de Modena, onde moro, foi liberado um cômodo para mim, que se tornou o lugar para o qual, fora do horário de trabalho, o grupo de professores da Escola Diana se transferia em peso, para levar adiante mostras e publicações, porque o estúdio era dotado de instrumentos e equipamentos mais apropriados e eficazes que os que nós tínhamos na escola. Lembro-me de que a chegada de uma copiadora de ótima qualidade ao estúdio, capaz de imprimir em tamanho A3, fez, de repente, toda a nossa comunicação progredir.

A possibilidade de aumentar as imagens e realizar os grandes escritos que nos serviam para a comunicação permitiu-nos passar da escrita feita com carimbos ou moldes metálicos de letras, para textos maiores escritos em máquina de escrever. Não somente ela, mas a fotocopiadora, maravilhosa para aqueles tempos, permitia também, com alguns ajustes, uma boa qualidade de aumento das imagens, tanto fotográficas quanto de objetos, de flores ou de texturas de todo tipo, para as quais o estúdio tinha, à disposição, manuais específicos.

Tornamo-nos muito hábeis em *copiar* e *colar*, manualmente, e no uso de corretivo para apagar e, dessa maneira, construíamos as matrizes das nossas publicações, que eram entregues diretamente à tipografia do Município para a impressão de muitas tiragens.

Um significativo salto de qualidade na comunicação visual aconteceu só mais tarde, com a introdução do computador e das impressoras coloridas.

Mensagens em garrafas

Uma espécie de *embriaguez tecnológica pela fotocópia* constituiu a base para uma proposta um pouco arriscada, na qual as crianças de 5 a 6 anos deviam construir, em algumas fases e com a ajuda de ilustrações, um autorretrato como viajantes do impossível: na primeira fase, verbal, contavam uma *viagem* do imaginário, na qual podiam encontrar e lutar ao lado dos personagens mais amados, ou *fazer o escorregador* do próprio nariz (como contou um menino, rindo), ter uma pantera como amiga, ou ter à disposição uma geladeira cheia de comidas proibidas, ou voar, ou...

Em uma segunda fase, as crianças eram fotografadas nas posições que consideravam mais adequadas à viagem imaginária, para inseri-las na história.

Na terceira fase, com uma copiadora disponibilizada por um amigo negociante (na época, as fotocopiadoras ainda eram mercadoria rara), em grupos, os vários autores recortavam, aumentavam e diminuíam, até tornar crível a viagem imaginária.

A publicação que mostrava as 26 viagens das 26 crianças da classe teve uma bela apresentação de Malaguzzi, que nos ajudou a encontrar o título "Mensagens em garrafas", que sugeria uma relação entre a viagem pensada pelas crianças e as mensagens que, um pouco por brincadeira e um pouco por esperança de que alguém possa recolhê-las e depois responder, são confiadas às correntes marítimas.

Em seguida, retomamos de diversas maneiras a brincadeira das relações entre elas e outros objetos do imaginário: por exemplo, as fotografias das crianças e dos personagens amados e sonhados por elas, recortadas e colocadas em posição ereta, modificavam-se em um único elenco de atores que interagiam entre si, tornando-se os protagonistas de muitas aventuras.

A utilização do computador tornou, depois, muito mais simples operações desse tipo, com a inserção de vozes, cenografias e músicas.

Creio que esteja claro como as mostras e as publicações para as famílias e a opinião pública, além de uma documentação didática interna muito vivaz, que cobria as paredes da escola como uma segunda pele, tornaram-se elementos que favoreceram, com eficácia, a formação de uma nova e difundida consciência, de uma imagem diferente da infância e da escola das crianças em idade pré-escolar, para chegar a uma maior sensibilização sobre o papel desenvolvido pelo ateliê.

Essa nova consciência e uma nova relação com a cidade contribuíram, se não para eliminar, pelo menos para diminuir uma generalizada, excessiva e irritante *infantilidade*, que é um certo modo de entender a infância. Trata-se de uma tendência de situar as crianças dentro dos modelos estereotipados do adulto. Talvez a redução da infância a uma doce infantilidade, ocorra porque os adultos querem acalmar a sua consciência pesada pela pouca reflexão e pelos escassos investimentos econômicos que dedicam ao mundo da escola e da educação.

Escolhas a defender

Ao longo do tempo, a integração com outras linguagens, ou campos do saber, tinha se tornado cada vez mais forte e estava cada vez mais entrelaçado *o saber* do atelierista com o dos professores.

Com a figura do atelierista, construía-se, cada vez mais, também com a consciência das famílias, um novo papel, diferente daqueles conhecidos na tradição escolar: não um professor de Artes, não um professor de classe, mas uma presença diferente das conhecidas, talvez ainda não bem definida, que talvez deva ser mais bem compreendida, mas positiva e importante.

As escolas municipais para a primeira infância são estruturas caras para os balanços da administração local e, nos momentos de crise econômica, tínhamos a consciência de quais eram as figuras que corriam mais risco de supressão para eventuais cortes de pessoal, justamente porque essas figuras profissionais eram consideradas por muitos municípios italianos uma presença não estritamente necessária, um luxo do qual se podia abrir mão, e essas figuras eram justamente os atelieristas e as cozinheiras. Porque ateliê e cozinha interna, um ao lado do outro não por acaso, constituíam (e constituem), pelas suas características, uma crítica implícita a certo modo utilitarista e míope de entender a escola para a primeira infância.

Em diferentes realidades de cidades e em pequenos municípios nos quais, seguindo o exemplo de Reggio, em um primeiro momento, escolheu-se introduzir o atelierista, mas, diante dos primeiros sinais de dificuldades econômicas, quem desempenhava essa profissão foi sacrificado primeiro, com as cozinhas internas, que foram substituídas pelo fornecimento de refeições pré-confeccionadas.

Essas escolhas foram fortemente criticadas por Malaguzzi, que, por esse motivo, deixou o trabalho nas escolas de Modena (de 1969 a 1974, Malaguzzi foi consultor pedagógico das escolas da infância do município de Modena), mas, evidentemente, nem para todos é fácil se convencer do quanto, mesmo com uma análise econômica mais profunda, a qualidade da educação pode devolver à realidade social, nem é considerada importante a contribuição especial das linguagens poéticas para o conhecimento e a aprendizagem (presença da cozinha inclusa).

Em Reggio Emilia, pela importância que assumia, cada vez mais, o trabalho do atelierista nos grupos de trabalho das escolas da infância e na consideração das famílias, estávamos suficientemente convencidos de que, em caso de propostas de supressão dessas figuras profissionais por parte da administração municipal, as famílias estariam do nosso lado na luta para manter a todos na função.

Creio que, ao longo do tempo, houve tentativas nesse sentido, iniciativas que sempre foram bloqueadas, até mesmo pela ideia que as famílias atribuíam ao ateliê e à cozinha interna.

Em um momento de crise econômica global, como agora, não estou certa de que não serão repropostas algumas supressões por parte de algumas forças políticas, mesmo confiando na reação de defesa das famílias.

Quando as escolhas, como a da presença do ateliê e do atelierista, são corajosamente anticonformistas, deve-se continuamente demonstrar e confirmar a validade da sua existência e do seu aporte cultural. Às vezes, tenho a impressão de que, na tensão cultural, tenha entrado um calmo hábito de cuja capacidade de convencimento e de defesa eu não estou certa.

Se, no início, o atelierista foi o artífice principal e, depois, o coordenador da comunicação visual para a cidade e para as famílias, com o passar do tempo, muitos professores também se tornaram atentos comunicadores.

A esse respeito, é especialmente interessante a evolução nas creches, nas quais, conforme explicado na premissa, o ateliê estava presente mesmo sem a figura do atelierista; entretanto, ela ali se encontrava de qualquer forma, gerada por uma formação transversal entre creches e escolas da infância, uma qualidade da comunicação visual e estética decisivamente inusitada para essas instituições.

Eventos na cidade

Existem manifestações anuais importantes, tanto do ponto de vista participativo quanto organizativo, que envolvem todas as escolas e a cidade. São invenções coletivas extraordinárias, cujo êxito deve-se, também, ao papel e às competências dos atelieristas. Eventos como a vez em que as obras das crianças das creches e das escolas da infância foram expostas em diversos lugares do Centro Histórico, modificando, por um dia, o rosto da cidade. Vitrines em que as bolsas das senhoras se transformavam em animais; sapatos de cerâmica que saíam da sapataria para passear na rua; árvores habitadas por animais de argila; esculturas de cavalos que descansavam nos canteiros; "medidores de odores" que recolhiam odores bons e ruins do lugar; um grande círculo de pedras azuis, marcando uma ciranda de árvores nos Jardins Públicos, e assim por diante; momento em que o olhar com o qual as crianças veem e habitam os lugares da cidade se traduziu em obras, testemunho visual desse olhar.

Reggionarra

Juntam-se a essa outras manifestações que merecem ser publicadas, ideias realmente especiais, como a de Sergio Spaggiari (diretor das creches e das escolas da infância de Reggio Emilia até 2009): a contação de histórias, feita contemporaneamente em muitos locais da cidade, onde jardins internos, espaços sob os pórticos, esquinas de ruas, bibliotecas e escolas acolhem, de manhã até à noite, centenas e centenas de crianças de diferentes idades com suas famílias, para escutar de alguns narradores profissionais – mas, sobretudo, de um batalhão de professores, pais e alunos que participaram de cursos preparatórios organizados pela instituição – histórias sobre temas diversos, às vezes também com música e dança.

Remida

Outra ideia original e sensível aos problemas ecológicos, artísticos e de sustentabilidade do meio ambiente foi a de entrar em contato com as empresas da cidade e, com o apoio da Iren Emilia,[2] propor e realizar a reciclagem criativa dos materiais de descarte de cerca de 200 empresas: materiais coletados, limpos, selecionados e organizados em grandes e fascinantes salões, frequentados cotidianamente pelos professores das escolas de Reggio Emilia e província e por jovens artistas. Eu vi carrinhos, utilizados normalmente nos supermercados, sendo enchidos de materiais por professores entusiasmados (como sempre, muitas mulheres) com a possibilidade de ter na escola materiais diferentes dos comuns e por poderem tentar, com crianças e jovens, abordagens inusitadas e divertidas para os materiais descartados. Ao mesmo tempo, o projeto Remida visa justamente difundir e sustentar uma visão *ampla* dos problemas inerentes à cadeia completa de produção, do desenvolvimento do projeto à eliminação e à reutilização; uma educação para um futuro sustentável.

A ideia do Remida já está difundida em muitas cidades italianas e no mundo.

---

[2] Iren Emilia é a empresa que trabalha no setor de distribuição do gás metano, com a coleta de lixo e com a higiene ambiental no território de Reggio Emilia.

Festas da escola

Além das grandes ideias e dos amplos envolvimentos, eu gosto de me lembrar das participações das famílias em acontecimentos menores, mais ligados à escola de referência, porque, nesses momentos, consegue-se colher, talvez com mais clareza, o testemunho do crescimento cultural de uma comunidade que também se desenvolveu por meio da atenção às linguagens próprias do ateliê e de uma pedagogia sensível a elas.

As festas de fim do ano escolar são sempre momentos de alegria, mas podem se tornar algo mais, algo diferente para crianças e famílias, se entrarmos em sintonia com o percurso educativo da escola e com a sua cultura.

No centro histórico de Reggio, onde, nos jardins públicos, está situada a Escola Municipal da Infância Diana, há alguns anos, alguns edifícios importantes estavam em reforma, como antigos conventos e museus, e, ao mesmo tempo, estava ganhando corpo um projeto inovador do artista Claudio Parmiggiani: *"Convite a..."*, em que estavam sendo renovados importantes espaços públicos, como galerias e museus. Nesse projeto, a prefeitura de Reggio Emilia convidou cinco artistas, de fama internacional, para criar obras de arte públicas em cinco lugares da cidade que escolheram pessoalmente.

Nesse contexto cultural, professores e pais da Escola Diana fizeram uma vistoria no Centro Histórico, escolhendo três dos lugares reformados como etapa final de três percursos a serem realizados, cada um para uma idade diferente das crianças (4, 5 e 6 anos).

No dia da festa, ao fim da tarde, formaram-se três cortejos de crianças e famílias e, ao longo do percurso estabelecido, ganharam vida situações imprevistas, animadas pelos pais. De uma esquina da rua despontava uma grande zebra; em frente a um bar, um galinho estava sentado, bebendo tranquilamente, enquanto se juntavam ao cortejo outros personagens, como uma cadelinha no carrinho ou uma rã saltitante... Naturalmente, eram pais vestidos de animais, com fantasias idealizadas e costuradas por outros pais para outras festas, muitos anos antes. Chegando aos locais escolhidos para a etapa final, outros pais já estavam prontos e *encenavam* pequenos espetáculos que procuravam ressaltar as características do lugar.

Consegui ver somente duas dessas cenas-espetáculo: em um espaço pontuado por pórticos e colunas, algumas mães, preparadas por uma mãe coreógrafa de profissão, moviam-se em uma espécie de dança em volta das colunas, com uma música adequada e longas faixas que envolviam o corpo, aparecendo e desaparecendo, utilizando e amplificando o jogo perceptivo sugerido pelo ambiente. E devo dizer que tudo acontecia com uma graça inesperada para *dançarinas* principiantes.

Em outro lugar, o som era o protagonista principal: vários materiais usados para construir o local, como madeira, tijolos, ferro e cimento eram *tocados* pelos pais, acompanhando as notas de uma trilha sonora preparada anteriormente.

Nos três espaços, o momento final era um convite a todos, às crianças em especial, para participarem. No primeiro lugar, era protagonista a relação do corpo com o espaço: as crianças entravam *na brincadeira* correndo e *dançando* entre as colunas. No outro lugar, todos eram convidados a *tocarem* os materiais, e as crianças de 3 e 4 anos utilizavam os instrumentos entregues a elas, mas usavam o corpo também, e dançavam. Não vi o que acontecia no terceiro espaço, mas me foi confirmado que os comportamentos eram parecidos.

Para as três situações estava prevista uma repetição da *performance* para os pais que tinham filhos em diversas turmas da escola, e para permitir a crianças e adultos uma participação mais completa.

Via-se uma comunidade de crianças e adultos, juntos, em um contexto da cidade de atmosfera lúdica e concentrada, alguns anos antes dos ateliês urbanos, dos quais falarei no final do livro. Talvez não haja forma melhor para fazer os pais entenderem que tipo de trabalho está sendo feito com as crianças quando se fala de relação com os lugares, empatia e linguagens diversas.

A importância da opinião pública na democracia

Não posso, porém, esquecer que tudo o que foi contado aqui, e que é relativo à melhor parte da participação, é bem difícil de ser mantido. Sempre foi, mas nunca esteve correndo risco como hoje.

Temo que seja difundida uma atitude de renúncia, um crescente individualismo, uma forma de *se contentar*, cultural e educativamente, que está acontecendo na Itália de maneira muito forte.

O diretor de cinema Nanni Moretti, no outono de 2008, lançou um alarme realmente preocupante, e o meu temor é que não se trate só de provocação: denunciava como, na Itália, não havia mais uma opinião pública, e culpava por uma boa parte disso algumas mídias televisivas e de informação escrita, capazes de tornar "devastador o modo de pensar dos italianos".

O tema foi retomado após poucos dias por Eugenio Scalfari que, comentando-o com a lucidez de sempre, confirmava a importância da opinião pública, especialmente nos países democráticos "[...] neles, de fato, a opinião pública constitui a substância vital na qual a democracia imprime a sua própria forma". Anteriormente, tinha escrito que

> [...] o espelho no qual se reflete a imagem que os cidadãos têm do seu país se quebrou em muitos fragmentos, que refletem somente a figura e os interesses fragmentados de quem se espelha nele. Muitas opiniões privadas sem mais uma visão do bem comum. (Scalfari, 2008, p. 1)

Essas atitudes míopes com relação ao bem comum estão, naturalmente, presentes também em pessoas que frequentam as creches e as escolas da infância, mas justamente porque, em Reggio Emilia, estamos convencidos de que o tema da Educação não pode se trancar no recinto do privado, nem mesmo o mais belo e correto, de uma só escola ou de uma rede de escolas, o projeto da participação das famílias é um dos baluartes da pedagogia reggiana. Evocado e sustentado de modo contínuo pela organização do trabalho do pessoal escolar e por uma multiplicidade de propostas participativas. Sem promover uma "mentalidade ética" que compreende o bem da comunidade, é fácil prever e temer um desastre social.

Há muitos anos, Howard Gardner se interessou pelo problema e estudou a importância social do comportamento moral, chegando à conclusão, como outros estudiosos de diversas disciplinas, que, sem uma ética privada e social, não pode haver sobrevivência da espécie no futuro. Em uma entrevista, declarou: "Os padrões de comportamento são tão elevados que é raro debater-se em um trabalho decadente, do ponto de vista ético ou qualitativo" (Gardner, 2007, p. 3).

Compartilho da avaliação de Gardner sobre o trabalho nas escolas, mas sei o quanto tudo isso nasce e vive em limites frágeis, e quanto trabalho e determinação foram necessários, e ainda são, para cultivar ética, qualidade cultural e beleza.

As famílias e a cidade sabem desse esforço contínuo? Percebem-no? Temo que isso aconteça somente em parte, e podem ser feitas duas hipóteses: ou a dificuldade para manter essa qualidade nas creches e nas escolas da infância não foi percebida tanto quanto necessário, porque as famílias são habituadas e *viciadas* pela qualidade que foi desenvolvida em quase meio século de vida nessas instituições, tanto que alguns grupos sociais parecem incomodados pela repetição dos elogios que vêm do externo, ou isso acontece principalmente porque Reggio Emilia é uma cidade que não vive no deserto, e, por isso, as denúncias de Moretti e os comentários de Scalfari envolvem também as famílias reggianas.

A participação das famílias é, sem dúvida, uma barreira importante para aumentar as fronteiras entre a qualidade ética coletiva e a indiferença ou a visão fragmentada da realidade. Quando somos informados ou participamos de encontros e assembleias dedicados às famílias, em que a presença delas é particularmente numerosa, quando se escutam, nessas ocasiões, tantas intervenções inteligentes delas, ficamos mais otimistas e continuamos trabalhando com mais convicção para fazer que a participação continue e cresça como ato educativo, que pode ser estendido a uma "competente cidadania".

Uma cidade de dimensões médias, como Reggio Emilia, vê passar milhares de crianças e de famílias por suas instituições municipais para a primeira infância. Pode e deve tornar-se um terreno capaz de fazer crescer uma opinião pública qualificada em relação à importância da educação. Sem esse apoio, todo o nosso trabalho pode estar realmente correndo risco de extinção.

Tenho a impressão de que nunca foi tão importante, em nenhum outro momento da história, como nos dias de hoje, discutir com o pessoal docente e não docente sobre como estar atento e procurar aprofundar os confrontos e as conversas cotidianas com as famílias. Hoje, como nunca, é necessário ser consciente da necessidade de colocar a didática usada com as crianças dentro de um contexto cultural e social amplo. Nos Conselhos Municipais da Infância, nas assembleias públicas, é necessário não fugir dos temas educativos; a organização, as atenções, as vagas disponíveis, os custos são todos temas *delicados* que interessam de maneira especial, mas não podem *perder o foco* e serem desviados, como uma simples série de informações desconectadas, se não estiverem corajosamente inseridos em uma ampla paisagem de reflexões culturais.

Também é necessária uma avaliação muito positiva das ocasiões de troca e de discussão, já em ação com as outras escolas do território, escolas cooperativas, nacionais e privadas, que acolhem também crianças com mais de 6 anos, porque o futuro da nossa vida social está muito comprometido se a educação não for percebida como valor fundamental.

Capítulo 7

O AMBIENTE

Um dos aspectos claramente visíveis nas instituições para a infância de Reggio Emilia é uma atenção estética para as coisas, dificilmente encontrada em contextos escolares, que cai, sem dúvida, no ambiente físico.

Quantos comentários positivos já recebemos de diversos visitantes ao longo dos anos sobre esse tema, mas também quantas críticas!

Uma reflexão sobre os motivos dessas atitudes ambivalentes sugere a existência de alguns estereótipos difundidos e radicados em relação à educação, à escola, à aprendizagem e à estética e é possível trazer alguns exemplos brilhantes.

Um de que me lembro muito bem, porque foi um dos primeiros de muitos outros episódios que se seguiram, é o de uma docente universitária que tinha vindo a Reggio para uma atualização em Ciências.

Quando visitou a Escola Diana, ao passar pela entrada, dando uma olhada na *praça* interna da escola, vazia naquele momento, pois as crianças estavam nas classes, fez este comentário: *"Mas as crianças habitam este ambiente ou é somente uma vitrine?"*. Fiquei perplexa e creio não ter dado a resposta adequada, porque não estava preparada para aquele tipo de objeção e de percepção do ambiente. Repensando, a sua reação me pareceu muito clara e interessante, porque mostrava certo esquema mental e qual era a sua cultura em relação ao ambiente escolar e qual era, infelizmente, a sua ideia de infância.

A Escola Diana, evidentemente, apesar de todos os seus problemas de espaço insuficiente e de problemas econômicos de gestão, saía desses esquemas: parecia cuidado demais, arrumado demais, limpo demais, bonito demais...

Figura 7.1 – A praça da Escola Municipal da Infância Diana.

Vou tentar agora, muitos anos depois, dar uma resposta à professora que comparava a praça da Escola Diana a uma vitrine. Em parte, ela tinha razão: o ambiente é um elemento perceptivamente forte e declara ideias, não só relativas ao espaço, mas aos habitantes e às possibilidades da relação com o ambiente e entre elas. Os lugares construídos são sempre também uma vitrine das ideias.

Entre outras ideias na pedagogia reggiana, há sempre a convicção do direito à beleza como relação psicologicamente *saudável* com o entorno. O habitar um lugar belo e bem cuidado é percebido como condição de bem-estar físico e psicológico, por isso, como um direito das pessoas em geral e, ainda mais, das crianças, de todas as crianças. Sobre o quanto o ambiente incide na construção da identidade, não somos só nós que pensamos isso, mas parece que as nossas cidades não demonstram muitos sinais dessa atenção. O sinal realmente perceptível é o retorno econômico para os construtores e um certo desprezo pela beleza.

Lembro-me de uma brevíssima discussão com um vereador de Reggio que sustentava que o ambiente não é muito importante, pois são as pessoas que o frequentam e o habitam que o tornam mais ou menos agradável. Exagerando (nem tanto) tal posição, temo que muito difundida, subtrai das administrações das cidades o dever de promover a qualidade dos lugares, atribuindo a cada pessoa responsabilidades que deveriam pertencer ao projeto de quem governa e administra a coletividade, tendo recebido dela o mandato para fazer isso.

De acordo com alguns modos de pensar, as escolas das crianças, não sei bem por qual motivo, devem ser desordenadas, devem ter placas porcamente escritas à mão, coladas às paredes e às portas com pedaços de fita adesiva, nunca devem ser muito bem cuidadas, e é considerado normal que, com frequência, para serem aceitas de maneira tranquila, precisem apenas de uma mão de tinta.

Outro comentário de quem visita as nossas escolas, típico, sobretudo, de pessoas que frequentam o ambiente pedagógico: "*Vocês são bons, mas, no trabalho de vocês, há um excesso de cuidado estético*". Um excesso de cuidado estético. Seria interessante um debate sobre isso, e espero, com este livro, conseguir, ao menos, argumentar de modo adequado alguns aspectos das nossas escolhas.

Algumas atitudes, também relativas ao cuidado com o ambiente, parecem-me extremamente naturais, ao passo que, ao contrário, sofro ao visitar escolas nas quais noto uma falta de cuidado que, com frequência, engana e desemboca na negligência. Com frequência, faz-se uma confusão entre cuidado, cultura do habitar e luxo.

Em relação ao ambiente escolar, não posso deixar de me perguntar o quanto de respeito existe pelas crianças que o habitam e quanto o cuidado com o ambiente no qual se formam pode incidir na educação delas em geral. Por sorte, a importância do ambiente como agente educativo foi percebida por muitíssimas pessoas que visitaram nossas creches e escolas da infância, de modo que foram apreciados o constante cuidado e a pesquisa, por parte do pessoal e da Direção sobre mobiliário, materiais e contextos interessantes.

Recebemos um retorno sobre as reformas de ambientes escolares realizadas em muitos países do mundo. Tem-se a impressão de que a atenção para o ambiente físico seja, para muitos grupos educativos que visitam as nossas escolas, uma espécie de base na qual iniciar um percurso evolutivo em direção ao "Reggio Approach".

Como nascem as reflexões sobre o ambiente

O meu interesse pelo ambiente da escola, no qual crianças e adultos passam tantas horas do dia, e pelo mobiliário que é cotidianamente utilizado, começou com o meu ingresso na Escola Diana. É provável que esse interesse tenha vindo, além da minha formação artística, de todas as relações familiares e de amizades que eu tinha e me tornavam muito sensível ao ambiente e à qualidade do habitar.

Rapidamente, encontrei em Malaguzzi um ouvinte atento e curioso sobre esses temas, e para meu marido, Tullio Zini, arquiteto, que já havia trabalhado com Malaguzzi para projetar as creches e escolas da infância do Município de Modena, foi solicitado projetar, de modo gratuito, já que havia pouquíssimo dinheiro, a ambientação da Escola Diana: mesas, cadeiras, armários e recipientes para uso das crianças, e, também, uma parede de vidro que pudesse dividir e isolar acusticamente o ambiente destinado ao ateliê, um espaço que não era ainda bem definido e caracterizado, que tinha vista para o espaço central da escola e, às vezes, se confundia com ele, o qual também era chamado de "salão". O projeto realizado foi uma parede, em parte transparente, muito bonita, muito contemporânea, e em sintonia com as pesquisas estéticas dos "movimentos radicais" da arquitetura daqueles anos (1972).

Uma vez construídos os móveis, o ambiente pareceu, de imediato, diferente, mas se tornou outra também a imagem da criança e da escola que o hospedava.

Desde então, começou uma colaboração muito frutífera: eu transmitia a Tullio as impressões e as necessidades que as minhas colegas e eu percebíamos observando as crianças, e ele, generosamente, fornecia-nos sugestões e projetos, sempre muito econômicos e simples de construir, já que a realização era, com frequência, confiada aos pais de alunos da escola ou a pessoas idosas, ex-marceneiros e artesãos, do bairro.

Muitos desses móveis, com alguns ajustes e reelaborações, difundiram-se vastamente em várias escolas, e ainda estão presentes e funcionando, como os degraus para as assembleias das manhãs, as bancadas equipadas dos ateliês, a dupla curva do *espaço das fantasias*, o *caleidoscópio habitável* (que, depois, teve uma grande difusão no mundo todo) e muitos outros.

Uma pesquisa importante

Na década de 1970, por todo o período escolar e em todas as escolas, sempre com a consultoria de Tullio Zini e de um amigo artista, Nino Squarza, que já interveio com algumas ideias inovadoras no projeto inicial do arquiteto Millo para as áreas externa e interna da Escola Diana, foi indagado sobre como os ambientes das escolas eram habitados pelas crianças e pelos adultos que os frequentavam, e sobre a qualidade do uso dos espaços, para se chegar a reconsiderar os espaços da escola, projetar novos ambientes, móveis, instrumentos e objetos. Uma pesquisa que utilizava os instrumentos de coleta de dados típicos dos estudos urbanísticos.

A todas as escolas, foram fornecidas diversas cópias de suas plantas em escala adequada e a pesquisa consistia em registrar, nas diversas horas do dia, marcando sobre os planos e em distintas cores, a posição das crianças, dos professores, dos pais. Ao mesmo tempo, eram atribuídas avaliações de qualidade para o uso dos locais com indicações de agrado por parte das crianças, de condição acústica, de suficiência dos espaços e dos móveis à disposição.

Esse trabalho modificou fortemente a ideia que tínhamos feito do espaço da escola, não somente do ponto de vista funcional, mas, também, do aspecto conceitual. Logo ficou evidente que dois eram os momentos críticos para a qualidade de uso da escola: o do almoço coletivo de todas as crianças e o momento em que as crianças frequentavam, ao mesmo tempo, o *salão central*, no qual se verificava uma superpopulação e um barulho inaceitável.

Foi a partir de então, com base nessas pesquisas, que o *salão central* se transformou conceitualmente, e foi utilizada a metáfora da *praça*, cuja entrada foi considerada um *cartão de visitas*, de apresentação da escola e dos seus habitantes, um espaço de comunicação com a área externa e, com base nessa experiência, preparamos, com a colaboração de Tullio Zini, o imaginário pedagógico e espacial para fazer nascer os "miniateliês", que foram construídos logo depois.

Um fato negativo, o incêndio que aconteceu dentro da Escola Diana, tornou-se a ocasião para criar um protótipo de um novo ambiente: o miniateliê, que, utilizando todas as observações e reflexões feitas até aquele momento, tentava colocá-las em prática concretamente. Relato o que aconteceu porque me parece que se pode tirar disso muitos ensinamentos, alguns dos quais, com as reinterpretações apropriadas, seriam de grande ajuda, inclusive agora.

Lembro-me de que, quando aconteceu o incêndio, uma colega me telefonou e corri logo para Reggio (moro na cidade de Modena): encontrei-me diante do ateliê completamente destruído, já que o incêndio, doloso, parecia ter partido justamente daquele espaço. Além da nova divisória e dos móveis, tinha se queimado também todo o arquivo dos trabalhos daqueles primeiros anos; o resto da escola ficou parcialmente envolvido, e as paredes estavam todas escuras por causa da fumaça.

Enquanto eu olhava desconsolada, chegou Malaguzzi, que, com voz impaciente, me disse: *"Vai, não fique aqui se lamentando! Agora, tem que reconstruir de uma maneira melhor"*.

O Conselho Municipal da Infância da Escola Diana foi maravilhoso e organizou imediatamente, com todos os pais de alunos disponíveis, turnos para limparem e pintarem a escola.

As horas de trabalho, naturalmente gratuitas, foram mais de mil, mas, sobretudo, decidimos utilizar o fato para propor uma reforma da escola, em especial, um aumento das salas, que eram muito pequenas. Formamos um grupo de trabalho composto, por um lado, por pais do Conselho de Gestão, amigos arquitetos, entre os quais Mariangela Calzolari, técnica municipal que se tornaria responsável pela reforma, por outro, pelo pessoal da escola e por pedagogistas.

Discutiam-se várias hipóteses, algumas excessivamente fantasiosas ou caras, mas, de qualquer forma, úteis para construir diferentes imaginários e sair dos esquemas de sempre. O projeto que, no final, pareceu o melhor e que foi aceito por unanimidade foi o proposto por Tullio Zini, que previa *deslocar* a fachada leste da escola, acrescentando uma nova fila de pilastras a 5 metros de distância, por todo o comprimento do edifício, na parte posterior. Essa solução permitia utilizar tecnologias construtivas muito simples e reutilizar todas as molduras existentes da velha fachada. Dessa maneira, o ateliê também se alargou e se tornou um espaço que podia acolher mais atividades ao mesmo tempo.

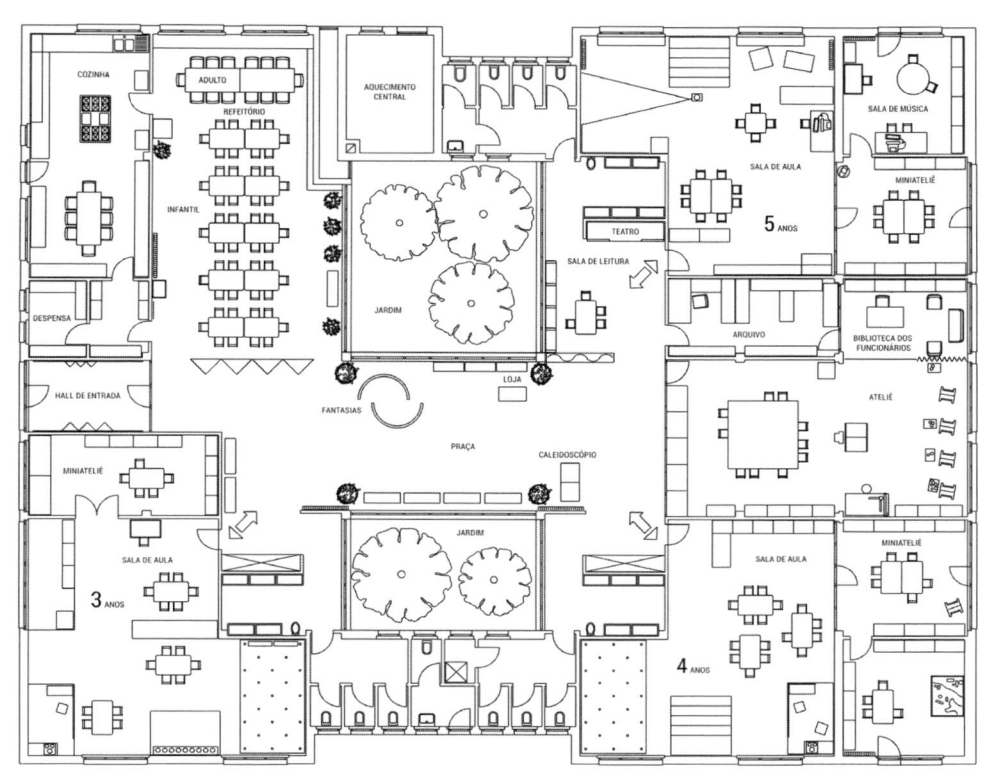

Figura 7.2 – Planta da Escola Municipal da Infância Diana usada para a pesquisa sobre o uso dos espaços.

A nova parede divisória foi pensada como uma tela, um manifesto para apresentar o trabalho das crianças. A parte superior era transparente e, na parte inferior, considerando que o dinheiro era pouquíssimo, como em geral acontece nas escolas, cobrimos um simples painel de compensado com alguns trabalhos das crianças, protegido por uma simples placa desmontável de plástico transparente, para podermos mudar facilmente as obras e atualizar também, ao mesmo tempo, a imagem da parede e do ateliê.

Figura 7.3 – Parede de vidro do ateliê da Escola da Infância Municipal Diana.

Entre as observações feitas anteriormente, durante a análise dos espaços das escolas, tínhamos constatado que, na Escola La Villetta, surgida da reforma de uma mansão do início do século XX, as salas de aula, que eram organizadas segundo um esquema planimétrico em *L*, eram aquelas nas quais as crianças e os professores conseguiam se organizar melhor. Ter parte do espaço habitado visível e uma parte levemente coberta permitia menores interferências visuais e uma maior tranquilidade no grupo de trabalho.

Eis que, então, para a reforma da Escola Diana, em vez de simplesmente aumentar as classes, chegou-se a projetar a criação de três espaços: um capaz de conter todas as crianças, que é a sala de aula tradicional; um segundo pequeno espaço, o miniateliê, que contém muitos materiais para diferentes técnicas, separado acusticamente, mas não visualmente, da classe, para se poder trabalhar tranquilamente em grupo; e um terceiro espaço para outras atividades em grupo, sempre pequeno, mas com outras tantas possibilidades de isolamento acústico e visual. Foi uma das intervenções espaciais mais importantes, a que mais modificou a nossa maneira de trabalhar, e permitiu, concretamente, o trabalho em pequenos grupos de propostas diversas, possibilitando também observar e documentar o trabalho crianças.

O mobiliário do novo ateliê e dos novos pequenos espaços foi projetada também, com o pessoal da escola, por Tullio Zini: a grande mesa central, lugar para guardar as folhas de papel, que, por motivos de carência econômica, foi construída com simples tijolos, utilizados como suportes de placas de compensado. Essas soluções foram estendidas aos *miniateliês*. Tudo foi realizado pela equipe interna de marceneiros da prefeitura do município, com a colaboração de alguns idosos, aposentados, do bairro.

Com base naquela experiência, tornaram-se mais claros para mim a importância da observação em campo, a contribuição que podia derivar de imagens sobre novas possibilidades de habitação, o aporte fornecido pelo confronto e pelo diálogo entre especialistas competentes. Ao mesmo tempo, compreendi também, a importância do profissional que trabalha ao nosso lado. A renovação, para não ser somente uma palavra sem significado, deve nascer dessa combinação.

Nessas primeiras configurações de um diálogo entrelaçado entre pedagogia e arquitetura, que duraria muito tempo e tornaria mais sensíveis ao ambiente físico da escola gerações de professores, de atelieristas e de pedagogistas, foram significativos o papel do atelierista e a sua abordagem ao observar as crianças, ao dar importância a alguns aspectos em vez de outros, ao ter atenção para particularidades consideradas supérfluas em geral.

Começou-se a ver a importância de algumas brincadeiras de equilíbrio feitas pelas crianças sobre uma linha de sombra, a importância do sentido de hospitalidade oferecido por um grande prato de fruta fresca para os visitantes na entrada, da contribuição para a beleza do ambiente promovida pelas pinturas e pelos ramos de flores feitos pelas crianças em folhas transparentes, que eram fixadas nos vidros das classes, que capturavam e levavam para dentro da escola o verde do jardim, a graça de um teto de plantas trepadeiras que, enroladas nos fios que tínhamos estendido, faziam que o teto dos miniateliês se tornasse precioso.

Nossa capacidade e sensibilidade de observar como as crianças se moviam no espaço também tinham aumentado, já que percebemos melhor os aspectos da sua natural predisposição para se colocarem em relação com o espaço: *experimentam-no* por meio de uma grande e sensível fisicalidade. Mediante corridas, saltos, passos variados, mãos que tocam, que acompanham superfícies, as crianças exploram o espaço fazendo surgir delas as características formais, táteis, sonoras e luminosas. Colhem dele cromatismos e particularidades.

Nesses últimos anos, com o advento das câmeras digitais, por meio de fotografias tiradas diretamente por elas, pudemos constatar e confirmar essas sensibilidades em relação ao ambiente.

É, de fato, surpreendente ver as fotografias que tiram: devolvem-nos modos de ver e pontos de vista totalmente inesperados, como a importância atribuída a uma só cor, a imagem tão aproximada que preenche completamente a fotografia, o grande interesse por um raio luminoso que entra por uma janela, o *florescer* de um muro rachado ou as brincadeiras que nascem do reflexo do vidro de uma janela. Das fotos das crianças com as câmeras digitais, 90% são de particularidades e, quanto às preferências de meninas e de meninos, os percentuais de fotos de detalhes são bem similares.

Iniciamos uma pequena pesquisa que já nos forneceu diversas e interessantes informações, em relação à idade das crianças, aos gêneros feminino e masculino, às estratégias e preferências individuais. É uma pesquisa que continuaremos nos próximos anos, com a ambição de recolher também dados internacionais.

Pedagogia e técnicos

Com o Departamento Técnico do Município de Reggio Emilia encarregado do desenvolvimento do projeto, da reforma e (em certa época) da manutenção das creches e das escolas da infância, trabalhou-se por muitos anos, com fases alternadas de satisfação recíproca: a colaboração nem sempre foi fácil de ambas as partes. Provavelmente, o imaginário relativo à infância e à estética de referência estavam, às vezes, distantes.

Carla Rinaldi, que, com Sergio Spaggiari, substituiu Loris Malaguzzi na direção das creches e das escolas da infância, muito sensível ao tema do ambiente e da arquitetura, organizou, com alguns colegas pedagogistas, uma série de encontros e convidou como palestrantes pedagogistas e arquitetos de qualidade. Para os encontros, abertos ao pessoal das escolas, foram convidados também os técnicos municipais e os arquitetos da cidade. A reação dos técnicos municipais dessa fase foi pouco surpreendente: em vez de se sentirem satisfeitos pelas oportunidades de confronto e de atualização, sentiram que essas iniciativas eram uma ofensa em relação às suas competências.

Na ocasião de trabalhos de adequação ou de reforma de uma escola, por causa da sua maior intimidade com as imagens, o atelierista tem a tendência a se tornar a figura natural de referência para os técnicos, ainda que todo o pessoal da escola e o pedagogista participem ativamente com solicitações, controles e reflexões críticas.

Nem todos os arquitetos e os técnicos, porém, amam esse tipo de participação, que, pessoalmente, considero preciosa também do aspecto psicológico, levando-se em conta os resultados que produz com frequência. Uma participação tão ativa desemboca facilmente em uma atenção especial para a qualidade do habitar e no cuidado com o ambiente que, para as crianças, é fonte de educação.

A cada ano, por, pelo menos, 20 anos, na Escola Diana, um grupo de pais, aliado ao pessoal da escola, pintou outra vez por completo a parte inferior dos muros, a mais exposta, e também parte dos móveis, porque as crianças são sempre muitas e bem agitadas. A qualidade estética do ambiente requer atenção e atos de cuidado, de modo que a manutenção do mobiliário e do ambiente é uma cultura, uma atitude de respeito em relação ao espaço que nos circunda, para o qual deveríamos dedicar pensamentos atentos, organização e recursos econômicos.

Se uma criança habita um lugar bem cuidado e vê como a comunidade cuida dele, é provável que se torne um cidadão atento ao ambiente que o acolhe.

Um metaprojeto ambiental

Do nosso interesse pela arquitetura e pelo ambiente nasceu, nos anos 1990, um projeto de pesquisa levado adiante com a Domus Academy, de Milão.[1]

Nada é nunca óbvio: apesar do nosso interesse e de boa parte dos visitantes para o ambiente físico das creches e das escolas, Michele Zini, um dos dois arquitetos curadores do livro e colaboradores da Domus Academy, levou

---

[1] A Domus Academy nasce em Milão, em 1982, como projeto aberto sobre a experiência do *design* e da moda italianos. Ao longo dos anos, afirma-se como escola, lugar de formação pós-universitária e laboratório de pesquisa sobre os processos da criatividade industrial. Desde o início, a Domus Academy começou como um centro de pesquisa, Domus Academy Research Centre (DARC).

quase dois anos para nos convencer de que seria útil divulgar ideias e conceitos relativos ao ambiente para a infância e do quanto o diálogo entre uma pedagogia e um *design* avançados como a Reggio Children e a Domus Academy seria altamente produtivo para fazer avançar as ideias e as realizações concretas dos ambientes. Não me lembro bem das motivações da nossa cautela, mas talvez as novas estruturas de pensamento (e colaborar com as propostas significava isso), às vezes, necessitam de tempo de amadurecimento, e tínhamos de estar convencidos de que se tratava de um percurso de pesquisa que nos faria avançar.

Tendo esclarecido o *enfoque* que o livro teria, iniciou-se uma série de encontros que todos os participantes, do mundo da pedagogia ao da arquitetura e da arte, recordam com grande prazer. O esforço era o de encontrar palavras e conceitos representativos de um ambiente para a infância bem distante daquele em geral representado e concretamente realizado.

Crianças, espaços, relações nos ajudaram a esclarecer, até para nós mesmos, valores e escolhas feitas ao longo dos anos, permitindo-nos, depois, comunicar esses valores de maneira mais eficaz aos outros, aumentando, ao mesmo tempo, nossa sensibilidade ambiental e nossa capacidade de nos relacionarmos com soluções concretas.

Trata-se de um *metaprojeto ambiental para a infância* que produziu uma espécie de manual de referência para quem estivesse interessado em projetar espaços privados e públicos que hospedam crianças, favorecendo uma condição de escuta recíproca entre o mundo da infância e o do *design* mais avançado.

O cuidado ao projetar os ambientes e ao habitá-los provém e corresponde à imagem de criança (e do homem) que está na base da filosofia educativa, referência para nós, e é necessário avaliar o quanto, no cotidiano, um ambiente permite ou proíbe, o quanto pode estimular ou censurar, o quanto educa os olhares, as explorações, as sensibilidades.

É frequentemente subestimado o quanto as sensibilidades e as culturas pessoais podem crescer em percursos culturais desse tipo e quais as consequentes recaídas na relação com as crianças, com o ambiente em volta e com a didática.

Um dos aspectos mais significativos derivados do *metaprojeto ambiental* realizado é a importância atribuída às qualidades sensoriais do ambiente: luzes, cores, odores, sons, microclima, e o quanto estes podem incidir na percepção das pessoas e na qualidade global da vida.

As informações e a cultura que adquirimos das pesquisas sobre esses temas ampliaram e tornaram mais sensíveis as propostas que já fazíamos com as crianças, e também melhoraram consideravelmente as nossas intervenções sobre o ambiente, contribuindo para um *olhar mais atento e emocionado* em relação à realidade ao redor.

Como se sabe, as crianças nascem com um aparelho sensorial muito sofisticado e equipado para receber uma pluralidade de estímulos, mas essa capacidade de aprender tende a se dispersar ao longo do tempo e durante o crescimento, porque, em geral, não encontra atenções adequadas que a defendam, nem recebe estímulos adequados que alimentem a sua potencialidade.

Se considerarmos, como é universalmente reconhecido, que os sentidos são grandes e preciosos receptores para recolherem e elaborarem as informações da realidade, é necessário, então, encontrar contextos que acolham esse extraordinário patrimônio natural e o mantenham *vivo* e *treinado*.

Trago somente alguns testemunhos, entre os muitos de que me lembro.

Explorações sensoriais

As crianças tinham sido convidadas para explorar a escola, indagando sobre as diversas qualidades da luz, dos cheiros e dos sons presentes, prestando atenção também nas suas variações ao longo do dia, na ocasião de mudanças climáticas ou no curso das estações. No final do trabalho, vários ambientes continham as avaliações das crianças sobre a qualidade dos diversos elementos e sobre as variações feitas, assinaladas com símbolos e indicadores criados pelas próprias crianças.

Em um *workshop*, ao contrário, foi pedido aos atelieristas e aos professores para reprojetarem o ambiente da própria escola, por meio da análise e da aplicação somente das qualidades sensoriais.

Outra proposta a se fazer às crianças, mais simples, porém bela e interessante, é analisar algumas ervas aromáticas com características decisivamente diferentes, como o alecrim, a hortelã, o tomilho, e tentar representar graficamente os odores, depois tentar fazer sons e ritmos adequados para narrá-las e, às vezes, tentar, também, *dançar*, representando as diferentes essências.

Antonella Spaggiari, que, por dez anos, foi prefeita de Reggio Emilia, ama contar sobre uma visita sua à Escola Diana, na qual foi tocada pelo modo como um grupo de crianças de 5 anos estava fazendo uma pequena análise de uma cebola: algumas crianças interpretavam graficamente as suas formas; outras *"desenhavam"* o seu cheiro; outras tentavam produzir sons que pudessem representá-la; e outras, na cozinha, com as cozinheiras, estavam despedaçando a cebola para fazerem uma salada. Isso me lembra que, muitos anos antes, junto com as crianças, nós fizemos, desfolhando-a pouco a pouco, o *"striptease"* de uma cebola e, depois, aplicando suas finas camadas no vidro de uma janela, contra a luz, essas finas peles se transformavam em muitas asas de borboleta.

As explorações da luz nos levaram posteriormente a inserir no ambiente da escola diversos instrumentos com os quais a luz pode ser explorada e manipulada pelas crianças, de diversas maneiras e de diversos pontos de vista.

Não foi por acaso que, em seguida, o tema da luz tenha sido escolhido como assunto principal no primeiro ateliê preparado no novo Centro Internacional Loris Malaguzzi, um trabalho baseado em uma abordagem científica, mas enriquecido, também, com as experiências passadas, mais ligadas aos aspectos expressivos e ambientais dos fenômenos luminosos.

Ecologia dos lugares

Como último testemunho, lembro-me de uma experiência que apresenta alguns aspectos exemplares, mas outros também que é bom evitar.

Após alguns anos do lançamento de *Crianças, espaços, relações*, que suscitou muito interesse e foi traduzido em vários idiomas, sentíamos a necessidade de retomar as reflexões sobre o ambiente. Então, formamos um grupo interdisciplinar, fazendo uma pesquisa que previa a análise de dois ambientes da escola: a entrada e a área de sanitários, para a qual sempre foram dedicadas poucas reflexões, além das estritamente higiênico-sanitárias.

Na configuração da pesquisa e na verificação final, juntaram-se a nós dois jovens arquitetos, Michele Zini e Francesco Zurlo, com os quais construímos um percurso de grande interesse, que nos fez espaços frequentados cotidianamente de maneira diferente.

Os professores e os atelieristas das creches e das escolas envolvidas analisaram os dois ambientes escolhidos como amostra da pesquisa, recolhendo e documentando os materiais e as cores que os constituíam, e visualizaram, por meio de gráficos, o número de pessoas que utilizam os locais. Comparando os dados colhidos com os declarados como presenças desejáveis nos ambientes no "metaprojeto de ambiente para a infância", era visível a distância que os separava.

Ambos os ambientes normalmente são projetados sem a atenção necessária para espaços que são importantes para as crianças e que, no caso da área de sanitários, não separam o corpo e as suas necessidades do prazer de estar, nem das oportunidades que oferecem, como a presença das pias e da água. Também foi documentado como esse ambiente é percebido e habitado pelas crianças e adultos, e, assim, descobriu-se, com mais consciência, o quanto os sanitários são espaços frequentados com alegria pelas crianças e quase sempre subestimados nos projetos das escolas.

No final da pesquisa, conseguimos construir algumas metáforas capazes de devolver novos pensamentos para esses dois ambientes, normalmente julgados somente como funcionais e secundários.

É sempre muito interessante utilizar, nas escolhas concretas, imaginários construídos, partindo de novas metáforas, que podem ser capazes de orientar a invenção de novos modelos habitacionais, tanto em relação ao mobiliário quanto à habitabilidade dos espaços.

Uma vez concluída a pesquisa e realizada uma documentação visual capaz de comunicar os seus resultados também aos colegas das outras escolas, era o momento de iniciar concretamente o processo de transformação dos ambientes, objeto da pesquisa.

Creio que, até esse ponto da história, a pesquisa desenvolvida pode ser considerada eficaz, formativa, culturalmente preciosa e que possa ser uma referência para pesquisas posteriores, para modificar e atualizar outros espaços escolares.

A segunda parte da história deve, ao contrário, fazer refletir sobre como é possível, com muita facilidade e superficialidade, dispersar riquezas capazes de produzir inovação.

Simultaneamente ao desenvolvimento dessas pesquisas, tinham sido iniciados trabalhos de reforma dos sanitários em muitas escolas, com a intenção de adequá-los a novas normas de segurança, e creio que, a qualquer pessoa, seja natural pensar que a pesquisa ambiental concluída há pouco pudesse constituir um material de grande interesse para obter novas ideias de projetos.

Não é minha intenção inferir, mas tenho dificuldade para entender, e aceitar, o desperdício de experiências e inteligências que, com muita frequência, acontece até nas pequenas coisas.

Temo, na verdade, creio, que a pesquisa recém-concluída e o projeto de reforma dos lugares nunca se cruzaram, que nunca foram colocados em comparação, em relação, chegando, assim, ao resultado de separar mais uma vez as partes consideradas "teóricas" das "concretas", com todos os danos que essa míope e, no fundo, banal, dicotomia inevitavelmente leva consigo, como confirmam as reformas efetuadas, que produziram ambientes feios, anônimos, muito distantes das imagens criadas na pesquisa conduzida com as escolas (e que não seja usado o álibi da economia, porque o problema nem foi enfrentado).

Nascimento de duas linhas de mobiliário

Em Reggio Emilia também, apesar da qualidade da cultura ambiental presente nas escolas, nem tudo acontece de maneira automática e é preciso continuar a defender as conquistas culturais com grande sagacidade e atenção.

As experiências realizadas ao longo dos anos que deram grande impulso à sensibilidade ambiental do pessoal das creches e das escolas devem sempre ser repropostas, reinterpretadas, adequadas, e cada novo projeto ou reforma das escolas deve tornar-se ocasião de pesquisa e de atualização em relação aos espaços habitados pelas crianças.

Uma cultura deve continuar se atualizando e evoluindo, porque, em caso contrário, regredirá e não será mais capaz de transmitir às novas gerações de crianças, de professores, de atelieristas, de pedagogistas e de técnicos as competências adquiridas.

A rainha do livro *Alice no País das Maravilhas* dizia que "é preciso correr muito rápido para ficar no mesmo lugar [...]" (Carroll, 1998, p. 145).

Os atelieristas, por formação e papel, deveriam ser *sentinelas atentas* dessas atenções e estimular a direção pedagógica, para que a cultura ambiental continue a viver, conscientes de que tudo isso é obtido somente mediante uma contínua evolução.

Nos cursos de formação que a Reggio Children promove, ao tema do ambiente são sempre dados espaço e importância, mas se trata sempre de um tempo limitado, e o tema deve ser retomado e aprofundado em vários níveis nas escolas.

É muito difundida a ideia de que o mobiliário é um elemento secundário do ambiente, ao passo que, pelo contrário, é parte integrante dele, e a sua escolha reflete de maneira precisa qual imagem se tem da infância e do ambiente escolar. Por todos esses motivos, quando um jovem empreendedor da nossa cidade, Maurizio Fontanili, pediu-nos para colaborar com o nascimento de uma nova linha de móveis, aceitamos com muito entusiasmo. O grupo de trabalho para o desenvolvimento da linha de móveis previa diversas figuras profissionais, com diferentes competências: o empreendedor, os arquitetos, uma pedagogista e uma atelierista, e o contrato estipulado entre o empreendedor e a Reggio Children previa que os *royalties* sobre os produtos realizados seriam investidos em pesquisas no interior das escolas.

Desse modo, nasceu a linha de móveis *Atelier3*, que parece ter devolvido realmente uma imagem inovadora das crianças e da escola, tanto que motivou a fabricação de novas linhas de móveis por parte de diversas empresas do setor.

O Atelier3 fornecia uma cobertura total dos diversos tipos de móveis necessários para ornamentar uma escola, mas não compreendia uma série de elementos que contribuíam para criar espaços *macios* e *estimuladores da imaginação*.

Para preencher esse vazio que podia ser encontrado no setor de móveis definido como "*soft*", a empresa Atelier3 foi integrada por uma nova linha constituída por peças "*flexíveis*". Por iniciativa do mesmo jovem empreendedor, dos mesmos projetistas, sempre ao lado da consultoria da Reggio Children, nasceu a PLAY+Soft.

Se a primeira linha tinha certa uniformidade de projeto, nesse caso, foi envolvido um grande grupo de jovens projetistas, arquitetos e *designers*, mas também profissionais conhecidos internacionalmente, sempre coordenados pelo mesmo grupo de arquitetos italianos, que tornaram plural e variada a paisagem de móveis proposta para as crianças.

A nova linha é constituída, em sua maior parte, por elementos flexíveis, batizados como "*big flexíveis*", e esse projeto, em medida maior que o anterior, é capaz de sair dos ambientes escolares e pode ser proposto para idades e lugares diversos.

Esses móveis puderam penetrar em ambientes domésticos, centros comerciais, livrarias como a Feltrinelli, museus, como o MoMa, de Nova York, até serem utilizados para os espaços dedicados à infância no novo aeroporto londrino de Heathrow, na Casa de Cultura de Estocolmo e em muitos outros, confirmando o quanto o diálogo entre pedagogia, ateliê, arquitetura, iniciado há muitas décadas, deu origem a percursos interessantes e originais que estão se expandindo cada vez mais, mesmo fora dos ambientes escolares. Justamente porque a infância não vive e habita apenas no mundo circunscrito pela escola.

Entre arte e pedagogia

Diálogos com os lugares é uma das últimas mostras que realizamos com as crianças, para inaugurar o Centro Internacional Loris Malaguzzi, em Reggio Emilia.

A sugestão que deu forma a esse trabalho deriva do projeto *Convite a...* (do qual já falei no Capítulo 6), idealizado pelo artista Claudio Parmiggiani, um expoente histórico do movimento "conceitual" italiano dos anos 1970.

Esse projeto prevê que, com a colaboração de patrocinadores privados, a administração municipal de Reggio Emilia encomende e organize a realização de cinco obras de arte contemporânea para colocar de maneira permanente, em diversos lugares da cidade, em espaços escolhidos livremente por cinco artistas de grande qualidade: *Luciano Fabro, Sol LeWitt, Eliseo Mattiacci, Robert Morris* e *Richard Serra*.

No seu projeto *Convite a...*, Parmiggiani (2003) escreve:

> Significa para um artista eleger um lugar como emblema de uma ideia e pensá-lo como uma voz dentro da própria obra [...], transmitindo-nos, por meio da obra, a energia, a presença e a profundidade do lugar que a nutre e lhe dá sentido [...]. Obras que sejam, portanto, a expressão de uma autêntica solidariedade com um ambiente e a sua realidade.

Pareceu-nos que o percurso dos cinco artistas para realizar as próprias obras pudesse ativar processos muito interessantes e importantes também para as crianças, como: escolher um lugar, colocar-se em relação e em diálogo, para chegar a projetar uma obra em sintonia com aquele lugar e a sua identidade, ao mesmo tempo modificando-os e enriquecendo-os. Nesse tipo de percurso, são ativados processos artísticos, culturais e sociais importantes, preciosos também sob o aspecto educativo.

Escolhemos o novo Centro Internacional, naquela época ainda em construção, como lugar para explorar e indagar; após algumas visitas, perguntamos para as crianças quais espaços consideravam interessantes e como eles poderiam tornar-se "belo", por meio de um "presente" projetado e realizado por elas, que agradasse ao lugar e a elas.

Figura 7.4 – A mostra Diálogos com os lugares.

A mostra *Diálogos com os lugares* (Figura 7.4), que expunha os projetos de creches e escolas da infância, abria-se com uma frase forte: "Cada lugar tem uma *alma*, uma identidade, procurar descobri-la e se colocar em relação com ela significa aprender a reconhecer também a própria *alma*" (o uso do termo "alma" deriva de James Hillman, *L'anima dei Luoghi*, 2004). Juntamente à de James Hillman, levantam-se muitas vozes, vozes em coro que nos deixam alertas e criam alarmes, colocando em uma nova e lúcida relação o cuidado com o ambiente e a sua qualidade com a saúde e o bem-estar físico e mental.

Em contrapartida, assistimos, com muita frequência, a uma apática e cristalizada aceitação da vulgaridade e da feiura, da falta de cuidado com o ambiente em que vivem.

Trata-se de um processo degenerativo culpadamente subestimado, porque o cuidado com o ambiente é considerado como um elemento da vida e da cultura pouco importante, como um refinamento inútil, uma atividade opcional e supérflua.

Pensamos, porém, que, hoje, mais do que ontem, em uma situação na qual as transformações sociais e culturais interessam a todo planeta, em uma situação de *fluxos migratórios* imponentes, provenientes da necessidade de sobrevivência, por motivos de trabalho ou de turismo, a relação com o ambiente é um elemento de grande importância, porque leva a reconsiderar com olhos novos aspectos profundos, ligados às identidades culturais, individuais e sociais.

Trata-se de uma responsabilidade geral que envolve também a educação.

A nossa esperança é que uma abordagem sensível ao entorno, constante e cotidiana, feita de muitos atos, de atenções e de escolhas, possa ser um elemento positivo de participação e de solidariedade consciente com o que nos circunda e com os outros homens, de qualquer cultura e proveniência, uma atitude indispensável para o futuro da democracia e do gênero humano.

A nova mostra *Lo stupore del conoscere* (*As maravilhas de conhecer*), realizada em 2008 pela Instituição Escolas e Creches de Reggio Emilia, em colaboração com a Reggio Children, é uma mostra itinerante que pretende atualizar e substituir a mostra sobre *As cem linguagens das crianças*, de 1981, e contém uma seção inteira dedicada ao tema dos *diálogos com os lugares*, justamente para confirmar a importância que nós atribuímos ao tema e para testemunhar de maneira concreta possíveis propostas didáticas com as crianças.

O novo Centro Internacional Loris Malaguzzi nos repropõe o problema da cultura ambiental, da importância e, ao mesmo tempo, do *medo* da beleza. Como nos anos 1970, continuamos ouvindo vozes que nos acusam de excessiva atenção estética e, como sempre, a impressão é que haja uma grande confusão entre competências profissionais, cultura do habitar e luxo.

Sinto constatar que, após tantos anos, continuamos discutindo aspectos que acreditávamos estarem bem consolidados.

O Centro Internacional foi gerado pela cultura pedagógica das creches e das escolas, pela atenção, pelas esperanças e pelos sonhos que soube despertar em uma parte do mundo. Representa a cultura sensível à estética (compreendida como conexão das estruturas) que construímos, em muitos anos de trabalho e de paixão, e é prejudicial que alguns aspectos dessa cultura que alguns de nós consideramos importantes sejam talvez percebidos por outros como supérfluos ou como uma forma de *megalomania*.

Hoje, em uma fase de crise econômica que está envolvendo muitos países industrializados, são necessárias escolhas corajosas, lúcidas e anticonformistas.

Nunca antes, em momentos difíceis como este, que colocam à realidade e ao sonho dúvidas sobre os percursos a seguir, teve-se tanta consciência de que somente a cultura, o rigor profissional e ético, e a beleza podem nos ajudar a continuar desejando.

"[...] lá onde cresce o perigo, cresce também a salvação", dizia o poeta Friedrich Holderlin.

A arquitetura é a forma da pedagogia
Conversa com...

Carla Rinaldi, *pedagogista, diretora das creches e das escolas da infância do Município de Reggio Emilia de 1970 a 1999, docente na Faculdade de Ciências da Formação Primária da Universidade de Modena e Reggio Emilia e, desde 2007, Presidente da Reggio Children.*

Michele Zini, *arquiteto e designer na ZPZ Partners, docente da Faculdade de Design do Politécnico de Milão (1998-2005), colabora com a Reggio Children com a Domus Academy Research Centre (DARC).*

Vea Vecchi: Vou começar com o livro *Bambini, spazi, relazioni: metaprojetto di ambiente per l'infanzia* (1998; no Brasil, *Crianças, espaços, relações: como projetar ambientes para a educação infantil*, 2013), um *metaprojeto*, uma pesquisa que marca um ponto importante do diálogo entre Reggio Emilia e o mundo do *design* e que ambos foram pioneiros e protagonistas de um diálogo nunca interrompido desde então.

Michele, o seu trabalho de arquiteto projetista de escolas, creches e outros espaços para a infância e de *designer* de móveis para crianças tem um ponto de referência importante naquele *metaprojeto* do final dos anos 1990. Como nasceu a ideia desse projeto de pesquisa?

Michele: A ideia de trabalhar no desenvolvimento do projeto do ambiente para/da infância derivou da exigência de encontrar instrumentos que permitissem ativar o diálogo entre pedagogia, arquitetura e *design*, isto é, da vontade de explicitar o conjunto de ideias e de conhecimentos sobre o ambiente, que tinham sido desenvolvidas ao longo do tempo, nas escolas de Reggio Emilia, mas que nunca tinham encontrado uma forma "visível" e comunicável e, ao mesmo tempo, fertilizá-las com os conhecimentos, culturais e técnicos, do mundo do projeto contemporâneo.

Havia, além disso, empatias que sugeriam esse encontro: no ambiente do *design* e da pedagogia eram realizadas as mesmas leituras (Edgar Morin, Gregory Bateson, Ilya Prigogine, Bart Kosko, Marc Augé), as teorias da complexidade eram aprofundadas, as mesmas mostras de arte contemporânea eram visitadas. Essas afinidades me levaram a propor à Domus Academy e à Reggio Children uma espécie de mesa-redonda sobre o ambiente da infância, aplicando o método de trabalho do metaprojeto, que, naqueles anos, estávamos explorando de maneira extensiva e que é justamente de uma corrente de pesquisa do *design* italiano.

Vea: Carla, você aceitou a proposta e a transformou em um dos projetos estratégicos da Reggio Children. Por quais motivos?

Carla: O metaprojeto foi a descoberta, muito banal, mas profundamente verdadeira, pelo menos para mim, de que não estávamos construindo um projeto, mas *uma maneira de pensar ao projetar*, a conceitualização da projetação. Para quem, como eu, havia sido educado dentro de um conceito de projeto e de projeção extremamente dinâmico, mas também especializado, o *metaprojeto* foi a ocasião para compreender mais profundamente esse conceito de "meta", o conceito que vai do projeto ao metaprojeto.

Enfim, creio que essa tenha sido uma das passagens mais corajosas, não só para mim, mas, também, para nós todos, o que é demonstrado pelo fato de que o livro, mesmo traduzido em muitas línguas, ainda não tenha sido percebido na sua essência mais profunda, que é justamente, "pensar no pensar" da arquitetura.

Vea: Como nós trabalhamos, vocês se lembram?

Michele: A ideia-base era transferir para o método de trabalho a abordagem holística, que caracterizava, do ponto de vista cultural, todos nós. Organizou-se um grupo de pessoas que trabalhavam em áreas diversas (arte, *design*, arquitetura, pedagogia, bioengenharia, *design* das interfaces, *design* primário). A função dos dois educadores, Giulio Ceppi e eu, era fazer surgir contribuições até mesmo diferentes sobre o tema e fazê-los "falar" entre eles, sem misturar em excesso as linguagens e as abordagens, isto é, sem "homogeneizar" as diversas linguagens em uma narração única, com somente um estilo de linguagem. Era preciso manter um nível "semiacabado", que conservasse a força das diferenças. Além disso, a escrita final do livro sobre o metaprojeto e a sua diagramação, que transfere a relação entre texto e imagens à compreensão do caminho e que permite uma leitura não sequencial, são tentativas de oferecer instrumentos que cada um possa personalizar, em vez de um único conjunto de regras e uma única receita.

Carla: A experiência do metaprojeto teve o significado de um encontro interdisciplinar para uma construção *transdisciplinar*. E, efetivamente, esse percurso nos obrigou não a atravessar as disciplinas, mas, como você diz sempre, Vea, a construir um "destilado de saberes", cujo resultado é o metaprojeto.

Nós consideramos o valor da interdisciplinaridade como elemento essencial para procurar novas respostas a novas perguntas clamadas pelos dias de hoje. Nossa "estação de projetos" é verdadeira e própria, uma estação em que é impossível usar velhos parâmetros pedagógicos, arquitetônicos, de valores, sociais e educativos, e em que se torna indispensável ousar o novo e projetar o futuro.

Vea: O metaprojeto se tornava, então, uma abordagem e um patrimônio do mundo da pedagogia?

Carla: O metaprojeto é o momento em que a fusão positiva entre pedagogia e arquitetura/*design* tem a forma mais elevada. Até porque aspirava ser imediatamente colocado em xeque e modificado: o livro se apresenta, metaforicamente, como um caderno, isto é, uma forma que já pede e sugere a mudança. Não é por acaso que, quase logo depois, nasce a pesquisa com a Harvard Project Zero sobre a aprendizagem individual e de grupo, contada no livro *Making Learning Visible* (2001; no Brasil, *Tornando visível a aprendizagem*, de 2014, pela Phorte Editora): são os anos intensos em que o nível "meta" começa a tornar-se, se não prática cotidiana, um esforço ainda menor no cotidiano.

Vea: Na opinião de vocês, quais são os aspectos de novidade ou valores mais evidentes que aquela pesquisa levou para o desenvolvimento do projeto do ambiente da infância?

Michele: Esse trabalho, que está parcialmente contido no livro *Crianças, espaços, relações*, foi importante porque, de alguma maneira, tornou visíveis as fronteiras de um campo de pesquisa que antes era latente ou oculto: o projeto do ambiente para a infância, desde então, é um campo ao qual pertencem diversos projetos que alimentam um *corpus* de conhecimento e que se enriquecem ao pertencerem a um laboratório de pesquisa permanente, o qual redefine com continuidade os seus objetivos e, por isso, mantém-se vivo e interessante.

Além disso, deslocou o problema da construção para aquele ecossistema artificial feito de móveis, símbolos, cores, materiais, luzes, odores, sons, que é o ambiente para a infância, motivo pelo qual deveria ficar mais evidente que não é o respeito às normas – necessário, mas não suficiente – que determina a qualidade de um projeto, nem a simples qualidade arquitetônica (há exemplos de belas arquiteturas que são frágeis, do ponto de vista ambiental, para as crianças e de arquiteturas que aplicam os pensamentos e as atenções do metaprojeto, mas não conseguem ser também belas arquiteturas): é a capacidade por parte de um projeto e, portanto, de um lugar, de veicular e sustentar uma determinada imagem de criança, dotada de cem linguagens, e com o direito de ter um ambiente rico, articulado, complexo, bem-cuidado, belo.

Enfim, ficou evidente como é insensato conceber, de maneira separada, arquitetura e mobiliário de uma escola como frequentemente a prática impõe: são elementos de um mesmo sistema ambiental.

Carla: Esse percurso, para mim, representou a famosa "mudança de paradigma", justamente porque significou superar a separação entre os espaços e os móveis. Tínhamos uma abordagem ao habitar muito "processual", bem correta, mas também muito linear, ainda que insólita – porque foi mesmo insólito na história reggiana ter o momento de encontro com o arquiteto: o encontro entre a pedagogia, a didática e a arquitetura, em termos interdisciplinares, era um costume que Loris Malaguzzi corajosamente introduziu, creio que inspirado pelos grandes mestres da pedagogia, como Maria Montessori, dentro do município de Reggio Emilia. Foi realmente um pequeno escândalo cultural a ideia de que o cliente, nesse caso, a equipe pedagógica e as professoras, e, em alguns casos, os pais também, sentassem juntos à mesma mesa que o arquiteto. Em geral, era um arquiteto que, na época, entregava uma habitação e, nesse caso, entregava generosamente uma escola às professoras. Ao contrário, foi a primeira intuição desse conceito de "fazer escola", tanto no sentido metafórico quanto no literal, que via a equipe construir uma "escola de pensamento" para fazer uma escola tridimensional.

Vea: Carla, creio que seja útil contar o contexto no qual nasceu a cultura do ambiente da infância nas escolas de Reggio Emilia.

Carla: Quando comecei a trabalhar, era um momento extraordinário, em que tinha acabado de ser terminado o projeto da Escola Diana por parte do arquiteto Millo, do município de Reggio: carregava ainda os traços dos projetos das Escolas Anna Frank e Robinson, mas a verdadeira reviravolta aconteceu com o projeto da Escola Diana. Na realidade, comecei quando estava iniciando a Creche Arcobaleno com o arquiteto Carta, que aprendeu com os saberes da Escola Diana, desafiando os saberes das crianças bem pequenas – que queria dizer conter a flexibilidade das nossas ignorâncias, porque, naquele momento (1972-1974) não havia outras creches concebidas como ambientes educativos de onde pegar inspiração, a não ser das creches empresariais Olivetti. De fato, as arquiteturas da Obra Nacional Maternidade e Infância (ONMI), realizadas na época fascista, propunham arquiteturas com predominância assistencial e sanitarista. Basta pensar que a primeira creche projetada e aberta nos anos 1960 em Reggio Emilia, a Cervi, continha o estereótipo da creche que separava as crianças por idade e, separando-se as crianças, separava-se, sobretudo, os vírus, porque a creche era predominantemente "sanitarista". A Creche Arcobaleno rompeu com esse esquema.

A arquitetura sempre teve um papel de destaque na nossa experiência: molda a pedagogia, é uma das mais fortes influências. Então, quando se faz uma arquitetura, na realidade, se renova uma pedagogia. Porque não é somente a arquitetura do edifício, mas a determinação e a modificação da arquitetura pedagógica e didática. Portanto, na realidade, arquitetura e *design* estão se confrontando e dão vida a um momento extremamente produtivo, um momento de crise, e a crise se acentua com o envolvimento dos professores e dos pedagogistas como protagonistas: os professores começaram a sentir-se legitimados, motivados a pensar nos espaços da escola, a imaginá-los, a desejar que sejam diferentes. Sentiram como se fosse um dever e um direito, e consideraram o espaço uma parte fundamental da quantidade e da qualidade das relações, das aprendizagens e das comunicações que se desenvolvem na escola.

Vea: Um espaço sujeito e protagonista?

Carla: O espaço não é mais simplesmente um pano de fundo, mas um protagonista fundamental: ordenar um espaço significa organizar uma metáfora do conhecimento, da nossa imagem, de como se conhece e se aprende. De fato, se o conhecimento não progride, como parece, com a formalização e a abstração, mas com a capacidade de contextualizar, de relacionar, de agir e de refletir, então, os espaços e os móveis, as luzes, os sons devem permitir relações, ações, reflexões, confrontos e colaborações. Nasce aqui um conceito de *design* do ambiente que queria dizer também *design* de vida, que quer dizer contexto, quer dizer construir um contexto para que se possa continuar vivendo.

É um conceito que, no metaprojeto, encontra, para mim, uma das expressões mais elevadas. Os precedentes se encontram no início dos anos 1970. O amadurecimento da ideia aconteceu durante o percurso e com os encontros felizes com arquitetos como Tullio Zini, que ajudaram de maneira importante esse projeto de crescimento. O *metaprojeto* é o momento em que realmente essa fusão positiva tem a forma mais elevada.

As palavras-chave contidas na primeira parte do livro *Crianças, espaços, relações* foram usadas para formular critérios gerais e cenários, por meio de uma leitura crítica das experiências amadurecidas pelas creches e escolas da infância de Reggio Emilia. Contudo, representam, também, a síntese mais eficaz do percurso transdisciplinar que levou o nosso pensamento a "se pensar": não estamos sempre nesse nível, mas sabemos "voar naquele céu". Se tivesse que ilustrar as palavras-chave, utilizaria a forma em hélice do DNA.

Michele: O *metaprojeto* é, na realidade, uma espécie de projeto genético, um sistema de requisitos, de qualidades, de atenções e de valores capazes de contribuir para a identidade de cada projeto que derivam dele. A esperança é que dez projetistas diferentes que se inspiram no metaprojeto produzam dez projetos diferentes, mas todos com o mesmo "sabor".

Carla: As palavras-chave do metaprojeto são, também, a escrita de um currículo pedagógico, ou de qualquer forma, quero começar a repensá-las assim, porque são muito mais laicas do que toda a terminologia técnica, são palavras-chave para o habitar, e, portanto, para viver... Veio a mim justamente o desejo de revê-las como *elementos estruturadores de um currículo*, ou como *finalidade* para um currículo e, ao mesmo tempo, *traçados* para um currículo.

Quando adotei esse livro na universidade, presenciei a descoberta por parte das alunas das indicações de "meta" em relação aos parâmetros de qualidade do habitar e, portanto, do viver (pela forte conexão que existe entre habitar e viver), tanto que algumas as aplicaram na sua própria habitação. Esse livro deve ser lido em um nível metacognitivo, nível em que não somos educados nem culturalmente, nem na instrução universitária.

Michele: Outra característica daquele trabalho foi o envolvimento de muitas pessoas no tema do desenvolvimento do projeto do ambiente para a infância, pelas culturas e pelas diversas linguagens, transformando o instrumento em um objetivo alcançado: criar uma rede de pensamento, uma competência de grupo, uma espécie de inteligência coletiva que se fertiliza alternadamente. No metaprojeto, como no caso mais recente da PLAY+Soft, a criação de uma rede de pessoas que oferecem os seus pontos de vista e de pensamento sobre o ambiente se torna, em si, um objetivo: *o meio é a mensagem*.

Carla: Entre outras coisas, o extraordinário é que, no livro, não conseguimos identificar "quem escreveu o quê". Não é possível distinguir nos textos se o autor é o arquiteto ou o pedagogista... "Passamos" as palavras uns aos outros, alguém lançou uma palavra e outro a fertilizou; a beleza está justamente nesse uso sem limites das palavras.

Vea: Na nossa atividade profissional cotidiana, de pedagogista e de arquiteto, que papel assumiram e assumem as pesquisas feitas?

Michele: *Crianças, espaços, relações* fica como um guia para os nossos projetos de creches e de escolas da infância, mas, também, das duas linhas de mobiliário que criamos com a Reggio Children (Atelier3 de ISAFF e PLAY+) e dos outros espaços para crianças em lugares públicos (aeroportos, centros comerciais, parques). Cada projeto toma forma e identidade também do contexto cultural, do lugar do período histórico, assim como os projetos em outros países – por exemplo, a Creche Takadanobaba, em Tóquio – nascem de uma relação entre culturas diversas, de um diálogo que permite identificar elementos de projetos que não estão presentes em nenhuma das duas culturas em relação, mas que nascem da relação entre elas.

Carla: A palavra *relação* é uma chave de leitura importante: Por que esse diálogo foi tão fértil? É com a arquitetura ou é com uma "certa" arquitetura? Então, aqui vem o problema dos problemas, a questão epistemológica. Não por acaso, a arquitetura representada no metaprojeto é a arquitetura definida como "relacional", e a nossa é uma pedagogia relacional.

Na nossa atividade, quando se trata de escolher e argumentar as escolhas, a dominante vai aonde está a nossa epistemologia, que também é nossa cultura e nossa política. Não por acaso, estávamos construindo, falando e escrevendo, sobretudo, Malaguzzi, sobre pedagogia relacional, e estávamos escrevendo sobre a arquitetura relacional, que é aquela que exalta as "qualidades *soft*", e deixa à arquitetura somente a função de marcar fronteiras vagas, difusas... E é maravilhoso quando, entre outras coisas, se descobre um peixe em um aquário ou, talvez, em um oceano onde há outros peixes similares a você.

Na arquitetura relacional, encontrávamos uma razão posterior para conceitualizar a essência e a essencialidade da beleza como elemento de conexão, onde víamos a criança definir-se: o belo como atrativo de relação.

Vea: Michele, existe alguma característica dos seus projetos que deriva do que foi dito e que está sempre presente?

Michele: Os esforços de conferir uma dimensão polissensorial ao ambiente, ou seja, trabalhar na identificação dos materiais, das luzes, das cores (as chamadas "qualidades *soft*"), escolhas técnicas com o objetivo de fornecer, além do conforto, a funcionalidade, a manutenção, mas, também, uma articulação e uma riqueza sensorial que estejam em sincronia com os processos cognitivos das crianças: se as crianças são um laboratório sensorial, conhecem e interpretam o mundo mediante processos sinestésicos, ativando os cinco sentidos, então, merecem um ambiente rico de um ponto de vista sensorial e o desenvolvimento do projeto também deve utilizar instrumentos que valorizem esses aspectos; um projeto de ambiente para a infância que seja pobre de um ponto de vista sensorial é, provavelmente, um projeto feio para a infância.

Carla: Para nós, era evidente que, quanto menor é a criança e quanto mais uma pedagogia relacional procura uma arquitetura relacional, mais as "qualidades *soft*" se tornam vida: são as qualidades às quais a criança é sensível.

Vea: Michele, já faz quinze anos que você colabora profissionalmente com a Reggio Children e as escolas de Reggio Emilia. O que esse encontro mudou no seu modo de trabalhar?

Michele: Tem contribuído para elaborar não só uma competência, mas uma maneira de olhar, de pensar, e há uma grande confiança nas crianças – alimentada pelos meus dois novos companheiros de caminhada, os meus filhos, Alice e Mattia.

Depois, aprendi uma inconsciente e, às vezes, insana tendência a não me contentar nunca, tendência, porém, que gera qualidade e que as crianças merecem.

E, entre tantas coisas, aprendi que é realmente ingênuo pensar que uma escola, finalizadas as obras, esteja pronta para o uso, e o trabalho do arquiteto, acabado: um bom projeto deixa alguns espaços (em sentido real e conceitual) indeterminados, já que são os professores e as crianças que identificam as suas potencialidades. O projetista deveria, na realidade, continuar trabalhando por um ou dois anos em grupo com professores e pedagogistas para refinar o projeto da escola, em uma espécie de relação de manutenção de projetos que completa a sua realização.

Vea: Nesses 10 anos, você trouxe a pesquisa do metaprojeto e os seus casos de estudo da arquitetura e do mobiliário em muitas partes do mundo, a conferências, a seminários, a mesas-redondas, a publicações: Qual conceito foi mais difícil comunicar e compartilhar com outras culturas?

Michele: O da "rica normalidade", um conceito que amo muito, mas é difícil compartilhar, sobretudo com plateias estrangeiras. Consigo comunicar a diferença entre simples e simplificado, entre complexo e complicado, entre polissensorial e cacofônico, mas acho difícil traduzir do italiano o conceito de rica normalidade.

Carla: A definição de "rica normalidade" nasceu de uma discussão entre mim e Andrea Branzi, na qual você também interveio, Vea: eu, na época, ainda elaborava a ideia de transgressão como "fuga da normalidade", mas Andrea Branzi levou à discussão esse conceito de "rica normalidade", como a normalidade que contém a anomalia, fluida, dificílima de habitar, em que existe o belo e o feio, e somos chamados continuamente a redefinir o belo e o feio, e assim por diante.

Vea: Muito interessante tudo isso. Espero que as reflexões feitas sejam geradoras de outras e que um fluxo inteligente continue escorrendo nas creches e nas escolas da infância reggianas e na Reggio Children.

Arquitetura e pedagogia
Conversa com...

Paola Cavazzoni e **Maddalena Tedeschi**, *pedagogistas, coordenaram a abertura e a gestão pedagógica de diversas creches e escolas da infância trabalhando com diversos arquitetos.*

Tullio Zini, *arquiteto e amigo, colabora com Reggio desde 1970 em numerosos projetos, inclusive o do Centro Internacional Loris Malaguzzi (com estúdio ZPZ Partners e o arquiteto Gabriele Lottici), que compreende também uma escola da infância.*

Vea: Ultimamente, vocês foram envolvidos na abertura de diversas escolas: quais são, para uma pedagogista e um arquiteto, os elementos mais importantes a serem levados em consideração? Quais são os papéis e os pontos de encontro, quais as dificuldades, o que se aprende uns com os outros?

Tullio: Para mim, projetar é um trabalho de previsão de tantas coisas, de necessidades funcionais, de quantidades, de possíveis projeções em direção ao futuro, mas é, também, um trabalho de síntese entre diversas competências.

Projetar quer dizer coordenar e coagular esses mundos diferentes e, depois, procurar a maneira mais eficaz para harmonizá-los e torná-los operativos, aplicáveis à realidade cotidiana.

Como dizia Vitrúvio, o arquiteto da Roma Imperial, o arquiteto deve saber de matemática sem ser um matemático, conhecer música sem ser um músico, deve saber de poesia sem ser um poeta, porque é preciso sermos conscientes de quais e quantas podem ser as diversas competências, para avaliar a sua importância e fundi-las em um projeto.

Os dizeres de Vitrúvio estão, a meu ver, mais perto do que parecem da declaração pedagógica de vocês sobre *as cem linguagens* que a criança tem, perto, também, da recusa de vocês à hiperespecialização, mais perto da capacidade de dialogar com as outras culturas e competências, que vocês consideram como uma riqueza.

É um conceito que achamos muito forte até no Renascimento, que tinha uma ideia de homem dotado de uma cultura completa.

Por isso, quem deve projetar uma escola deve procurar entender os valores da pedagogia; outros aspectos do projeto poderão, depois, derivar das condições ambientais, das disponibilidades econômicas ou da tecnologia.

Projetar uma nova escola com consciência é um problema tão complexo que, sem a contribuição de quem a vive, de quem é capaz de esclarecer a natureza profunda do que significa uma escola, é arriscado fazer projetos inúteis.

Há, portanto, realmente a necessidade de uma troca, porque uma pessoa ignora muitas coisas: como se desenrola o dia da criança, quais são as suas relações com o entorno e com os outros, e, se essas perguntas não são direcionadas a quem as vive cotidianamente, há pouco a ser feito, não as conhecerá nunca.

Trata-se de uma troca complexa de competências e, por isso, sempre pensei que fazer uma escola é como fazer uma pequena cidade, condensada, como dimensões e como tempo, porque uma escola reassume e repropõe grande parte dos temas da vida cotidiana: a relação com os pais e a separação deles; a relação com os outros, a comida, o sono, as amizades, os afetos e tantas outras coisas. Portanto, projetar uma escola quer dizer enfrentar e resolver problemas nos quais são necessárias e diversas competências.

Como tudo isso se desenvolveu ao longo do tempo e nos diversos projetos feitos em conjunto, passo a palavra a vocês.

Maddalena: Concordo plenamente com o que Tullio diz, a respeito de como projetar exige colocar-se em jogo com suas competências e curiosidades e estar aberto a escutar sobre as competências que não se tem e que são encontradas no outro, uma dimensão muito interessante, que vivi como experiência pessoal tanto com a construção da Creche Rodari quanto com a nova escola do Centro Internacional.

Trabalhar com o arquiteto Zini foi uma experiência profissional, mas, também, pessoal, importante, porque houve momentos de confronto, não somente técnicos e profissionais, e explico o motivo: quanto às relações vislumbradas e que conjecturamos na escola, aquilo de que se fala é, efetivamente, a vida relacional das crianças, das suas famílias, mas, também, dos professores, das cozinheiras e do pessoal auxiliar, é a vida de muitas pessoas por muitas horas por dia.

Projetar uma escola é um olhar que vai além da funcionalidade do ambiente, naturalmente importante, além da boa organização necessária para que todos possam continuar trabalhando da melhor forma. Creio que a intenção mais forte seja proporcionar a melhor convicência às pessoas que frequentam aquele lugar.

Recordo as emoções que tive quando entrei na Creche Rodari, a fascinação dos jogos de luz, o *acolhimento* das formas arquitetônicas e dos materiais, a sensação de prazer. Tratam-se de percepções que derivam de qualidades intrínsecas ao ambiente e que nascem no interior de uma ideia de valorização às pessoas que o habitam.

Esse ponto de vista, esse tentar imaginar espaços e possibilidades novas de as crianças habitá-los, constitui uma nova maneira de trabalhar e de fazer didática, porque, ainda que sejam levadas em consideração experiências vastas é saber entrever algo de diferente, dar alguns *"passos"* conceituais em relação aos espaços atuais, para, depois, tentar fazê-los evoluir em outros conceitos, o que leva a outras possibilidades de desenvolvimento, tanto em relação ao pensamento quanto no plano da concretude.

Vea: A relação do arquiteto Tullio Zini com as escolas já dura muitos anos: O quanto a pedagogia e a arquitetura souberam evoluir juntos?

Tullio: Sempre pensei que, para fazer bons projetos de arquitetura, era necessário levar em consideração não só as formas, os volumes dos edifícios, mas, também, as qualidades ambientais do habitar, como as luzes, os sons, as cores, os materiais, e que, portanto, todos esses elementos deveriam fazer parte da arquitetura.

Falar de "qualidades *soft*" do habitar agora é mais fácil, porque esses conceitos se difundiram um pouco de cada vez, mas em 1989, quando começamos a fazer esse tipo de projetos, era mais difícil.

Reggio nunca se contentou com a quantidade de escolas projetadas: assim que se terminava uma escola, começava-se a verificar as qualidades do ambiente que podia oferecer.

Quando um arquiteto projeta um edifício, procura sempre ter uma ideia de como podemos nos encontrar no ambiente que está propondo, pensa em como as pessoas podem mover-se, com quais ritmos e maneiras de estar poderão ocupar esses novos espaços inexplorados.

E, depois, há outro aspecto, muito complexo, e também difícil de descrever, relativo ao modo de representar essa nova e crescente cultura da infância, sem cair no infantilismo, em uma linguagem simplificada e banal, porque todas as coisas precisam de uma configuração adequada e uma formalização precisa.

Tratando-se de um jogo, de um ambiente para as crianças, ou de um laboratório, como o Raggio di Luce (um ateliê do Centro Internacional), um profissional deve sempre avaliar se o que está fazendo corresponde à identidade do tema que está enfrentando, se o *representa* adequadamente.

Esse processo difícil e delicado não constitui a *espetacularização* do tema, mas contribui para a elaboração e a precisa devolução formal do conceito de partida.

Paola: Acho que essa ideia de um projeto global teve um impacto quase cotidiano, mas não esperado, na qualidade de habitar os ambientes, contribuindo, também, para um conhecimento melhor de como as crianças percebem o espaço, movem-se por ele e o habitam, e essa foi uma maneira para valorizar a cultura das crianças e dos seus direitos.

A didática também se modificou porque o observar os móveis e os objetos como *palavras do espaço*, vê-los como sujeitos em relação, creio que constitua uma sensibilidade aumentada, aprendida e crescida no diálogo, e acho que tudo isso tenha ajudado muito as professoras a verem com um novo olhar as investigações das crianças no espaço e qualificá-las como investigações, não só como uma simples manipulação de objetos.

Considero, então, importante o que você perguntava no início: Como tudo isso evoluiu, o que trouxe de novo para as novas arquiteturas realizadas?

Creio que o que fez o diálogo evoluir tenha sido, sobretudo, a ideia da relação: uma pedagogia que acredita em uma criança em relação, lugares nos quais não há uma separação hierárquica entre saberes; entre jogos e aprendizagem; entre cozinha, sala de aula e pátio; entre espaço interno e externo aos quais a cultura arquitetônica deu concretamente forma nas duas últimas creches.

Outra evolução é representada pelo uso de diversas dimensões de espaço. Isso tinha sido experimentado nas escolas até os anos 1990, mas ainda não eram possibilidades voltadas para as crianças menores, e, desse modo, reconhecer a capacidade do uso desses espaços por crianças muito pequenas significou, também, romper estereótipos. Não necessariamente a criança pequena está confortável em espaços pequenos e contidos: acredito que a criação de outros espaços, com diversos níveis, ofereça diversas possibilidades às crianças.

O espaço que o arquiteto Tullio Zini criou na Creche Iotti, o seu grande volume, é uma forte provocação, mas se torna também um local do bairro, um local civil, no qual adultos e crianças estão juntos, é um local de encontro amplo, e isso fez mudar em mim e nas professoras a maneira de olhar as crianças.

Manter as crianças em espaços limitados, sem dúvida, torna o controle mais fácil, no entanto, talvez sejam reduzidos, também, o espaço às suas percepções e perguntas. Observar de mais pontos de vista constitui uma provocação, mas, também, uma metáfora.

Em um espaço vasto como o da Creche Iotti, vimos crianças muito pequenas que vivenciam o *espaço alto* de uma maneira extraordinária, curiosas por encontrá-lo, algumas com uma cautela justificável, e, com certeza, isso levou a cada criança também uma maneira diferente de se relacionar com a professora.

Projetar é um ato criativo que se torna mais interessante se nasce do encontro entre a pedagogia e a arquitetura, sobretudo, se as reflexões sobre o espaço permanecem como lugar aberto, permitindo pesquisas e observações.

Tullio: Ao longo do tempo, aprendi a avaliar e a acolher, nos meus projetos, o cuidado que é típico do mundo feminino, a importância que essa cultura atribui à graça, à atenção aos detalhes e às *formas modestas* do mobiliário, que, nesse caso, são as flores naquele vaso, essa trepadeira no edifício, e acho que essas coisas são particularidades que, involuntariamente, fazem mudar a arquitetura, sem a necessidade de introduzir grandes transformações estruturais.

Maddalena: Lembro-me da discussão tida com você sobre qual imagem dar de uma creche como lugar da comunidade da cidade, como lugar público. De que modo valorizar aquela ideia importante que, para nós é a participação, a relação com os outros, a possibilidade de compreender nas escolhas feitas junto com crianças e adultos, o bairro, a cidade, e me lembro, também, como o projeto da entrada da creche nos fez refletir sobre essa ideia.

Como projetar uma entrada que, imediatamente, devolvesse aquela ideia de lugar público, que não poderia ser confundido com a entrada de uma casa ou de um lugar qualquer, mas deveria fazer entender que se tratava de um lugar de cultura, institucional, aberto e público. Nasceu, então, essa entrada *importante* – mas não opressiva –, leve e acolhedora, com muitos vidros, que procurava, também, sintonias com o ambiente ao redor, com uma coluna verde-sálvia perto de uma árvore alta, uma *Ginkgo biloba*, que reconstruímos para instigar aquele vasto espaço.

Essa procura de conexões, creio que seja preciosíssima, como a ideia de projetar esses espaços de salas de aula, valorizando a dimensão, a largura, a diversidade dos planos e, sobretudo, os vãos, isto é, aqueles lugares intermediários, de contato. Entra-se na sala, e há um teto mais baixo, acolhedor, e torna tudo mais confidencial, privado, e, depois, de repente, você se desloca e a perspectiva muda, porque o teto se levanta, há uma dimensão muito maior, mas não só isso; aquele ponto é muito interessante porque, em qualquer lugar que você esteja, a perspectiva do olhar é diferente. A pesquisa é, portanto, sobre lugares que convidam e sustentam, na sua maneira de ser e de se apresentar, a quem os vive e os frequenta, crianças e adultos.

Paola: Retomo a reflexão sobre a linguagem e os seus códigos que há no espaço do qual as crianças são intérpretes muito sensíveis, ao passo que nós, adultos, às vezes temos que reaprender a escutar, sem trair as sugestões criadas de volume, de sombras, de luz.

Um exemplo, para esclarecer: a grande sonoridade, a forte acústica de um espaço vasto podem ser um problema a superar, mas eu notava que, na Creche Iotti, o uso da grande *área das fantasias em forma de concha* assume uma identidade especial porque a fantasia não se completa somente pelo gesto de vestir-se: o *Zorro* se torna ainda mais *Zorro* se é possível correr, se há um som, se há um grande eco. A fantasia também é constituída de sapatos de saltos da mamãe, e o som particular que produzem em um grande espaço torna aquela fantasia especial.

As crianças escutam os espaços e os lugares, sabem escutar as linguagens do espaço e isso nós, adultos, podemos fazer, se o considerarmos um elemento importante que nos faz viver melhor.

Tullio: Foi realmente um longo percurso que se desenvolveu já há mais de 30 anos, que foi amadurecido ao longo do tempo, até chegar a uma nova consciência, tanto por parte dos pedagogistas quanto dos projetistas.

Vea: A utilização e a habitabilidade dos elementos sempre validou a realização do projeto ou houve alguma contradição? Quanto o projeto sugere o uso do espaço, a sua utilização? Quanto influencia o habitar?

Tullio: A minha ideia é a de que, ao projetar espaços, seria necessário propor paisagens simples, de base, nos quais a vida possa evoluir de uma maneira complexa, assim como é a vida cotidiana. Portanto, deve-se procurar dar o menor número possível de limites, dar algumas condições de habitabilidade e de uso, e, assim, deve-se deixar que o espaço seja usado e também que tenha suas funções modificadas; deve-se dar sugestões, mas é preciso evitar especializar demais os espaços, porque a vida evolui em uma velocidade superior à prevista.

Paola: Sempre procuramos um espaço polifuncional associado a uma ideia relacional, mas não dentro de tempos específicos, e o somatório dessas características é talvez o que mais se aproxima da complexidade do viver em um contexto educativo, que, talvez, seja a própria educação.

Então, talvez a escada-brinquedo da Creche Rodari ou da Creche Iotti já tivessem sido pensadas por Tullio não só como elemento de conexão entre os níveis alto e o baixo, de um escorregador, mas como a possibilidade de se ter espaços para olhar para fora, terraços com os quais se estar em relação, mas, também, um espaço que as crianças reinventaram posteriormente: para algumas crianças, é o nicho no qual ler ou repor objetos preciosos, ou um lugar no qual fazer construções particulares.

Maddalena: Tullio, lembro-me do que você disse sobre as paisagens simples, discutimos muito sobre isso, e acho que a escola nova no Centro Internacional seja um desafio também desse ponto de vista, porque se trata de uma escola muito grande e rica, porém, ao olhá-la, percebe-se que é também muito essencial; as suas estruturas são minimalistas e parecem esperar o diálogo com as pessoas que devem usufruí-las. Não há o virtuosismo de uma estrutura que impõe um só tipo de comunicação, mas vice-versa, exaltando justamente a relação, é uma espécie de convite muito leve, como sussurrar aos professores e às crianças para continuarem se interessando, verificando e deslocando coisas, inventando funções, brincando com todos.

Em outro serviço educativo da cidade, a creche Nilde Iotti, documentamos como as crianças de 6-8 meses, que começavam a engatinhar, voltavam com frequência às janelas da sala que davam para o estacionamento e, portanto, para a chegada dos pais. Depois de se despedirem deles, às 9 horas, voltavam para as janelas, às 10h30, repropondo e confirmando a despedida dos pais, como por uma necessidade de segurança, revivendo a emoção daquele momento. Num primeiro período de frequência à creche, isso foi sensacional, as janelas salientes tinham se tornado *nichos de segurança* aos quais poder voltar, e isso é possível somente com uma certa ideia do espaço.

Tullio: O degrau da janela é bem baixo e largo, para que a criança possa se sentar e olhar para fora...

Maddalena: ...e as crianças estavam assentadas ali, no parapeito das janelas, como em cima dos banquinhos, e faziam saudações, até coletivas, todas ali, próximas, fazendo saudações...

Tullio: Essas são as ocasiões em que se procura dar e que depois são transformadas, enriquecidas... Quando montamos a última escada na Creche Iotti, enquanto os operários ainda trabalhavam, o plano intermediário já tinha se tornado o lugar para as bonecas, já tinha um uso diferente, já havia sido reinventado. Ninguém pensa nessas coisas enquanto projeta, mas quando acontecem, aprende-se a rever os lugares com olhos diferentes, e fica-se contente por isso. Quando projetamos aquelas escadas-brinquedo, tínhamos inventado também outras situações interessantes, como pequenas janelas através das quais olhar para fora engatinhando, espaços rebaixados e tocas, porém, tudo isso requer um certo esforço econômico e, portanto, somos obrigados a nos limitarmos, mas as oportunidades poderiam ser muitas...

Maddalena: Estamos nos perguntando como as crianças viverão a nova Escola no Centro Internacional, quais pistas seguirão, considerando pontos de vista diferentes, porque essa será uma escola habitada por crianças que chegam, recentemente, de várias partes do mundo..., têm estilos de vida, mapas, cores, imaginários talvez diferentes, será muito interessante experimentar esses diferentes pontos de vista.

Estamos imaginando essa interlíngua não somente verbal, mas na relação com o ambiente e os materiais, e a documentação será interessante, porque ajudará as crianças a se reverem, a se narrarem e ajudará também a nós, adultos, a abrirmos diferentes espaços de pensamentos.

Tullio: Creio que, nessa minha atitude, de não se definir demais os espaços, haja a ideia de um diálogo verdadeiro, como dizer: *"agora é a vez de vocês"*, mas se alguém intervém, é preciso responder, e creio que o diálogo deva acontecer dessa maneira, muito livre, para corrigirmos, juntos, os eventuais erros do projeto.

Paola: Toda essa pesquisa é estranhamente pensada como um privilégio que Reggio tem de poder sair das normas dadas, parece que em Reggio não existem todos os limites das outras realidades... Quantas vezes me foi dito: "Nós não podemos fazer isso". A atenção para as normas e para a segurança, além de estar ligada a hábitos dados pela cultura de referência, nunca é separada de avaliações do bem-estar e da qualidade, dos direitos da criança, e é preciso também interpretar as leis, sem esquecer de que a criança é a protagonista dessas leis.

Para a Escola do Centro Internacional foi formado um grupo interdisciplinar também para o mobiliário.

Maddalena: Se o desejo é construir para as crianças novos espaços e novas relações interessantes, é necessário avaliar os objetos do mobiliário, as cores, o ambiente em seu conjunto. Um fio constituído pela beleza, que conecta as partes, que encontra harmonias e relações.

Para a definição do mobiliário da nova escola no Centro Internacional Loris Malaguzzi, foi criado um grupo precioso, composto por personalidades diversas: pedagogistas, arquitetos, *designers* de interiores, pessoas com um olho especial, mas também artesãos, além de professores e atelieristas de diversas gerações.

Tudo isso foi interessante para a escolha de não completar totalmente a nova escola, pensada em contínua evolução, sobretudo nos ateliês. Ainda existirá a possibilidade de inventar.

Paola: Acredito que esse grupo expandido para o projeto do mobiliário da nova escola seja interessante, como o fato de que estamos falando disso com o Tullio, um dos autores desse diálogo entre pedagogia e arquitetura que nos caracterizou ao longo dos anos, desde a década 1970. Isso significou projetar, além das estruturas, também o mobiliário e os objetos que encontravam a matriz inicial na observação da criança, protótipos que eram submetidos à verificação do uso cotidiano. Um exemplo é o *caleidoscópio habitável*, idealizado por Tullio e reproduzido em muitos países do mundo.

Maddalena: Foram inventados objetos originais, com base, justamente, na escuta das crianças. Lembro-me de que o próprio Malaguzzi tinha observado que os lactentes, nas creches, aprendiam a andar empurrando uma cadeirinha, e, desse modo, um grupo de professores idealizou um carrinho com rodas com um espelho aplicado de um lado.

Tullio: Todos contribuímos com as nossas ideias e as nossas potencialidades. Agora temos de continuar trabalhando.

Capítulo 8

OS PROFISSIONAIS DO MARAVILHAMENTO

"Os profissionais do maravilhamento", como uma vez Loris Malaguzzi definiu (e desejou que fossem) os professores, ao lado das crianças e dos atelieristas, são os protagonistas principais deste livro. Particularmente, neste capítulo, procuro analisar melhor as relações que ocorrem entre ateliê e classes, entre professores e atelierista.

A nossa atual sociedade e cultura, como diz Sergio Manghi (2005, p. 18),

> Devolveu-nos as nossas ineludíveis corresponsabilidades em tudo o que acontece, a nós mesmos ou aos outros, nos contextos dos quais somos parte. O que é difícil é render-se à tarefa, historicamente inédita, de aprender através do outro: reciprocamente, ininterruptamente, toda vez do início, seja agradável, seja desagradável.

Creio que em Reggio tenha sido concretamente realizado o difícil processo de aprendizagem por meio do outro, em uma contínua relação entre ateliê e classes, entre atelierista, professores e pedagogistas. Talvez nem sempre esse processo tenha sido realizado nas suas formas melhores e mais completas, mas muitos dos nossos desejos, a organização do trabalho e o nosso imaginário estavam, e estão, centrados nesse objetivo.

Por anos, eu e as professoras com as quais trabalhei aprendemos parcialmente a *desaprender*. Isto é, aprendemos a modificar parte dos esquemas mentais aprendidos anteriormente por cada uma de nós, no interior das próprias formações culturais, e a escutar reflexões e experiências até muito diferentes ou distantes do nosso modo de pensar.

Entretanto, o que de fato e mais fortemente modificou os esquemas mentais e os pontos de vista foi observar e, depois, documentar as estratégias das crianças.

Na Itália, quando uma pessoa sai de uma academia de arte, de um liceu artístico ou de escolas de especialização análoga, não sabe quase nada de crianças, e não é que as coisas melhorem muito depois do exame de licenciatura para o ensino "de Educação Artística e História da Arte" e, por isso, aprecio ainda mais a estratégia que Malaguzzi usou comigo.

Assim que entrei na escola da infância, fui colocada na condição de observar e de refletir: eu tinha de convidar 4 crianças por vez para o ateliê, fazê-las pintar no cavalete e observar os processos da pintura não figurativa, definida por Malaguzzi como o *jogo das manchas*, nas diversas idades.

Creio que era totalmente incomum, em 1970, considerar interessante uma pintura não figurativa feita pelas crianças pequenas e, mais ainda, pedir para que ela seja objeto de observação e investigação por parte de um professor de escola superior[1], como era o meu caso.

A observação durou bastante tempo, porque eram 90 crianças: 30 delas de 3 anos, 30 de 4 anos, 30 de 5 anos, e é necessário considerar a coragem e a determinação com as quais Malaguzzi me fez essa proposta, em uma situação escolar na qual se encontravam 30 crianças por turma com uma só professora.

Malaguzzi tinha consciência do fato de que, para motivar os administradores e, ao mesmo tempo, salvar as escolas de tentativas de cortes econômicos, era necessário tornar *preciosa* e *necessária* a figura do atelierista, que, como foi mencionado, sempre corre o risco de extinção, porque se trata de uma figura que é facilmente considerada como um privilégio supérfluo das escolas, ao passo que Malaguzzi a considerava uma presença importante, capaz de recolher materiais e documentar processos originais, que não existiam nas "escolas maternas" e, sobretudo, capaz de produzir percursos diferentes daqueles da pedagogia tradicional.

Na sua hipótese, o atelierista deveria se tornar uma figura muito amada pelas crianças, pelas famílias, e os professores deveriam senti-lo como uma presença aliada, capaz de valorizar e dar visibilidade ao trabalho com as crianças.

Ao mesmo tempo, Malaguzzi me passou a leitura de alguns livros: Read, Lowenfeld, Stern, Piaget, que serviram para que eu conhecesse novas teorias, mas, também, para aprender algumas metodologias concretas, como a de oferecer às crianças as sete cores sugeridas por Lowenfeld.

---

1 N.T.: *Scuola superiore* é outro nome pelo qual são conhecidas as escolas italianas correspondentes ao ensino médio brasileiro.

Em pouco tempo, as minhas ofertas didáticas mudaram, progressivamente se distanciando, também, de modo notável, das primeiras sugestões. Entretanto, quando se está iniciando, é necessário partir de quem sabe mais.

Lembro-me ainda das muitas páginas de anotações escritas enquanto observava as crianças (naquele tempo, eu ainda não fotografava, nem ninguém nas escolas) e de como Malaguzzi lia todas essas anotações com grande interesse, observando com a mesma atenção as pinturas das crianças.

Depois Malaguzzi discutiu comigo, forneceu-me as suas interpretações e me pediu para preparar um relatório sobre o trabalho feito, o que eu fiz no final do ano escolar, expondo-o às professoras de Modena e de Reggio Emilia.

Todas as apresentações realizadas naquela ocasião pelas professoras das escolas da infância de Modena e de Reggio, que naquele período eram acompanhadas por Malaguzzi como consultor pedagógico, foram publicadas pela editora Einaudi no livro *Esperienze di una nuova scuola dell'infanzia*, em 1971.

Eu trouxe esse episódio porque me parece, ainda hoje, ser indicativo de uma correta estratégia a se seguir para formar uma nova figura profissional como a dos atelieristas, e não só: fornecer a eles leituras interessantes e formativas, inseri-los imediatamente em uma situação de observação e de documentação, estimulando, assim, a sua capacidade de formular hipóteses, fazer crescer *antenas interpretativas*, para, depois, reverem juntos e discutirem sobre o material colhido, para torná-lo comunicável aos outros por meio de apresentações e publicações. E devo dizer que esse percurso se assemelha muito com as estratégias que eu também ainda utilizo quando devo coordenar novos projetos com atelieristas e professores.

Os diferentes pontos de vista

Os diferentes pontos de vista de uma professora e de uma atelierista que interpretaram a mesma questão ficou evidente, já na primeira ocasião. A professora, que era uma das melhores e mais experientes das escolas de Modena, fez toda a sua apresentação sem mostrar uma só imagem, descrevendo a pintura das crianças somente com a linguagem verbal.

Isso talvez seja possível se alguém for muito bom, mas, naquela ocasião, pensei logo no quanto era indispensável apresentar uma pesquisa relativa a uma linguagem visual com o apoio das imagens.

Eu tinha, então, encontrado um sistema econômico de suporte visual nas conferências que fazia, construindo, com cartolinas, grandes álbuns que continham os originais das pinturas das crianças, e eu folheava esse álbum enquanto falava.

Não sei por que nenhum de nós tinha pensado em utilizar a fotografia e a projeção de *slides*, um mistério daqueles tempos que, agora, virou história. Não é possível para um atelierista falar de imagens sem usar imagens.

A diferença de exposição entre duas pessoas com formações diversas, como a de uma professora e a de uma atelierista, não se limita à comunicação, mas compreende como se observa e como se interpreta.

Talvez quem tenha tido a oportunidade de pintar capte com maior concretude e sensibilidade o que isso significa, o quanto é difícil e sedutor, mesmo para uma criança, o confronto com uma grande folha branca e dar a primeira pincelada, fazer o primeiro sinal, entrar em relação com esse desconhecido espaço vazio da folha branca.

Ao mesmo tempo, perceber de quantas e de quais maneiras uma pessoa pode explorar, acariciar ou agredir o papel, o grande pincel imerso na tinta, a *gana* que as crianças têm ao estratificar as tintas que se transformam, enquanto se sujam entre elas. O material/a cor que facilmente, para as crianças de 3 anos, transfere-se da folha para as mãos, pode ser ou tornar-se, durante a pintura, uma presença perturbadora, não desejada. Por esse motivo, muitas crianças precisam da certeza de que a cor pode desaparecer e as mãos podem voltar a ficar limpas.

Lembro-me de ter *modificado* uma vez na escola o que uma professora dizia enquanto punha avental em um menino, que tinha um pouco de perplexidade para começar a pintar, porque não se trata de uma ação neutra, e se ela encontra muitas crianças entusiasmadas, encontra também outras muito cautelosas. A professora dizia ao menino: *"Coloque o avental, porque, assim, você vai ter a certeza de que não vai se sujar. Dessa maneira, você não suja as suas roupas"*, e insistia no benefício do avental como proteção contra uma *tinta que sujava*. A frase foi modificada para: *"Olha: a tinta não suja, colore. A cor é bonita, não é suja. E, se pintar as suas mãos, com água, a tinta se dissolve e sai"*.

Talvez, no início, não tenha sido fácil para as professoras que nunca tinham pintado, mesmo sendo boas profissionais, entender bem o envolvimento que pode promover um material como a tinta. Com o decorrer do tempo e do trabalho feito com crianças, muitos atelieristas e professoras aprimoraram, de maneira notável, suas competências e sua sensibilidade. Sensibilidade esta que parece surgir menos em certas ocasiões, nas quais algumas professoras, tomadas por um excesso de entusiasmo pelo valor das cores, colocam as crianças em situações embaraçosas.

Lembro-me de um episódio no qual estava sendo exposta, em uma escola, como *"homenagem aos criativos visitantes vindos de Reggio"*, uma pequena sala com paredes de vidro, em que um grupo de crianças de 15 a 24 meses, completamente nuas, usavam as mãos e o corpo para brincar com tintas coloridas. As crianças, cobertas de tinta, tinham uma expressão nada feliz; olhavam-se e olhavam-nos com um olhar perplexo, e uma ou duas choravam. Por sorte, bons banhos já preparados fizeram a cor da pele das crianças voltar rapidamente ao normal.

Situações como essa são muito delicadas. Em geral, pertencem a *performances* de artistas adultos, culturalmente conscientes das implicações emocionais de um impacto cromático tão envolvente.

É provável que se pense que as crianças gostem de *bagunçar*, e por isso lhes são oferecidos alguns materiais, como tinta e argila, sem entenderem bem o impacto emocional que esses materiais podem suscitar e os imaginários, mesmo não prazerosos, que podem induzir.

Outra situação que encontro com frequência visitando as escolas, também em Reggio e em seus arredores, é a falta de atenção para a qualidade e a pobreza dos materiais colocados à disposição das crianças para desenharem ou pintarem.

A atividade gráfica é praticada cotidianamente na maioria das escolas, mas, em geral, é usada de modo superficial, sem avaliar com atenção as suas grandes possibilidades e quais processos de elaboração essa linguagem visual, extraordinária, na minha opinião, pode permitir.

Com frequência, são subestimados tanto o contexto no qual as crianças trabalham quanto os materiais disponibilizados, porque não é suficientemente compreendido o quanto essas escolhas podem incidir na continuação do trabalho: dimensão, forma, cor, textura e qualidade da superfície da folha de papel não são características neutras, como não é indiferente a natureza e a qualidade dos instrumentos que permitem produzir os desenhos.

Na Escola Diana, as crianças tinham, e ainda têm, sempre à disposição papéis de várias dimensões, em formato A4, A5, ou recortes de papéis de diferentes consistências e formatos, que são presenteados à escola por diversas tipografias, ao passo que os formatos maiores, como papéis A3 e ainda maiores, são menos utilizados, porque são mais caros.

À disposição estão lápis de, pelo menos, duas durezas diferentes para descobrir, por meio da marca e da pressão da mão, as várias tonalidades; borrachas; canetinhas pretas com pontas finas e grossas; canetinhas cinza e, naturalmente, caixas inteiras de canetinhas de uma cor só; apenas uma caixa com muitas tonalidades, que é utilizada apenas em algumas ocasiões; lápis de cor e aquarelas; tintas a óleo e, de acordo com as disponibilidades, acrescentam-se outros tipos de instrumentos.

A economia de custo acontece ao se ter cuidado com os materiais e, dessa maneira, as crianças aprendem a respeitar o que lhes é ofertado, considerando-os materiais preciosos.

Há, também, pequenos cuidados, como o de explicar as potencialidades dos instrumentos a utilizar, a liberdade deixada às crianças ao escolher a dimensão do papel ou outra coisa, o lugar no qual se sentar, todos eles elementos que podem estar muito ou pouco disponíveis para se realizar um trabalho com vontade, concentrando-se, sentindo prazer.

Nem sempre se consegue obter os resultados esperados, mas os rituais de cuidado e de atenção são, de qualquer modo, uma boa estratégia inicial.

Se a alguém tudo isso parece excessivo, é porque nem todos estão habituados a pensar que o desenho é uma linguagem, e muito complexa. Por isso, contentam-se com um desenho superficial, *fugaz*, ao qual delegam o papel de babá, para ocupar e para fazer as crianças ficarem tranquilas, porque, em geral, pensa-se que, para as crianças, basta pouco.

Como todas as linguagens, a visual também se aprende ao utilizá-la, sobretudo de maneira consciente.

Acordos econômicos

Às vezes, nas escolas de Reggio, é solicitada às famílias uma pequena contribuição econômica complementar, ou alguns presentes de Natal se tornam os instrumentos a serem utilizados com as crianças. Quase sempre esses presentes de fim de ano são dados para a escola.

As famílias sabem ou, pelo menos, desde quando eu trabalhava na Escola Diana, sabiam que era muito mais apreciado pela escola o presente de uma caixa de giz de cera especial ou um pequeno gravador, em vez do clássico presente pessoal para as professoras.

É realmente um grande presente doar à escola presentes que permitem o crescimento, o desenvolvimento da inteligência e da sensibilidade das crianças e dos professores.

Entretanto, antes de tudo, é a escola que deve estar consciente disso, uma consciência que deve envolver os orçamentos definidos pelas direções didáticas, até o minucioso controle da qualidade dos materiais adquiridos dos diversos fornecedores.

Nas escolas da infância, tínhamos feito um acordo com o Departamento de Compras do Município: enquanto uma parte do material era comprada e distribuída às escolas, de acordo com solicitações específicas, uma pequena soma era utilizada por nós para adquirir materiais mais especializados diretamente em lojas conveniadas com o Governo Municipal.

Fico indignada ao ver, nas minhas viagens, cidades ricas, nas quais o ambiente escolar e os equipamentos à disposição das crianças são poucos e malcuidados. Em contrapartida, estou bastante consciente de que inúmeros bons professores trabalham para obter mais recursos e não são atendidos adequadamente.

A formação dos atelieristas

A Reggio Children tem cursos de formação para atelieristas com duração de alguns meses, nos quais procuramos alternar o ensino de elementos teóricos com experiências concretas, ainda que não seja possível simular de maneira completamente eficaz a experiência que acontece no cotidiano, no interior da comunidade escolar.

As últimas experiências feitas nesses cursos me sugerem que, para os poucos meses à disposição para formar as figuras profissionais dos atelieristas, o espaço dedicado às experiências em campo deveria ser aumentado, com atenção constante para manter entrelaçadas a parte teórica com a experiência concreta.

É bom que os futuros atelieristas estejam diretamente inseridos em uma situação de trabalho com as crianças, sozinhos ou com um professor, com a tarefa de observar, de entender e de anotar as estratégias das crianças. Essas fases de aprendizagem já estão presentes no atual percurso de formação, mas, a meu ver, é necessário quase inverter a quantidade de tempo dedicada às diversas experiências, para aumentar a parte de trabalho realizada com as crianças.

O trabalho do atelierista é similar ao de um artesão-artista, para o qual uma aprofundada e consciente experiência cotidiana e manual pode conter, também, uma alta consciência teórica e isso vale, provavelmente, para todas as profissões, mas, no campo da Educação, a escuta das estratégias das crianças e a capacidade de colocá-las em relação com as teorias pedagógicas, com as artísticas, com a concretude e os processos que os materiais induzem é tão determinante para a formação de educadores que o trabalho com as crianças deve tornar-se central. Como dizia o pintor De Chirico, "a arte é a fusão da mão e da mente".

Apesar de ter citado isto no capítulo sobre organização, lembro aos leitores que, no início dos anos 1970, éramos quatro atelieristas, contratados para a função de assistente, com um horário de trabalho similar ao dos professores, mas com um salário um pouco inferior. Os atelieristas não eram contratados por meio de concursos públicos, como aconteceu poucos anos depois e acontece até agora: Loris Malaguzzi escolhia diretamente as pessoas que considerava que poderiam fazer um bom trabalho. Depois de poucos anos, já tínhamos dobrado de número, já éramos contratados por meio de concurso público, com horário e salário iguais aos dos professores, começava a haver alguma presença masculina e era criado o termo "atelierista".

Malaguzzi declarava os seus objetivos em relação à presença do ateliê nas escolas:

> O ateliê sempre nos recompensou. Produziu uma erupção subversiva, uma complicação e uma instrumentação a mais, capaz de fornecer riquezas de possibilidades combinatórias e criativas entre as linguagens e as inteligências não verbais das crianças [...]. (Edwards, Gandini e Forman, 1998, p. 74)

Dentro das escolas, eu procurava, ao lado de outros atelieristas, encontrar uma mediação entre o que aprendi na universidade e no mundo da Arte, que eu sentia ser importante tanto para o comportamento filosófico quanto para a sua particular abordagem à realidade, e a maneira de me relacionar com as crianças que eu tinha à minha frente.

A década de 1970 foi muito empolgante, havia muito a se fazer e a se inventar, tanto no nível do ateliê quanto da didática em geral. Acompanhei com certa determinação um tipo especial de percurso de crescimento da minha nova profissão: o ambiente, as reflexões e as pesquisas da arte antiga e da contemporânea eram, para mim, uma referência, à qual me dirigia de modo natural e da qual retirava muitas sugestões para o meu trabalho com as crianças, porque esse mundo me pertencia como percurso cultural, tanto escolar quanto pessoal.

Uma das primeiras propostas que apresentei às crianças de 5 anos era relativa a um tema clássico da Arte: o autorretrato, contar sobre si por meio de uma linguagem verbal e, depois, voltar a se contar, olhando-se no espelho e representando o próprio rosto com o desenho ou a argila.

Para fazer isso, eu havia comprado, em uma feira, uma daquelas malinhas usadas pelas atrizes de teatro, que continha três pequenos espelhos ligados entre si, que permitiam uma visão, ao mesmo tempo, de frente e de perfil, e tinha pedido a um pai para fazer mais cópias. Sem perceber, eu estava adotando o método aplicado por Lorenzo Bernini, que, quando tinha de esculpir o retrato de pessoas distantes, pedia a pintores profissionais alguns retratos do cliente tirados de diferentes pontos de vista, para ter uma documentação gráfica de apoio.

Malaguzzi, com muita sensibilidade, estava duvidoso em relação à minha proposta, porque percebia que *fazer autorretrato e fazer retrato alternadamente* era um processo delicado, em razão das competências incipientes das crianças, e isso poderia ofendê-las de alguma maneira. A sua preocupação me deixou particularmente cautelosa na proposta e também na maneira de estar ao lado das crianças enquanto desenhavam ou trabalhavam com argila.

O trabalho obteve sucesso e recebeu os louvores de Gianni Rodari (importante jornalista italiano, autor de literatura infantil), que, não sei como, soube a respeito do projeto, sobre o qual escreveu um artigo muito bonito, interpretando, de modo mais avançado e mais aprofundado do que eu havia sido capaz, as palavras e os desenhos das crianças (Rodari, 1973b, p. 12).

O que normalmente tenho dificuldade para fazer compreender, quando falo de sugestões que derivam do mundo da arte, é como elas não surgem da aproximação direta entre as obras das crianças e as obras dos artistas, propondo às crianças, portanto, objetos análogos ou imitações técnicas formais dos objetos das obras artísticas, mas, ao contrário, colocam as crianças em processos análogos aos dos artistas.

Para esclarecer, repito em parte o que foi mencionado no Capítulo 2 (Estética/Poética): quando falo de processos análogos aos dos artistas, refiro-me aos da arte conceitual, com os seus fortes processos metafóricos; à *body art*, com a utilização expressiva e comunicativa do corpo; à *pop art*, com o uso das imagens em série e a transformação dos objetos cotidianos em representações do mercado e da sociedade; toda a arte abstrata, com a sua potente linguagem hermética; os surrealistas, com a sua visão mágica das coisas. Refiro-me, também, às pesquisas sobre as mudanças ambientais provocadas pela luz, como nas obras dos impressionistas, ou o uso vibrante e alegre da cor de Matisse, o ritmo e a copresença de diversas linguagens da poesia visual, e assim por diante. Por isso, a aproximação entre crianças e artistas acontece nos processos, nas teorias, nos comportamentos mentais e culturais que as inspiraram, e não nas obras acabadas, ao passo que considero essa uma operação simplificada.

Efetivamente, o que é definido como arte está, em alguns aspectos, em sintonia com o modo de fazer das crianças, que olham o mundo com grande intensidade e voracidade, procurando entendê-lo e *habitá-lo*.

Sínteses, metáforas, importância da fisicalidade, atenção para a repetição e variação, atração pela cor, explorações gráficas não figurativas, invenções de sinais e de formas para tentar representar o mundo são elementos pertencentes ao mundo das crianças, mas também ao dos artistas. Crianças e artistas têm, ainda que por razões diferentes, o mesmo *olhar inédito* ao observar o mundo.

Simulações físicas

Para esclarecer melhor e de maneira simples, lembro-me de uma forte nevasca, ocasião em que as crianças estavam fisicamente agitadas no meio da neve. Como a importância dos movimentos do corpo continuou a ser a grande protagonista da situação, mesmo no ambiente interno da escola, as crianças entraram no espaço virtual definido pela grande tela na qual eram projetados *slides* com imagens da neve. Isso acontecia no início dos anos 1970, em um período no qual a *body art* e a descoberta da expressividade do corpo e as *performances* sobre esses temas ainda tinham a energia típica de uma pesquisa inicial.

Lembro-me, em outra ocasião, da projeção em uma parede da escola de um campo de papoulas durante a qual um grupo de meninas, especialmente empolgadas com as flores projetadas e com o vermelho vibrante das pétalas, iniciaram uma dança de grande expressividade, acompanhada de uma canção inventada para a ocasião.

Desde então, nas nossas escolas, os corpos das crianças que se movimentam no interior de grandes imagens projetadas em um pano de fundo se tornaram norma, e, agora, o retroprojetor, presente em muitas escolas, está progressivamente substituindo o velho projetor de *slides*, fornecendo novas possibilidades expressivas, porque, com as novas tecnologias, é possível projetar ambientes e figuras em movimento.

Naturalmente, todas as experiências evoluem: nos últimos anos de ensino, em uma pequena sala, tinham deixado à disposição das crianças *slides* e CDs com sujeitos e músicas diversas, escolhidos em parte com a participação delas. As crianças utilizavam as imagens projetadas e as músicas de modo autônomo, criando, com a ajuda de materiais reciclados transparentes e coloridos, mundos fantásticos de inegável fascínio. Há pouco tempo, vi uma interessante experiência na Escola Diana: uma jovem atelierista, que, entre suas experiências artísticas pessoais, trabalha com videoarte, tinha projetado em toda a parede de uma pequena sala, a fim de saturar sensorialmente o ambiente, um vídeo com dois tigres, em que um ficava parado, enquanto o outro, lentamente, ia e voltava, passando em frente à lente da câmera que captou as imagens (também nesse caso, para quem conhece um pouco do mundo artístico, vê-se uma inteligente sugestão derivada das obras de vídeo de Bill Viola). As crianças intervinham como nas experiências anteriores: é claro, porém, que o movimento no vídeo instaura uma percepção e uma relação diferentes com todo o contexto.

O digital, do qual falarei mais adiante de maneira mais aprofundada, criou possibilidades imaginativas muito interessantes, que é necessário gerir com muita atenção.

Já nas experiências contadas era necessário, como sempre, tomar cuidado para não invadir o imaginário das crianças com um excesso de imagens e de sons.

Mesmo se a intervenção das crianças normalmente coloca em uma relação criativa imagens, sons, simulações de mundos, creio também que seja oportuno, às vezes, *silenciar* as técnicas e dar espaço ao imaginário interior das crianças, por meio do qual pode-se ou não construir outras realidades. Trata-se de alternar contextos e instrumentos que colocam a criança no interior de situações estimulantes com situações mais neutras, quase silenciosas, alargar as referências, *percorrer* caminhos diferentes, prestando sempre muita atenção às crianças, mas, também, à realidade social e cultural contemporânea.

Mais de uma vez, Malaguzzi, talvez temendo que eu pudesse exagerar com a expressividade e o imaginário, recordava-me que com as crianças é necessário, no momento oportuno, "saber abaixar as velas", porque as crianças amam também as situações muito concretas. É um conselho que sempre procurei ter em mente, mesmo me considerando também muito *pé no chão*, e as relações que tenho com a terra e com as coisas intrínsecas a ela são intensas. Trata-se de uma *concretude* que tem como base a relação, um instinto que, ao longo do tempo, tornou-se consciência, ambiental e ecológica.

Para as crianças, a empatia com o entorno é uma ponte natural para uma relação com o ambiente, por isso, é base indispensável na relação com os outros, mas é, com muita frequência, reduzida, diminuída, como uma forma de ingênuo antropomorfismo, uma atitude imatura a ser superada.

Pequenos gestos de solidariedade

Alice (4 anos), em um ensolarado dia de fevereiro, perto de um muro, descobre algumas violetas prematuramente floridas, quase um tipo de tesouro inesperado. No dia seguinte, ao sol, um vento frio se agita e Alice, lembrando-se das violetas, sai, reencontra-as e improvisa para elas uma proteção com algumas folhas secas.

Um menino de uma creche (2 anos), passeando, vê e recolhe uma rosa do chão, apoia-a em um pequeno muro, dizendo que "está nanando", e continua o passeio.

A um grupo de meninas de 5 anos, que tinham "adotado" uma pequena árvore de maçã no quintal interno da escola, cuidando dela cotidianamente, veio a ideia de construir com argila alguns passarinhos para pendurar entre os galhos para fazerem companhia à árvore: "São como as suas bonecas".

A todos nós já aconteceu a oportunidade encontrar nas crianças comportamentos similares: será que estamos certos de que podemos só sorrir e descrever isso apressadamente como fases infantis a serem superadas em vez de apoiar o carinho e a atenção pelas outras vidas ao nosso lado?

Muitas intuições inteligentes das crianças, mesmo em assuntos científicos, são geradas por essa sensibilidade especial para o *ritmo da vida*, que, se for respeitada e apropriadamente apoiada, estou certa de que ajudaria a construção de um saber não só mais ético e solidário, mas capaz de uma visão mais ampla do mundo.

As gramáticas da criatividade

Nos dias passados em Reggio Emilia, em 1972, discutindo conosco sobre a estrutura da *Gramatica della fantasia* (Rodari, 1973a), Gianni Rodari me fez entender melhor de que maneira as sugestões vindas da Arte, se posteriormente indagadas, sobretudo nos seus processos, nos teriam fornecido novas ocasiões de pesquisa e novos percursos para fazer com as crianças.

Não me lembro quem disse que "a criatividade não cai do céu", mas eu dei esse título a uma conferência minha.

Considerar a criatividade como um dote natural, como nós e muitos outros pensam, faz nascer logo algumas perguntas: Se é um dote natural, por que não é mais visível nas nossas sociedades? Por que não a encontramos com mais frequência no cotidiano?

Uma das hipóteses pode ser que, se a criatividade é reconhecida como elemento base para um desenvolvimento pessoal e social importante, talvez apresente algumas características não desejadas e queridas, aliás, consideradas perigosas, como a não sujeição à autoridade, a flexibilidade, a curiosidade, o espírito crítico.

A criatividade é revolucionária, pode desestabilizar muitas coisas, é perigosa, ou, pelo menos, pode ser para uma ordem social distante da democracia ou para aquela que não deseje realmente se inovar. A criatividade é incômoda. As palavras e as declarações a procuram, mas, depois, a temem, e, nas escolhas concretas, sufocam-na e são outras estratégias e escolhas que vencem. Acontece nas maneiras mais simples no cotidiano, quando se impõe uma adesão a um só modelo de pensamento, quando não se aceita a procura de hipóteses diferentes, quando se repete uma coisa até o tédio, quando se está fechado para o novo.

As Neurociências, nesses últimos anos, realmente fizeram progressos surpreendentes relativos ao cérebro, reconhecendo sua grande plasticidade, sua especificidade, a unicidade de cada indivíduo, dadas pelas diversas experiências que cada um vive de maneira única e diferente. Tantas as descobertas e ainda tanto a se descobrir.

O que acontece quando temos um problema para resolver? Utilizamos o nosso banco de dados pessoal, de maneira consciente e curiosa, que nós construímos ao longo dos anos, de acordo com as experiências, os encontros, tidos para produzir associações, algumas mais simples, outras mais complexas. Essas associações podem criar algo novo e diferente.

A nossa mente é um caleidoscópio que pode produzir coisas novas. Provavelmente, quanto mais o caleidoscópio for rico de experiências vividas em profundidade, e não só informações superficiais, mais será capaz de fazer combinações diferentes.

Nesse ponto, podemos nos perguntar o porquê de um aparente paradoxo: por que às crianças que fazem associações inacreditavelmente extraordinárias se diz "que têm tanta fantasia"; têm, no entanto, sem dúvida, menos experiências, por isso, um banco de dados menos amplo do que o de um adulto e, ainda assim, parecem ser mais criativas? Podemos ver logo algumas razões: as crianças têm *"antenas"* muito sensíveis para o que acontece à sua volta, são flexíveis, não têm muitos preconceitos, estão prontas para modificarem as suas ideias, têm uma aprendizagem de tipo holístico, não separam por categorias, as percepções sensoriais estão muito ativas, mas ainda não especializadas.

Algumas características da criatividade são notáveis e citadas com frequência, como o pensamento divergente, a curiosidade, a não sujeição à autoridade, a flexibilidade, a curiosidade, o espírito crítico, o pensamento analógico, a abordagem relacional, a dimensão estética, a autoestima, a coragem, a aceitação das contradições, a concentração, a perseverança, a capacidade de maravilhar-se, de produzir metáforas, de fazer metacognições. Podemos listá-las de maneira diferente, mas me parece, de qualquer maneira, que é obvia a importância da educação e do viver em ambientes que deixam espaço, sem temor, ao pensamento criativo.

Perto das crianças e trabalhando com elas, tornamo-nos mais desenvoltos ao considerarmos a criatividade também um *uniforme de trabalho*, por isso, aceitamos com menos inibição que seja analisada de modo aprofundado, articulado, até chegar a produzir uma *gramática* de base para estimular a própria criatividade. Parafraseando Gianni Rodari, gosto de dizer que: "Arte para todos, não para que todos sejam artistas, mas para que ninguém seja escravo" e se, como muitos pensam, criar e idealizar são atividades inatas ao pensamento humano, é necessário que essas capacidades possam encontrar ocasiões para serem treinadas e experimentadas.

Uma abordagem aparentemente de pouco valor, mas importante, foi a que, por exemplo, levou-nos a documentar a *gramática* dos materiais do ponto de vista das crianças: a *gramática* da argila, do papel, do desenho gráfico, entendendo algumas formas-base recorrentes que as crianças produziam com esses materiais.

Os gestos, as formas e os imaginários das crianças adquiriam, assim, uma nova força e ativavam um *"relançamento didático"*, isto é, era mais fácil para professores e atelieristas utilizarem essas formas de base para propostas interessantes: as da argila (cobrinhas, bolinhas, pequenas formas curvas, espirais...) podiam, apropriadamente enfileiradas, tornar-se penduricalhos ou ser utilizadas para decorar objetos variados, ou ser animadas e se transformarem em personagens de uma história... ou era mais fácil dar importância a um "alfabeto básico" (Figura 8.1) de um material e colocar as crianças para fazerem um uso interessante, em vez de destruí-los, esperando o nascimento de formas mais *maduras*.

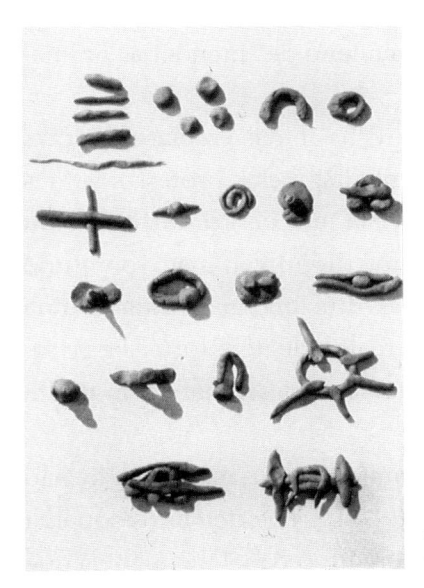

Figura 8.1 – Alfabetos em argila. Formas-base construídas em argila pelas crianças.

Rodari foi um dos defensores mais fervorosos de como fantasia e racional, cognitivo e imaginativo adquirem força alternadamente e como, sobretudo, em Educação, constituem um entrelaçamento a ser perseguido, a se fazer *dançar junto*.

O rinoceronte de Dürer

Aqueles foram anos nos quais os atelieristas trabalhavam muito com as crianças, mas, também, com os professores. Estes últimos eram formados em escolas nas quais a linguagem visual era pouco levada em consideração e, sobretudo, era deletério o que era sugerido a eles para ensinarem às crianças em relação a isso.

Foi-me contado por algumas professoras como era realizado, há mais de 30 anos, o exame de habilitação para o ensino nas escolas da infância e o método sugerido pelos docentes para fazer as crianças desenharem.

São relatos cheios de ironia, mas preocupantes, e estou certa de que hoje a preparação dos novos professores para a linguagem gráfica é completamente diferente. Fico, porém, surpresa quando, visitando escolas da infância, continuo, ainda, a me bater em distorções óbvias da maneira de entender as linguagens visuais.

Creio que todos já viram, nas paredes das creches e das escolas maternas (da infância), grandes árvores claramente desenhadas pelas professoras, nas quais a contribuição das crianças, quando prevista, é a de grudar folhas ou frutos. Isso, como contribuição infantil, parece-me discutível, mas, sobretudo em relação ao desenho realizado pelas professoras, dificilmente se trata de uma *representação aceitável de árvores*, porque elas, na realidade, têm formas e *personalidades* muito diferentes, ao passo que os professores desenham, com muita frequência, a mesma árvore estereotipada.

Dessa maneira, por meio de um simples exemplo, como o mencionado, não só se declara de modo explícito que são os professores que detêm o esquema "certo" da árvore, mas se dá às crianças um estereótipo banal, bem antes que elas tenham conseguido se fixar em construir o próprio imaginário e um esquema pessoal de árvore.

E todas aquelas terríveis páginas de livros de exercícios em circulação! Trata-se de páginas nas quais estão diligentemente reunidas as piores imagens que podem ser encontradas, os piores estereótipos, que até um artista como Roy Lichtenstein teria dificuldade para tornar aceitáveis.

É possível que os professores não percebam que, por meio das imagens que propõem e utilizam com tanta desenvoltura, estão contribuindo para construírem imaginários e esquemas figurativos? E que os esquemas figurativos são

esquemas conceituais, e que, se os esquemas figurativos são de péssima qualidade, isso recairá também na qualidade dos esquemas conceituais?

Gombrich (1957) fornece um claríssimo testemunho dessa interdependên-
cia, quando, em seu ensaio, fala da famosa imagem de um rinoceronte realizada por Dürer. O artista tinha representado o animal sem nunca tê-lo visto diretamente, seguindo apenas as descrições que circulavam entre as pessoas. Após
alguns anos, quando começaram a chegar ao zoológico alguns rinocerontes,
foram muitos os desenhistas que, ao representá-los, referiam-se mais à célebre
imagem de Dürer do que à imagem real do animal. Gombrich sustenta, dessa
maneira, a potência da imagem que fixa uma realidade, às vezes mais forte do
que a própria realidade que se tem diante dos olhos.

Mesmo em se tratando de uma história ligeiramente forçada, creio ser universalmente compartilhada a ideia do quanto as imagens estereotipadas podem tornar-se lentes deformadas com as quais olhar e distorcer a realidade.

Isso é ainda mais verdadeiro quando se trata de crianças. Aconteceu-me
muitas vezes ver crianças brigarem pela propriedade de figuras reproduzidas
em livros: *"Essa é minha, eu vi primeiro, você fica com aquela!"*. Isso pode parecer
estranho apenas se não se conhecer a grande capacidade de projeção que as
crianças têm de *entrar nas imagens*.

Eu tenho uma clara lembrança da minha infância ligada a essa forma particular de percepção. De como muitas crianças amavam muito os livros com
ilustrações e, em casa, eu tinha à disposição muitos livros de arte, de arquitetura, e adorava folheá-los. Eu gostava, sobretudo, das esculturas, e tinha uma
verdadeira adoração pelo rosto da Virgem Maria na *Pietà*, de Michelangelo, no
Vaticano, e pelas mansões que acredito serem obra de Palladio. Lembro-me de
verdadeiras viagens e explorações que eu fazia com a imaginação nas salas e nos
jardins das mansões. Eu me divertia muito e passava muito tempo nisso, mas
me recordo também, com pesar, e quase com inquietação, o momento no qual
percebi que não conseguia mais *viajar fisicamente dentro das imagens*. Em seguida,
tentei diversas vezes retomar esses *passeios*, mas realmente não conseguia mais.

Digo isso porque é preciso não subestimar a capacidade de projeção das
crianças em relação às imagens visuais. E, se essa grande capacidade for considerada à luz da história de Gombrich (1957), deduz-se facilmente que seria
necessária muito mais atenção para a qualidade das imagens que são dadas
para as crianças.

Em diversas escolas reggianas, acontece que, uma vez por ano, professores e pais se dirigem juntos para a livraria, a fim de escolherem livros para as crianças, avaliando com atenção tanto o texto quanto as imagens. Esses livros formarão, somando-se aos adquiridos antes, uma pequena biblioteca circulante para todas as crianças da classe, uma pequena biblioteca que os pais, depois de três anos de frequência, deixarão para a escola. É bom recordar que, na biblioteca escolar, as crianças têm à disposição também livros de arte de diversas épocas.

Aprender juntos

Voltando à pouca preparação sobre a arte dos professores e à minha limitadíssima experiência pedagógica com as crianças, eu havia encontrado algumas estratégias com as professoras que me pareciam eficazes para sustentar a nossa colaboração. Peguemos, por exemplo, um dos muitos temas escolhidos naqueles anos, como *a cidade* e *a chuva*.

São temas escolhidos por estarem situados em um ciclo de mudança, de transformação de uma cidade seca para uma cidade *molhada*, considerando que uma situação-limite e instável, como a da chegada da chuva, pode servir para enfatizar alguns aspectos de um ambiente, nesse caso, a cidade.

Antes de iniciar o trabalho com as crianças, nossa atenção estava voltada para verificar os conhecimentos dos adultos em relação a esse assunto. Com uma professora, em um dia de chuva, fomos passear pela cidade, fotografando separadamente o que nos parecia mais significativo para ilustrar as mudanças que a presença da chuva criava; depois, discutimos sobre as imagens feitas com todo o grupo de professoras. Fazia-se, em conjunto, hipóteses sobre os interesses das crianças e sobre as escolhas que fariam, mas sabíamos que as crianças nos surpreenderiam facilmente fazendo outras escolhas.

O percurso delineado por nós se tornava uma espécie de treinamento para a escuta de possíveis pontos de vista das crianças, para procurarmos entender quais materiais e técnicas eram mais apropriados para chegarmos a compreender melhor, de modo mais aprofundado, as possibilidades expressivas de cada material. Esse tipo de percurso melhorava a sensibilidade dos professores e a minha, além da qualidade das ofertas didáticas propostas às crianças.

Agora, mais do que no passado, percebo a importância do tempo dedicado à troca de ideias entre adultos antes de começar a trabalhar com as crianças. E entendo isso hoje, quando, nas fases de coordenação dos projetos, cometo erros de avaliação, acelerando as discussões e, também, o tempo de compreensão dos adultos.

Da programação à projetação

Nos anos 1980 e no início dos anos 1990, organizávamos os vários temas para propormos às crianças, subdividindo-os em capítulos. Por exemplo, no item anterior, o tema das mudanças da cidade induzidas pela chuva, os capítulos eram relativos aos comportamentos das pessoas com a chuva, aos sistemas de coleta e de defesa da cidade contra a chuva, à luz particular, à sonoridade ou à medida da quantidade de chuva que caiu, às teorias relativas ao fenômeno da chuva ou a outra coisa; depois, dentro desses temas previamente escolhidos pelos professores pelo interesse atribuído por elas, as crianças se movimentavam com grande autonomia. Estavam, porém, entrelaçados dados programados e projetação aberta com relação aos fenômenos que surgiriam.

Com relação ao termo *programação*, intento estabelecer previamente muito do que vai acontecer no trabalho: temas a se enfrentar, contextos para preparar, atividades para dar às crianças, instrumentos e materiais para usar, tempos para utilizar.

Quanto ao termo *projetação*, intento, com base nas hipóteses iniciais dos adultos (professor, atelierista, pedagogista) que procuram entender de modo aprofundado o tema a ser enfrentado, mas deixo os elementos fortes com os quais avançar no projeto para o trabalho com as crianças e para as interpretações atentas dos adultos sobre o que acontece ao longo do percurso. A importância maior é reservada a algumas partes do projeto, mais do que a outras, imaginários, pensamentos das crianças que surgem pouco a pouco e sobre os quais, toda vez, é necessário um acordo refletido e mediado entre os desejos e os pensamentos das crianças e os dos professores para decidirem em qual caminho é mais apropriado continuar, escolha que não traia nem os pensamentos das crianças, nem a identidade do tema que está sendo trabalhado.

O processo projetual deve ter como referência inicial a identidade do sujeito da indagação: isso tornará mais sensível e consciente a escuta da abordagem que as crianças terão com esse sujeito e mais *pertinentes* as interpretações ao longo e no final do percurso. Existem, com relação à programação, uma abordagem e uma tensão bastante diferentes quanto ao trabalho realizado: a projetação requer uma escuta muito mais elevada da situação, flexibilidade como disponibilidade para mudar de caminho, para arriscar caminhos não previstos, sem saber bem aonde levam, fazer-se surpreender. O percurso de trabalho é, sem dúvida, menos tranquilo, necessita de mais confrontos com os colegas, as dúvidas existirão, a excitação dada pela descoberta de aspectos e de soluções interessantes e não previstas. É também verdade que, com uma abordagem projetual, a formação de bons professores seja talvez mais longa e tortuosa, mas o resultado é o de pessoas que participam mais facilmente e de modo mais motivado do seu trabalho com as crianças.

Enquanto os anos 1980 avançavam, a observação e a documentação continuavam: as crianças nos deixavam cada vez mais curiosas, e aumentava a confiança na sua cultura e na sua interpretação da realidade. Por isso, pouco a pouco, os capítulos de um projeto, mesmo na fase inicial, não eram mais patrimônio dos professores, mas eram construídos com as crianças, de acordo com os seus pontos de vista e com as prioridades atribuídas por elas às coisas.

Então, temas como a poça d'água, um interessantíssimo micromundo, muito atrativo para as crianças, adquiria uma importância especial em relação a outros elementos ligados à chuva, tornando-se um tema prioritário em relação a outros.

A projetação inicial definia o assunto a ser analisado, procurando entender as suas potencialidades para o trabalho posterior com as crianças. Tratava-se de uma declaração de intenções essencialmente cultural e conceitual.

Um fragmento de mundo refletido

Sempre pensei que as poças d'água fossem um daqueles sujeitos, ou campos de investigação, a se propor às crianças, sem medo de erro, porque unem aspectos nos quais o inesperado, o imaginário e o cognitivo se entrelaçam com frescor e alegria. Um fragmento de mundo de cabeça para baixo, no qual são refletidas perfeitamente pessoas, casas, árvores já é surpreendente, basta, depois um pequeno movimento da água, e as imagens se decompõem até desaparecerem, para, em seguida, recomporem-se.

Um micromundo no qual se pode entrar e, se se está sozinho ou se os adultos permitirem, dançar com as mãos e os pés. Pode-se jogar pedras nela, fazer boiar ramos e folhas. Se está-se na borda da poça d'água e um amigo se aproxima, no reflexo da água, aparece primeiro só a sua cabeça, e, depois, a imagem cresce cada vez mais, até chegar à figura inteira. E esse fenômeno se repete, de modo reverso, ao se distanciar. Andar em volta da poça d'água muda a paisagem refletida. Se o sol bate n'água, aparece uma dupla imagem: reflexo e sombra. Essa dupla imagem, resultado de diversos fenômenos, é sempre difícil de entender, não só para as crianças, e é interessante parar para indagá-las.

Quando se trata de problemas complexos e interessantes, como os gerados pelas poças d'água, sempre surge a dúvida sobre como enfrentá-los com uma turma de 26 crianças, cada uma com o próprio relógio biológico. Ao mesmo tempo, às vezes até para os professores, são de problemas não conhecidos em profundidade, e surge o desejo de aprofundá-los.

Contarei uma possível modalidade de trabalho, com a advertência de que não se trata de uma modalidade estável, por isso, não deve ser considerada como "método" de trabalho fixo e repetido ao longo do tempo. Podíamos começar com dois grupos, um feminino e um masculino, porque, entre as várias diferenças individuais era, e é, interessante uma do gênero. Optávamos por termos três crianças por grupo, porque nos parecia que esse número tornaria interessantes as dinâmicas relacionais entre elas e em relação ao tema.

Uma vez documentados e avaliados os processos que vinham à tona, as dificuldades e as soluções fornecidas pelas meninas e pelos meninos, fazíamos o procedimento com todos os outros, ainda em grupos, em geral, mistos, masculinos e femininos, com o número aproximado de 6 por grupo, levando em consideração também todo o material e os pensamentos surgidos nos pequenos grupos anteriores. Esse modo de trabalho frequentemente melhora a qualidade das fases iniciais dos projetos e a nossa capacidade de escuta das estratégias das crianças.

Nas situações ofertadas para todas as crianças da classe, não era sempre possível documentar todos os grupos, não porque não eram interessantes, mas porque, num dia a dia com 26 crianças, nem sempre é possível documentar todas com o mesmo rigor.

Conseguimos fazer isso somente em alguns projetos, senão, tende-se a anotar e conservar somente as estratégias constantes que aparecem durante o trabalho e algumas diferenças que parecem particularmente interessantes.

Dessa maneira, mesmo sem o rigor de uma pesquisa declarada como tal, acumulam-se dados e estratégias sobre como as crianças enfrentam e exploram os problemas. Dados que acabam por formar um mapa epistemológico e empírico, capaz de fornecer informações muito interessantes e, com frequência, surpreendentes. É uma base preciosa de conhecimento para os professores, mas também para os pais.

A meu ver, são muito significativas as documentações geradas pelas anotações dos professores que recolhem as estratégias das crianças ao enfrentarem um problema e, sinteticamente, tornam-nas visíveis, como tento esclarecer por meio do testemunho a seguir.

Documentação de síntese

Dou um exemplo simples, relativo à construção de árvores de argila.

Tínhamos construído um bosque de argila, com a contribuição de cada criança da turma fazendo árvores, e aquele bosque, posteriormente, tinha sido habitado por pessoas e animais, todos de argila. A nossa observação estava concentrada, sobretudo, na construção das árvores, porque prevíamos as suas dificuldades de execução. No final das construções observadas por nós, documentamos sinteticamente quais problemas construtivos as crianças enfrentaram em um tema desse tipo e como os resolveram.

Existe uma dificuldade comum a todas as crianças quando iniciam suas primeiras construções tridimensionais com a argila, porque ainda não estão suficientemente conscientes da consistência do material e dos seus comportamentos. O problema é relativo, nesse caso, à estrutura do tronco da árvore, que deve suportar o peso dos ramos e, em geral, é frágil demais e tende a envergar (Figura 8.2).

Nesse ponto, muitos professores intervêm, explicando como prevenir o problema, e a mesma explicação construtiva é dada a todos e é adotada por todos.

Acontece de maneira diferente se as crianças sabem que podem confiar nas suas capacidades e estão, dessa maneira, habituadas a procurar resolver de modo autônomo os problemas de construção que encontram.

Eis a documentação de algumas das estratégias utilizadas por elas (Figura 8.3): o frágil tronco é duplicado (a), ou é dobrado em dois, aumentando assim, a sua resistência (d); em outros casos, uma cobrinha de argila envolve o tronco para fortalecê-lo (c), ou uma série de pedacinhos de argila, uns sobre os outros, chegam a formar um robusto tronco (b). Inteligentes soluções de engenharia.

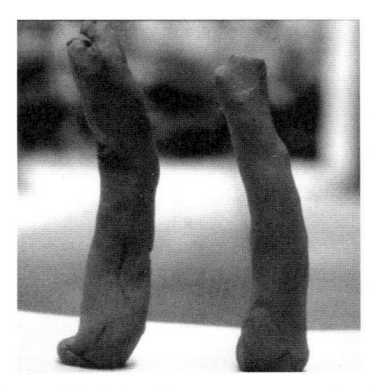 

Figura 8.2-8-3 – Documentação de síntese da construção de troncos de árvores de argila para aumentar a sua força e estabilidade. Autores: meninas e meninos de 5 a 6 anos da Escola Municipal da Infância Diana.

Esses tipos de documentação derivam, como foi dito, das anotações das professoras, e a imagem de síntese reproduz a estratégia das crianças que é realizada pela própria professora (nesse caso, utilizando a argila) *a posteriori*, seguindo as anotações feitas durante o trabalho.

Olhos e mente

Ter um quadro geral das estratégias usadas pelas crianças daquela idade ao enfrentar alguns *problemas no percurso construtivo* dá aos professores olhos mais preparados para observarem também o trabalho de outras crianças.

É claro que, se eu tivesse que repropor os mesmos sujeitos que citei, a cidade e a chuva, o bosque, mesmo levando em consideração as documentações feitas anteriormente, eu voltaria a observar e documentar as diferenças, e estou certa de que haveria, porque os autores não são os mesmos e, em relação a mais de 15 anos atrás (a época dessas documentações), as crianças, por meio da frequência de muitas imagens da mídia, adquiriram outros pontos de vista, e as suas experiências mudaram parcialmente.

Percebi que, nos desenhos das crianças, é mais frequente encontrar hoje, comparando-se ao passado, a representação de diversos pontos de vista do mesmo sujeito.

Fiquei surpresa ao ver alguns desenhos produzidos por Alice, uma menina de 3 anos, realizados de maneira apressada, mas que continham claramente a tentativa de representar uma pessoa de perfil, deitada em uma cama. Em geral, traçar um perfil, que representa um outro ponto de vista com relação ao habitual frontal, eu encontrava em idades mais avançadas.

Nos 30 anos em que trabalhei na Escola Diana, pude observar alguns desenhos nos quais estavam representados diversos pontos de vista do mesmo sujeito. Lembro-me de dois cavalos feitos por Ivano (3 anos e meio, aproximadamente) em dias sucessivos: vi um de perfil e outro de frente, mas, naquela idade, desenhos desse tipo eram realmente poucos.

A dúvida que me veio à mente, e que gostaria de apurar, é o quanto a TV, os filmes, os *videogames* etc. multiplicaram a quantidade das imagens vistas pelas crianças, mas que também aumentaram a sua variabilidade, por exemplo, fornecendo visões da mesma imagem de outros pontos de vista, como acontece frequentemente no cinema, com o deslocamento da câmera. Ou, já que Alice tem um ótimo senso de orientação espacial, o quanto isso incide na percepção visual e na representação gráfica?

Todos sabemos que as crianças têm a tendência a desenhar um sujeito, escolhendo o ponto de vista que torna mais imediato o seu reconhecimento, mas eu estou aqui descrevendo um processo perceptivo e representativo que pressupõe um olhar do imaginário, que gira no espaço e bloqueia imagens do mesmo sujeito feitas de diversos pontos de vista.

São muitas as questões que podemos colocar, e muitos são os percursos nos quais a atitude de pesquisa (as hipóteses) pode produzir elementos de reflexão interessantes.

Uma organização como a das escolas de Reggio, com duas professoras por turma, um atelierista, uma equipe de pedagogistas, torna concretizável o desenvolvimento de uma documentação que consegue avançar em novos temas e pode aprofundar outros.

Frequências

Voltando aos anos 1980, além do compromisso cotidiano de fazer crescer atelieristas e professores juntos, Malaguzzi organizava muitas atualizações. Algumas eram específicas para atelieristas, como aquelas sobre as diversas técnicas de cozimento da cerâmica da argila; outras atualizações, das quais éramos sempre chamadas para participarmos, eram relativas à matemática (então a teoria dos conjuntos vencia), ou à ciência. Assistíamos a conferências sobre as últimas descobertas em Neurobiologia, que, depois, debatíamos entre nós, procurando compreender os possíveis efeitos no nosso trabalho.

No mundo da escola, acredito que estivemos entre os primeiros na Itália a discutirmos as teorias da complexidade de Edgar Morin, as teorias sobre a entropia e o passar do tempo de Ilya Prigogine, aquelas sobre a aprendizagem de Francisco Varela ou as teorias sobre mente e ecologia de Gregory Bateson, os fractais de Mandelbrot e outras experiências mais. O ambiente de trabalho era lugar de grande crescimento cultural.

Estou convencida de que cada um de nós é extremamente receptivo em relação aos lugares que frequenta, ao ambiente cultural em que vive, às atmosferas, às conversas, às amizades e aos amores.

Naqueles anos, nas escolas de Reggio, o prazer do pensamento e a paixão pelas ideias estavam muito presentes, pelo menos na minha lembrança.

Creio que seja subestimado e não suficientemente entendido o quanto um clima de *excitação cultural* é importante para sustentar, por meio de um estímulo do interesse, um trabalho difícil e cansativo como estar um dia inteiro, 8 horas, com 26 ou 30 crianças, todos os dias, por 30 anos. Talvez os administradores, os dirigentes, os sindicatos devessem refletir melhor sobre esse aspecto e dedicar mais atenção a ele.

Lembro-me de algumas assembleias sindicais dos anos 1980, nas quais os sindicatos queriam nos convencer sobre os presumidos grandes benefícios pessoais e sociais que teríamos tido ao reduzir o horário de trabalho, passando das 36 horas de trabalho semanais nas escolas municipais da infância para as 25 horas da escola materna estatal.

Aliás, para eles, teria sido melhor tornar estatais todas as escolas municipais da infância: todos iguais, como grande forma de igualdade e de democracia.

E nós procurávamos explicar que, certamente, 9 horas a menos por semana nos agradaria, mas isso significaria trabalharmos sozinhas com 26 crianças, e não mais em dupla com uma colega, senão por um percentual muito pequeno e pouco significativo de tempo, como ainda acontece na escola estatal, de modo que não poderíamos mais trabalhar com pequenos grupos de crianças e não seria mais possível fazer observação e documentação, preparar os próprios programas de trabalho e fazer autoatualização semanal, organizar os encontros com as famílias, e assim por diante.

Efetivamente, o resultado de uma diminuição das horas de trabalho na nossa profissão tiraria o significado do trabalho e eliminaria os sonhos de uma profissão cansativa, mas muito interessante.

Conseguimos fazê-los desistir, mas não convencê-los do dano implícito contido nas suas propostas.

Naturalmente, em outras ocasiões importantes, tivemos o apoio das organizações sindicais. Talvez, como sempre acontece, a identidade e a qualidade das pessoas que a representam e o clima político e social não são indiferentes a uma grande organização, como é a sindical.

Urgência de algumas reflexões

Há anos, periodicamente, propõe-se falar do papel do atelierista dentro das escolas, e são, sobretudo, os próprios atelieristas que querem discuti-lo, pedindo uma definição melhor das suas tarefas e regras mais claras e compartilhadas na sua relação com as classes e com o sistema didático geral.

A minha impressão é de que se trata de uma configuração errada: antes de discutir sobre o papel do atelierista, é necessário avaliar melhor o que a presença do ateliê pode levar à aprendizagem, o valor da contribuição de uma experiência na qual as linguagens poéticas são reconhecidas como importantes, aliás, fundamentais, e, com base nessas reflexões, definir a contribuição do atelierista, as suas relações com a pedagogia, as suas tarefas.

Tenho a impressão de que isso não é suficientemente discutido, como não são discutidas o bastante as mudanças que foram levadas à aprendizagem pelo novo ambiente digital oferecido às crianças, da qualidade do sistema educativo com o qual estamos envolvidos hoje, o que pode derivar do nascimento do Centro Internacional Loris Malaguzzi, da importância da grande rede internacional que frequentamos, das repercussões derivadas das últimas descobertas neurobiológicas, das filosofias ecológicas. Tomados pelo *fazer* demais, corremos o risco de apressar excessivamente os tempos da reflexão e de subestimar o quanto nos envolve a evolução cultural e social em ação no mundo. Além disso, o projeto pedagógico reggiano, que prevê uma continuidade da educação pública da creche às escolas da infância e, também, uma possível colaboração com as primeiras classes da escola primária, constitui um contexto extraordinário para desenvolver pesquisas que nos façam compreender melhor como são de fato as crianças de hoje, quais características as distinguem, quais são as mudanças em relação ao passado, para procurarmos entender com quais hipóteses didáticas e educativas é melhor estar do lado das crianças.

Como fazemos para entrar em diálogo com elas, se não continuamos nos atualizando sobre os seus possíveis imaginários? Sobre as suas estratégias de aprendizagem? Sobre as suas simbologias e as suas metáforas? Segundo Hillman (2001), "A alma fala, antes de tudo, por imagens. As imagens são a sua língua materna".

Talvez não fale só por imagens, mas o que nós conhecemos das imagens das crianças de hoje? Temo que não o suficiente. Pode ser que eu perceba particularmente essa falta de informações porque hoje não convivo mais com as crianças todos os dias, mas creio que seja necessário saber mais delas, recolhendo e discutindo os muitos testemunhos e as impressões de professores e de atelieristas que há muitos anos, com grande sensibilidade, convivem com as crianças, estimam-nas, escutam-nas e, mesmo se de maneira diferente, estão ao lado delas, progredindo com elas.

Crescer juntos

Na relação com as classes, naturalmente, cada atelierista se movimenta de maneira diferente, segundo a sua personalidade e as características do grupo com o qual está trabalhando. Em relação a mim, creio que, na Escola Diana, eu tivesse uma função de *animadora cultural*, um papel que encontrava uma imediata e inteligente resposta na sensibilidade e na atividade das professoras: Magda Bondavalli, Marina Castagnetti, Sonia Cipolla, Laila Marani, Marina Mori, Giulia Notari, Laura Rubizzi, Evelina Reverberi, Paola Strozzi. Essas são as professoras com as quais eu mais refleti e trabalhei.

Não sei o quanto isso foi provocado ou alimentado pela viagem de carro que eu fazia cotidianamente de Modena, onde eu moro, para Reggio Emilia, cerca de 30 quilômetros de uma estrada muito familiar, uma viagem durante a qual eu tinha a oportunidade de refletir e avançar sobre novas hipóteses de trabalho. E, uma vez chegando à escola, rapidamente eu entrava nas classes, envolvia as professoras nos meus pensamentos e nas minhas ideias, e elas, por sua vez, forneciam-me os seus pareceres ou novas hipóteses e crescíamos juntas.

Tratava-se de entender qual era a melhor maneira para continuar desenvolvendo o nosso trabalho em sintonia com as crianças, o percurso que estavam realizando ou se estávamos diante de novos projetos, ou procurávamos aprofundar um artigo apenas lido, por mim ou outros, que havia suscitado reflexões interessantes. Se estava presente, a pedagogista da escola, Tiziana Filippini, por vezes era requisitada, e se deixava envolver facilmente.

Naturalmente, tínhamos também encontros programados e mais oficiais, nos quais os projetos eram discutidos e avaliados em ritmos diferentes e de outras maneiras, mas esse rapidíssimo, e um pouco confuso, início da manhã era uma espécie de boas-vindas alegre ao dia, um momento que dava espaço a novas hipóteses e à possibilidade de fazer de maneira compartilhada trabalhos interessantes com as crianças, trabalhos realizados de modo diferente, de acordo com as diversas culturas e personalidades dos professores.

Creio que o atelierista, menos envolvido do que os professores na responsabilidade cotidiana da gestão de muitas crianças e na relação com tantas famílias, menos vinculado a um projeto de organização capaz de oferecer às crianças atividades interessantes e variadas, respeitando as várias diferenças individuais (um trabalho de grande responsabilidade e criatividade), em algumas áreas, pode desempenhar um papel de idealizador e promotor de novas hipóteses didáticas.

Estando, então, o ateliê em contato com o mundo da arte, da arquitetura e do *design*, e tendo frequentemente esses mundos *antenas sensíveis* em relação às problemáticas da contemporaneidade, o atelierista tem a função de captar e levar para dentro da escola esses interessantes fluxos culturais e, onde possível, fazê-los tornar-se, por meio de reelaborações oportunas, fontes de energia para experimentações com as crianças.

Não se deve crer que essas ideias que derivam do mundo da arte e do *design* sejam distantes das ideias das crianças, porque elas vivem imersas na contemporaneidade como ninguém mais.

Das linguagens poéticas, eu sempre peguei muitas intuições, que, depois, enriqueceram a projetação de propostas didáticas originais. É interessante, também, conhecer a linguagem verbal que o mundo da arte utiliza para comunicar as próprias ideias, porque a pedagogia, como qualquer outro setor disciplinar, corre o risco de se fechar em uma linguagem excessivamente autorreferencial.

E isso é o que me alarma e incomoda, quando, em alguns documentos dedicados à formação dos professores, percebo essa linguagem tão distante do mundo das crianças e do fluir da vida. O que a Educação e a Pedagogia representam, se não pulsam em sintonia com a vida?

Pelo conhecimento simultâneo do que está acontecendo nas diversas turmas da escola, é permitida ao atelierista uma visão geral mais fácil do que ocorre naquele momento na escola, e é oferecida a ele a possibilidade de colocar em relação situações aparentemente distantes, redefinir conceitos, fazer interpretações e hipóteses sobre o que se está fazendo nas classes naquele momento, até repropor a situação percebida para o grupo completo dos professores, para que cada um deles possa se tornar um recurso para o outro.

Acredito que um dos papéis do atelierista seja justamente o de ser mediador entre as turmas, contribuindo para manter compacto e solidário o grupo dos professores, e creio que, mesmo de maneira diversa, muitos atelieristas o façam cotidianamente.

Organização do ateliê

Com frequência me perguntam qual organização o ateliê tem em relação às outras salas: As crianças vão ao ateliê alternadamente? Por quanto tempo? E em qual número?

Em relação à Escola Municipal da infância Diana, nunca se organizaram *turnos* para a presença de crianças no ateliê, sempre fizemos que este se expandisse para as classes e a escola, como enriquecimento de propostas didáticas, mas, sobretudo, como abordagem.

Sempre trabalhamos com projetos, e era a continuação dos próprios projetos que estabelecia a presença das crianças no ateliê. Para mim, é difícil dizer de qual maneira, porque não se tratava de uma organização definida previamente.

Naturalmente, trabalhávamos de maneira diversa em 1970, quando havia apenas uma professora para 30 crianças, em comparação a quando, depois, uma dupla de professoras trabalhava com 26 crianças. Entretanto, o *turno*, que parece uma solução democrática, de fato, corre grandes riscos de tornar-se uma solução burocrática.

Se 78 crianças, soma de três turmas com 26 crianças, querem pintar no cavalete, e se podem fazer isso só no ateliê, em um ano de escola, conseguem fazer isso pouquíssimas vezes, ao passo que, se o cavalete também estiver presente na sala e os professores, preparados, as crianças multiplicam as possibilidades de experiência com a pintura, assim como para o uso de outros materiais ou outras propostas didáticas. Pode ser que o atelierista trabalhe com as professoras na sessão, ou que as professoras trabalhem com as crianças no ateliê.

Uma experiência privilegiada, e muito cobiçada, é a de um atelierista e um professor que trabalham juntos com um grupo de crianças, observando e documentando o que fizeram. Isso acontece com muita frequência no início de um projeto, quando é necessário entender que direção tomar, e o confronto *direto* entre atelierista e professor é muito útil, ou nas fases de projeto que consideram significantes.

Outra função importante do atelierista, no trabalho feito no interior da escola, é manter um olhar especial às crianças e aos adultos (Como defini-lo? Estético? Poético?), que dê relevo ao papel da *poética* nos processos de aprendizagem, ou, melhor ainda, apreciando a dança que o cognitivo e o emocional constroem juntos em todos os campos do saber.

É também especialmente útil a sua contribuição em todo o trabalho de configuração teórica e concreta dos projetos, como nas fases de leitura crítica e de interpretação das partes documentadas. Sempre que possível, a pedagogista da escola participa dessas fases de trabalho e das autoformações, quando isso é alcançado e toda a coletividade contribui para o trabalho de configuração, então, é realmente *uma festa para as ideias*.

Fronteiras de luz[2]

Entre as muitas experiências acumuladas em seu trabalho, os professores conhecem algumas intervenções bem simples, mas inteligentes, que podem despertar curiosidades e perguntas nas crianças. Uma delas é criar as condições para que nasçam jogos com luz e sombra.

---

[2] Projeto na creche cooperativa Girasole, crianças de 35-36 meses; professoras: Lorena Sala, Silvia Montruccoli e Consuelo Faietti; consultora pedagógica e coordenadora do projeto: Elena Bega.

Figuras 8.4-8.9 – Fronteiras de luz, crianças de 35 meses. Mini-história na creche cooperativa Girasole, Reggio Emilia.

Samuele e Camilla (35 meses) estão parados, observando os recortes de cartolina colocados pelas professoras nas janelas da creche. As crianças percebem as sombras que esses recortes criam no chão:

Samuele: É o sol que faz. Aqui tem sombras. Elas são todas coloridas de branco.

Camilla: Aqui a sombra está mais escura.

Samuele: Olha, é um desenho de luz... Olha, a luz está toda dentro e está parada.

Samuele sabe que é o sol que produz aqueles desenhos fascinantes no chão, em que luz e sombra, juntos, fazem um desenho que justamente definem como colorido. A sombra é toda "colorida de branco". Apenas para quem não sabe ver as sombras parece haver apenas preto e branco, sem perceber as diversas tonalidades da luz e da sombra. Ele parece entender que é a área luminosa que o atrai e, de fato, mais adiante, define-a como um "desenho de luz".

Qual é a melhor e mais poética definição de uma sombra?

A professora percebe o diálogo entre as duas crianças e intervém: *"É realmente bonito aquele desenho de luz! Será que conseguimos mantê-lo conosco na creche? Conseguimos fazê-lo parar no chão?"*.

É claro que a proposta da professora de bloquear a sombra deriva da consciência de que a sombra se deslocará, e é para fazer as crianças notarem esse deslocamento e criar um questionamento interessante sobre a necessidade de fixar a posição da sombra naquele momento.

É provável que a professora tivesse em mente o livro *Everything Has a Shadow Except Ants* (*Tudo tem sombra, exceto formigas*, em tradução livre, 1999), no qual, para crianças de 3 anos, tínhamos proposto a brincadeira de "parar uma sombra". As documentações são úteis justamente porque, além de fazer conhecer melhor as estratégias das crianças, tornam os professores mais sensíveis e intensos, em relação ao que acontece.

As crianças se aproximam dos recipientes dos materiais e escolhem algumas pedras transparentes de diversas cores:

Samuele: Eu pego essas, porque têm luz.
Camilla: Eu pego essas, porque têm buraquinhos e passa a luz. Eu acho que se ilumina com a luz.

Samuele e Camilla contornam a figura, colocando os pequenos objetos em volta.

Samuele: Fecho tudo, para a sombra ficar fechada.

É sempre surpreendente como a empatia intervém nas escolhas das crianças, nesse caso, na assonância dos materiais com a luz.

Na volta da hora do almoço, as crianças vão controlar a sombra. *"A sombra é inquieta, escapou das bolinhas. Olha, a sombra mudou de lugar, porque o sol mudou de lugar."*

A consciência inicial de Samuele de que era o sol que produzia o efeito da sombra leva-o também a colocar imediatamente em conexão o deslocamento da sombra com o do sol em relação à terra. O fenômeno não é, porém, tão certo que não mereça outra prova, ou talvez se trate de uma bela brincadeira para fazer em conjunto e, depois, continuar. Dos recipientes, as crianças escolhem pequenos objetos transparentes e, desta vez, colocam-nos nas áreas luminosas da forma.

Camilla: Vamos colocar essas bolinhas maiores na luz.

Talvez a menina imagine que as bolinhas maiores sejam mais eficazes que as áreas de luz, que, diferentemente das áreas de sombra, estejam mais disponíveis para ficarem paradas. Ou, talvez, ela também esteja continuando uma bela brincadeira.

Com grande cuidado, as crianças colocam as bolinhas nas áreas iluminadas. Formas de sombra, de luz, objetos transparentes exaltados pela luz, o conjunto constrói uma composição fascinante, tanto que as crianças parecem se esquecer do problema de parar a sombra e se admiraram, sobretudo, com o resultado estético.

Samuele: Olha, é um desenho de luz.

A professora não considera apropriado intervir e insistir no problema inicial. Possivelmente, fará isso em outro contexto, com outros elementos: a semente é jogada e é muito provável as crianças encontrem uma maneira de se servirem dela em outras situações, ou será a professora, com uma provocação apropriada, que solicitará reflexões posteriores em novas situações.

Ordinária extraordinariedade

Com as famílias, também é interessante interpretar pequenos acontecimentos do cotidiano, revendo-os na sua ordinária extraordinariedade. O episódio a seguir nos foi contado por um pai.

Mattia, com 11 meses recém-completados, já aprendeu, há algum tempo, a descer do sofá ou da cama: vira-se com o bumbum e, de costas, escorrega para o chão. Nesse dia em particular, depois de descer, quis subir de novo na cama, mas a borda era muito alta e, apesar dos esforços repetidos, não conseguiu. Distanciou-se, e os pais pensaram que havia abandonado a empreitada, mas, pouco depois, voltou, empurrando pelo chão um pequeno banco de plástico, que colocou perto da cama e o usou como escada, para, finalmente, subir na cama.

Agora, com 13 meses, Mattia usa todos os planos intermediários: escada de cozinha, caixas, para chegar aos interruptores e acender as luzes da casa, as quais, como todas as crianças, ama muito.

É bem fácil pensar que, para a aprendizagem ocorrida, contribuíram muitos elementos que pertencem à primeira experimentação exitosa: sentir o corpo que voltava para trás e o esforço da subida, o barulho do banquinho arrastado (o mesmo banquinho redondo, com o qual aprendeu a andar, empurrando-o pelo chão de casa, e usado como volante para mudar de direção), a sua estabilidade, a emoção de subir no alto e de ter êxito autonomamente em uma situação.

Motivação, emoção, físico, sons do arrastamento, estabilidade: qual é o elemento mais importante para uma aprendizagem que Mattia está aplicando agora de diversas formas e com tantas variações? Difícil estabelecê-lo. O importante é entender em que estranha e, às vezes, indecifrável união de elementos acontece a aprendizagem.

Importante é, também, que os pais, mesmo de maneira diferente dos professores, façam crescer a própria curiosidade, a observação e a interpretação em relação à aprendizagem dos filhos. Para conhecê-los melhor, estimá-los e crescerem com eles.

Anteriormente, eu falava do atelierista entendido como aquele que *garante* o fato de que a *dança* entre cognitivo, expressivo, racional e imaginativo acontecesse sempre ou, pelo menos, estivesse o mais presente possível nos processos de aprendizagem. Eu gostava dessa figura de atelierista como aquele que garante um processo educativo mais completo e pensava ser a primeira a ter usado esse termo; depois, descobri que Malaguzzi já o havia utilizado muitos anos antes.

Essa é uma tarefa que certamente não é simples, a qual, Malaguzzi declarava ter sido feita de maneira superior às suas esperanças iniciais. Bondade dele. Se for verdade, e isso não pode não fazer muito orgulhosos os atelieristas que trabalharam com ele, devemos agradecer a ele antes de tudo, e, também, a todos os professores e pedagogistas com os quais trabalhamos, com frequência, pessoas com frequência culturalmente generosas, disponíveis para experimentarem e se confrontarem. Não por último, agradecer às crianças para as quais a dança das ideias e dos sentimentos é um processo absolutamente natural, e menos cansativo do que tentar mantê-los separados.

A escuta visível
Conversa com...

Marina Mori, professora da Escola Municipal da Infância Diana por 27 anos, atualmente é professora formadora em diversas escolas municipais.

Evelina Reverberi, professora na Creche Gianni Rodari desde 1983, e na Escola Municipal da Infância Diana desde 1993.

Laura Rubizzi, professora da Escola Municipal da Infância Diana desde 1971, é a única especialista em um grupo de professores completamente renovado.

Vea: O que significa para vocês a presença do ateliê e do atelierista na escola?

Laura: Com um grupo completamente renovado, vou começar dizendo o que é o ateliê para mim agora.

É uma oportunidade, talvez uma certeza. Sem dúvida, é uma promessa de olhares diversos em vários níveis: cultural, educativo, didático, formativo.

Acredito que a atualização, a pesquisa e a inovação estejam entre os objetivos mais importantes que ligam ateliês e classes: percebo, com relação ao ateliê e à figura do atelierista, uma espécie de desafio sustentado pelo prazer de nos surpreender, um ao outro, por meio de projetos, de experiências, de evidências vindas da investigação.

A equipe da escola agora é composta quase totalmente por jovens professores. O percurso formativo que estamos tentando configurar é trabalhoso até mesmo para quem, como eu, tem uma longa e importante experiência para tentar utilizar da melhor forma: a possibilidade de trabalhar e se confrontar com o atelierista, uma figura com uma formação diferente da pedagógica, que representa de fato uma primeira forma de garantia para se manter distante de uma didática por vezes repetida e pouco criativa.

No percurso da minha experiência, colaborei com três diferentes atelieristas: três personalidades muito diferentes, mas importantes, creio, para uma troca formativa recíproca.

Com você, Vea, eu encontrei a pedagogia de Reggio Emilia, na qual a cultura poética estava muito presente, um modo extraordinário para olhar a cultura da educação, a criança e nós, como professoras. Encontrei diferentes linguagens, sistemas documentativos, construímos para nós instrumentos de observação e projetuais, compartilhamos aprofundamentos e pesquisas.

Isabella Meninno e Simona Spaggiari, que a sucederam como atelieristas na Escola Diana, levaram as suas paixões (a moda, o digital, a comunicação gráfica e em vídeo, as *performances* artísticas): o frescor cultural de uma contemporaneidade culta, bem distante do banal.

O ateliê é um lugar de descoberta de quanto e de como se pode ser diferente. São justamente essas diversidades, que se encontram, que criam o prazer de se conhecer e de se reconhecer, a criatividade do projetar e do documentar as experiências que se realizam.

Por isso, talvez, enquanto a nossa equipe procura a sua própria identidade, sinto tão forte o papel que o ateliê pode ter para o nosso futuro de escola.

Talvez, para mim, o ateliê continue sendo um lugar-símbolo no qual sinto que algo de realmente novo pode ser preparado, fazer acontecer, comunicar: uma espécie de motor de pesquisa cultural, mas, também, um lugar a ser procurado de modo contínuo. Não somente um lugar físico, portanto, mas uma maneira de ser que você acaba se atravessando, construindo-se como pessoa.

Vea: Algumas das suas frases me tocaram, como a referência à promessa de olhares diversos, ao desejo de nos surpreendermos uma à outra e o ateliê como lugar de confronto, máximo prazer e bacia da criatividade: uma bela maneira de contar o papel do ateliê na escola.

É também verdade que a cultura do ateliê é uma cultura difusa em todos os ambientes e em todos os temas tratados na escola, mas precisa recorrer continuamente ao ambiente externo, ser permeável às energias dos pensamentos provenientes da arte e da realidade contemporânea.

Evelina: É interessante pensar em quais contribuições o ateliê deu para o nosso trabalho de professores, a nós como pessoas. Passam-me pela mente muitas imagens, palavras, sensações, discussões, confrontos. As palavras em que estou pensando são: cuidado, beleza, criatividade, conexões, sensibilidade, diversidade, processos, feminino. Depois, os rostos de tantas pessoas, todas muito importantes, que procuravam, e procuram, na escola uma maneira diferente de fazer Educação.

Depois, se eu volto no tempo, na minha primeira experiência de trabalho, na Creche Gianni Rodari, na qual havia o ateliê, mas só fisicamente, não havia o atelierista... Não é suficiente o lugar ateliê, mesmo sendo uma declaração forte para sustentar no cotidiano a cultura que representa, são necessárias também, uma pessoa que o caracterize e uma cultura diferente com a qual se confrontar.

Nós, como professoras, enchíamos o ateliê, tentávamos autonomamente levar adiante *as cem linguagens*, mas eram como ações incompletas.

Em 1993, fui trabalhar na Escola Diana. Lá, o ateliê ocupava um lugar muito central, e era Vea que o habitava, mas a cultura do ateliê era respirada em toda a escola. Em cada espaço, respiravam-se as palavras que eu disse no início. Percebia-se um trabalho construído ao longo do tempo que era penetrado nos vários lugares da escola. Eu me senti desorientada e surpresa: finalmente encontrei o ateliê e a atelierista, não só nos projetos, mas na vida cotidiana. As famosas *linguagens* eram levadas para o cotidiano, como em uma dança, dançavam com as crianças e, depois, voltavam em um confronto, e a atelierista ajudava a mudar a maneira de trabalhar.

O ateliê era e é o lugar dos encontros possíveis, no qual as linguagens se encontram, se entrelaçam, se conectam com as crianças, com o adulto, em uma construção de algo novo.

Eu disse que, no meu ingresso na Diana, sentia-me desorientada porque, quando ouvia vocês falarem, eu pensava ter entendido, mas, depois, quando voltava para a sala, e também na minha vida pessoal, não conseguia conectar as coisas.

O ateliê, Vea, Isabella, Simona e todas as crianças, com as suas linguagens poéticas e criativas, ajudaram-me a me colocar em contato com a minha parte feminina, com aquela parte sensível, criativa, que é da espécie humana, mas com a qual você nem sempre tem a possibilidade de entrar em contato.

Vea: É verdade que a formação dos professores parece *censurar* a parte sensível e poética das pessoas, porque prioriza a parte cognitiva, sem colocá-la em conexão com um saber complexo. Separa, ao invés de conectar.

Evelina: Há pouco tempo, eu tive a oportunidade de ver algumas instalações, obras de artistas contemporâneos, muito interessantes e úteis para entender o mundo artístico de hoje, mas, também, para ter novas ideias para levar concretamente à escola. Eu estava feliz por ter um lugar como a escola, no qual tenho a possibilidade de compartilhar, mas, também, no qual posso pedir esclarecimentos à Simona, a nossa atelierista. Estava feliz porque, para mim, tinha sido uma passagem difícil compreender que as minhas referências culturais e o mundo da didática não eram mundos separados e que eu poderia utilizar também as minhas paixões e os meus interesses como recurso.

Vea: Eu gostaria de entender melhor essa dificuldade de "permeabilidade" entre cultura externa e cultura escolar.

Evelina: É como se não conseguíssemos entrelaçar os vários pontos de vista e as várias situações: quando está na escola, você é uma professora; quando você está fora, com as amigas, você é uma amiga; quando está em casa, você é mãe; quando está vendo um espetáculo, você é espectadora. Eu sei que somos só um, mas aprender a acolher e a entrelaçar todas as diversidades não é tão fácil e certo. Observar de diversos pontos de vista é treinar a mente e a alma, compreender que uma visão nunca é única. As crianças, também por esses aspectos, são grandes mestres. A cada dia, se aprendermos a escutá-las, fazem-nos descobrir essas potencialidades humanas.

Laura: Cada pessoa tem a sua identidade, um projeto e percurso de vida, hábitos, interesses, uma formação... No encontro com as crianças, na troca educativa construída com elas, é necessário encontrar uma alquimia entre cultura, saber, curiosidade, prazer, escuta, ensino, aprendizagem.

Não é um equilíbrio fácil, mas praticável, se dentro de você e na relação com as crianças, você mantém os significados e a energia vital que permeiam cultura e experiências.

Vea: O processo estético como processo de conexão...

Marina: Concordo com tudo isso que foi dito até agora. Particularmente, sinto o ateliê e o atelierista como "necessidades", necessidades para continuarmos realizando a nossa experiência. A sensibilidade estética e a força da beleza que eu consegui ver nas crianças, eu vi graças ao ateliê. Com o ateliê e o atelierista, "vi" coisas que depois consegui ver também no cotidiano, trabalhando todos os dias com todas as crianças da turma. É verdade que o ateliê é um lugar específico e deve permanecer como tal, mas, para mim, nunca foi um lugar "à parte", sempre esteve em forte relação com a turma e a escola. Aliás, eu sempre o vivi e senti como núcleo vital da escola, diria que é quase o seu DNA, um lugar de forte diálogo e propulsão. Trabalhar cotidianamente com diversas linguagens me fez entender e conhecer mais as crianças e alguns de seus processos de aprendizagem. Por isso, acho que o ateliê é parte fundamental da organização da escola.

Vea: Marina, tendo em vista o seu trabalho atual como formadora, a sua entrada em outras escolas com um pessoal renovado (atelieristas, professores, pedagogistas), você poderia fazer algumas considerações sobre a atualidade do ateliê?

Marina: É ainda um lugar cultural importante, mas se podem ver alguns riscos; por exemplo: ter como único benefício as técnicas, sem uma colocação em contextos de significado... Depois, assistimos ao desaparecimento de muitos materiais da vida cotidiana, e isso tem como consequência a pequena familiaridade das crianças com vários materiais. Penso que a familiaridade seja importante para fazer os pensamentos, os gestos evoluírem, descobrir problemas e possíveis soluções. Vejo, também, o risco de enquadramento dentro de estereótipos.

Todos esses aspectos necessitam de confrontos e discussões, que juntem as partes teóricas com as concretas, caso contrário, o verdadeiro risco, o mais perigoso, é que não se vejam mais os riscos.

Vea: Parece que você está enfatizando que uma *linguagem* é aprendida e praticada. Quanto a organização cotidiana intervém para sustentar e tornar concreta essa afirmação?

Marina: É fundamental, mas não é simples, porque pressupõe a consciência dos professores relativa às propostas, aos materiais, às técnicas e, sobretudo, às crianças.

Vea: Na falta de prática do cotidiano, você vê o risco de perda dos processos cognitivos e expressivos que cada material e técnica subentendem, e, por isso também, uma subtração e perda de uma das funções do ateliê?

Marina: Penso que a consciência da qual eu falava antes seja adquirida estando continuamente em diálogo com ateliê e atelierista, um(a) atelierista que trabalha com as crianças, mas também discute muito com outros(as) professores(as).

Outro aspecto que não pode ser perdido é o de uma maior alternância da dimensão do trabalho de grupo: pequeno, certamente, mas também médio e grande. Estou convencida de que o pequeno grupo é determinante para observar e documentar os processos, mas tive a oportunidade de ver aspectos interessantes mesmo em grupos maiores, nos quais as crianças podem *fugir* de uma observação atenta demais do adulto e observar-se de maneira mais silenciosa, podem reencontrar uma identidade de grupo ampla, podem fazem autoverificações por meio de mais modelos.

Vea: Parece-me interessante oferecer mais modalidades de estar junto e, também, de poder se *confundir* no grande grupo.

Marina: Estou consciente da conquista que fizemos ao trabalhar em pequenos grupos e da aquisição de qualidade nas relações das crianças entre elas, com a professora e com o que estão explorando.

Entretanto, uma conquista consciente como essa também pode perder a energia e as potencialidades que tem se cair em uma rotina cansativa. É interessante descobrir como se modifica a intervenção da professora quando trabalha com grupos mais numerosos. Você descobre, por exemplo, algumas características do material e os problemas que o material coloca, de maneira mais circular.

Vea: Creio que o olhar consciente com o qual você observa a circularidade do material entre as crianças deriva, em grande parte, da possibilidade de observação e de documentação dos processos individuais no pequeno grupo. Acredito que você tenha razão ao ver como positivo um saber estar, de maneira alternada, com poucas e muitas crianças.

Outro aspecto que me deixa curiosa é se vocês notaram características diferentes entre as crianças de hoje e as crianças do passado.

Marina: Percebo características diferentes, mas não tenho certeza. Parecem apressadas, mas são, também, capazes de ficar horas em uma coisa que lhes interessa, brincando, conversando, mesmo sozinhas. Não tenho certeza que sejam, como às vezes parecem ser ou como são descritas normalmente, crianças *vorazes*, rápidas e pouco atentas. Elas reservam a atenção para aquilo que lhes interessa: a nossa tarefa, nem sempre fácil, é utilizar as chaves certas para levar esse interesse para propostas que possam suscitar a atenção de muitos e evoluir.

Laura: A atenção que, nesses anos, reservamos para a observação dos diversos sujeitos e dos seus processos de relação e de aprendizagem nos faz menos desenvoltas do que éramos no passado, ao identificarmos características generalizadas para todas as crianças de hoje.

Notamos comportamentos contraditórios, como uma extrema dificuldade de se comunicar em grupo, mas um desejo evidente de falar para um público.

A nós, parece observar como uma das maiores dificuldades para comunicar em um grande grupo é a preocupação em se expressar, de tomar a palavra como protagonistas, independentemente do que se diz, e da atenção que suscita nos outros: tomar e manter a palavra equivale a ser importante, protagonista da situação.

Às vezes, as crianças parecem atribuir pouco valor às propostas didáticas que fazemos e, depois, talvez, observemos ansiedade em relação à atividade, desespero perante um provável erro, temor da avaliação.

Um número já importante de crianças, depois da separação dos pais, tenta construir novos ritmos de vida, de afetos, novas motivações e novos desejos para negociar com os pais, que lhes acolhem em situações familiares diversas.

Quando se encontram como grupo e aceitam trocar experiências, aparece, às vezes, a desenvoltura das escolhas feitas para se ficar bem, mas, também, a dificuldade de gerir as emoções fortes que, em certos momentos, predominam. Independentemente dessas situações, o nível emotivo com que as crianças enfrentam as relações cotidianas parece realmente difícil de dominar.

Creio que exista um risco de crianças mais sozinhas do que no passado, em relação a situações às vezes até pesadas: os compromissos de trabalho reduzem o tempo passado com os pais, pais amigos, com os quais compartilham a organização, às vezes complexa, da vida de toda a família. Com frequência, essas situações são confiadas a uma ou mais figuras durante a semana. As crianças estão crescendo com imaginários relacionados ao futuro: pensam no trabalho, planejam a vida de adulto, filhos que desejam ou não desejam ter, os amores.

As profissões dos pais são frequentemente incompreendidas, limitadas, diminui o fascínio pelo policial ou pelo advogado...

Quando propomos um tema, as crianças parecem conduzir as comunicações em mais planos, ao mesmo tempo, dificilmente se expressam imediatamente, parecem distraídas, evasivas. Talvez essa seja uma modalidade diferente de comunicar, que corresponde a uma maneira diferente de escutar, de explorar, de procurar uma orientação e de armazenar informações.

Evelina: Eu estava pensando na minha filha, Martina: tem 19 anos, faz parte dessas novas gerações, crescidas na era digital, que têm dificuldade para estudar em conjunto, mas, quando estudam, têm o computador, o celular, a televisão, estão conectadas a muitos instrumentos para compartilhar ideias e confrontos.

Laura: Expressam-se com uma fisicidade impetuosa, cenográfica, estudada. Alguns parecem extraordinariamente capazes de se expressarem em duplos sentidos, com um senso de humor irresistível, até os menores. Tendem a se deslocar muito mais em todos os ambientes da escola e a fazer grupos com crianças de idades diferentes, a lidar com um público diferente.

Marina: Voltando ao papel do atelierista, para mim, Simona (atelierista da Escola Diana) vive com muita paixão o seu papel e acredito que esse seja um sentimento importante. Ela sente a responsabilidade de ser um ponto de referência às outras professoras e de confronto com elas, sobretudo, em relação às professoras que entraram há pouco. Outra coisa importante é a tentativa de manter as turmas em relação entre si.

O ateliê se torna o lugar onde se reúne, onde se tira uma conclusão do que acontece dentro da escola.

Capítulo 9

A ESCUTA VISÍVEL

Penso que a evolução do ateliê e da pedagogia de Reggio Emilia aconteceu, sobretudo, com o nascimento e a difusão da observação e da documentação dos processos de aprendizagem.

Tentarei contar o seu percurso de dentro, isto é, da parte de quem, atelieristas e professores, transformou as primeiras atenções e documentações pessoais em estratégias de observação e de documentação comunicáveis, divulgáveis, alargando, assim, o campo dos pontos de vista interpretativos.

Os anos 1970 e 1980 foram aqueles da pesquisa e das invenções para uma nova didática, para uma escola da infância diferente, para um papel diferente do ateliê em relação ao tradicional. Existia, então, só nas escolas médias, para crianças de 10 a 13 anos, uma matéria chamada "Educação Artística".

A mostra que realizamos, *As cem linguagens das crianças*, exposta pela primeira vez em Reggio Emilia e, em seguida, no Museu de Arte Moderna de Estocolmo, em 1981, e posteriormente, ainda mais elaborada, em 1986, testemunha qual era o papel do ateliê na educação para nós.

Como eu mencionei, os projetos apresentados naquela ocasião eram subdivididos em capítulos, estabelecidos pelo adulto, dentro dos quais nós e as crianças nos movíamos livremente, sem programas predefinidos: as falas das crianças eram anotadas, mas não gravadas, com resultados aproximados, mas interessantes, e as fotografias já constituíam uma parte importante para comunicar contextos e atmosferas.

Ainda hoje, uma pedagogia que utiliza a linguagem das imagens não é um fato consumado. Seria necessário entender melhor o quanto o uso da câmera fotográfica por parte dos professores, durante a observação, enriquece o olhar e a compreensão das crianças, e, também, como aprender a tirar *belas fotografias* alimenta e torna sensível a *escuta.*

O grande grupo era o protagonista indiscutível, os trabalhos das crianças eram muito bonitos, mas, justamente por causa do grande número de crianças presentes ao mesmo tempo, não era possível acompanhar os processos por completo, até porque nossa atenção estava voltada para a organização geral.

O interesse principal era testemunhar quais coisas extraordinárias, belas e inteligentes as crianças sabiam fazer, *tirando,* pelo menos assim esperávamos, os trabalhos difundidos que circulavam nas nossas escolas maternas, nos quais os protagonistas eram sobretudo *a mente e a mão* dos professores, ao passo que era reservado às crianças somente um papel secundário que, com frequência, produzia produtos estereotipados, iguais para todos.

Ainda que o nosso modo de documentar oferecesse um olhar geral para as crianças, ele fez aumentar muito o respeito a elas e o desejo de conhecê--las melhor, atenções e estímulos confirmados pelas pesquisas neurológicas que falavam de neurônios e sinapses em movimento e de cérebros que se formavam de maneira diferente.

Nos anos 1990, ocorreram muitas das nossas *pesquisas,* além de grande atenção para o trabalho de pequenos grupos de crianças, possível somente porque havia a presença de duas professoras ao mesmo tempo, mas, para fazer isso, tivemos que modificar a organização da jornada diária e, sobretudo, a do ambiente.

Como mencionei no capítulo que trata do ambiente, criamos pequenos espaços, ao lado das salas de aula, que nós chamamos de *miniateliês,* nascidos das nossas pesquisas sobre o ambiente, que nos permitiram subdividir as crianças em grupos e oferecer propostas, materiais e instrumentos de maneira nova e diferente.

Naqueles anos, trabalhou-se muito na organização do ambiente, sobretudo, em uma escola como a Diana, que tinha espaços muito pequenos, multiplicados por nós, ao longo do tempo, com pequenos, e de baixo custo, milagres inventivos.

Um espaço multiplicado

A observação e a documentação têm, como uma de suas bases, a projetação de contextos interessantes. Uma das muitas predisposições elaboradas por nós era relativa, por exemplo, ao espaço de construções múltiplas.

O espaço preparado para as construções era um exemplo de possibilidades de variações perceptivas e de descobertas: as paredes eram normalmente cobertas com telas brancas, mas, uma vez que eram retiradas, descobriam--se grandes espelhos que refletiam as construções em jogos de duplicação e inversão interessantes e surpreendentes.

Tínhamos construído um pequeno carro no qual colocamos um farol que, uma vez aceso e apontado para as construções, criava uma paisagem de luz e sombras muito sugestiva e fascinante. O deslocamento do carrinho na sala, para a frente e para trás, para a direita e para a esquerda, aumentava, diminuía, variava o jogo de sombras.

Nas creches e nas escolas, sempre experimentamos luzes e sombra. Em um ambiente pequeno como o da Escola Diana, estávamos conscientes do risco de uma excessiva *"saturação"* de propostas e possibilidades oferecidas.

Com espaços tão restritos e tantos objetos à disposição, algumas regras se tornam importantes, não tão explícitas, mas efetivas na práxis cotidiana, como a do cuidado com o ambiente. Todos os dias, o pessoal e as crianças deveriam guardar os brinquedos e os instrumentos, e organizar o ambiente de modo bem cuidado e esteticamente bonito. Há muitas maneiras para organizar o ambiente e fazer que ele seja prazeroso para ser frequentado, e nós procurávamos, e ainda procuramos, fazer isso no cotidiano.

A travessia da fronteira

O primeiro trabalho *oficialmente reconhecido* como projeto de observação e de documentação de um pequeno grupo foi o da organização de uma competição de "pulo no lugar" por parte das crianças da turma de 5 anos. A professora que o coordenou era Laura Rubizzi, com a consultoria de Loris Malaguzzi e acredito que, para ela, aquele trabalho representou uma linha de fronteira entre uma nova maneira de ensinar e a anterior.

Nesse projeto, eu me dediquei, sobretudo, à documentação fotográfica das estratégias do grupo.

Depois de tantos anos, não me lembro bem dos meus pensamentos sobre aquele trabalho, mas, quase ao mesmo tempo, iniciamos, também, um projeto de desenho, no qual o ateliê estava, obviamente, mais envolvido, protagonista; por isso, eu também pude *saborear*, de maneira mais completa, a passagem para uma nova abordagem ao tema a ser explorado e à documentação, em que a escuta das estratégias das crianças era mais protagonista.

Nasceu, assim, um *tipo de observação* e de documentação fotográfica que chamamos de *mini-histórias*, porque eram baseadas em episódios breves. Muitas dessas *mini-histórias* apareceram na última edição de *As cem linguagens das crianças* (Malaguzzi, 1996) e no livro *Making Learning Visible*, escrito com os pesquisadores do Project Zero da Universidade de Harvard (Rinaldi, Giudici e Krechevsky, 2001).

Do que se trata? Sinteticamente, de colher, por meio da fotografia e do registro da linguagem verbal, não só o contexto e as estratégias utilizadas pelas crianças, mas um sentido mais profundo do que está acontecendo. Pela imagem visual, procura-se fixar mímicas e gestos das crianças entre si e com o que estão elaborando, com o objetivo de mostrar, o máximo possível, a aprendizagem, a atmosfera, o sentido de vida que escorre dentro do grupo.

Não é muito simples, aprende-se fazendo. Em quem documenta, há um estado alto de tensão, as *antenas vibram*, é necessário entender rápido, interpretando *diretamente* qual imagem pode representar o sentido do que está acontecendo.

Como disse o diretor Wim Wenders, o clique de uma máquina fotográfica é um tempo que corre entre o fotógrafo e o sujeito fotografado, vai e volta, um tempo que estabelece o contato para *ver* e interpretar. Muitas fotografias têm a tendência, ao contrário, de dar uma explicação simplificada da situação, são didáticas, não procuram os significados.

Naquela época, utilizávamos só os *slides*, porque facilitavam a comunicação pública e eram, para nós, uma base importante de confronto. Não existiam ainda nem o computador, nem os programas gráficos digitais, com os quais é possível manipular as imagens. Desse modo, o corte da fotografia e a luz não eram facilmente modificáveis. Os custos dos *slides* eram altos, razão pela qual os cliques fotográficos eram feitos sóbria e cuidadosamente.

Foram para mim, e para muitos de nós, 20 anos de grande treinamento para a *escuta das situações*. Éramos todos entusiastas, porque entendemos ter encontrado um instrumento de estudo para compreender melhor as crianças e uma forma de comunicação que poderia ser facilmente divulgada e agradável.

Naquele período, Howard Gardner veio pela primeira vez a Reggio para apresentar o seu livro recém-publicado sobre as inteligências múltiplas. Uma tese interessante, que nos envolveu em algumas discussões, mesmo depois da sua partida. Assim que Gardner chegou, Malaguzzi quis apresentar-lhe algumas pesquisas sobre a linguagem gráfica, comunicadas por meio de mini-histórias, porque, para nós também, representavam uma novidade da qual tínhamos orgulho. Gardner estava interessado, mas também muito cansado pelo fuso horário, e a narrativa, por meio de uma intérprete, com certeza não agilizava a comunicação. Lembro-me do meu embaraço, porque, enquanto eu falava, e provavelmente de maneira não muito breve, notava o seu cansaço, mas Malaguzzi estava tão animado por poder discutir aspectos sobre o desenho, para nós, novos e estimulantes, com um estudioso como Gardner, que continuava inabalável. Conto esse episódio para fazer compreender o quanto cada nova estratégia documentativa era percebida por nós como uma conquista, para entendermos um pouco mais e termos mais confrontos.

No mesmo período, outra atelierista, Mirella Ruozzi, estava começando a trabalhar com a documentação das primeiras mini-histórias com as crianças da creche da infância. O ateliê, como também disse Malaguzzi, ao longo do tempo, tinha se tornado, cada vez mais, um lugar de pesquisa, um território no qual as investigações e as documentações produzidas nas classes eram unificadas e selecionadas, construindo novas conexões.

Ao longo do tempo, as professoras da Escola Diana (e, naturalmente, também os professores das outras escolas da infância e das creches) tinham se tornado sensíveis à linguagem visual, aptas para observarem e documentarem, e eu (como os outros atelieristas) tinha aprendido a conhecer um pouco mais as crianças.

O arquivo

Um grupo de professores que desenvolvem juntos uma atitude de pesquisa/investigadora se torna um grupo muito compacto e estável, e, no período no qual eu e as professoras da Escola Diana trabalhamos juntas, produzimos uma enorme quantidade de material e de documentos, a maior parte, interessantes.

Talvez um dos aspectos mais positivos, que contribui para manter o grupo unido, é a percepção de estar descobrindo coisas novas, de avançar juntos na compreensão de uma profissão comum.

Marina Castagnetti, uma professora da Diana, tinha encontrado um sistema de arquivamento do material que permitia ser consultado com facilidade. O pouquíssimo espaço à disposição na escola e o volume de material, em pouco tempo, tinham tornado a sala arquivo uma espécie de armazém. Alguns de nós tentávamos, às vezes, arrumá-la, porque a considerávamos preciosa. Porém, essas operações de reorganização requeriam muito tempo, e tínhamos sempre pouco. Quando saí da Escola Diana, o arquivo já havia se tornado uma sobreposição, impossível de gerir e de consultar, de projetos e materiais.

Há pouco tempo, Marina, que havia saído da escola há anos, dotada de uma inteligente vocação para o cuidado com os ambientes e outras coisas, voltou para a Escola Diana, para organizar um arquivo que acreditamos que não só contenha realmente os traços da história da Diana, mas que represente, ao menos em parte, a história didática das escolas da infância reggianas. O Centro de Documentação e Pesquisa Educativa da Instituição Escolas e Creches da Infância, no qual Marina Castagnetti trabalha há anos, é, sobretudo por mérito de quem o habita, um dos lugares mais agradáveis do Centro Internacional Loris Malaguzzi.

Um grupo de aprendizagem

É difícil entender realmente quais foram os ingredientes que permitiram que, na Escola Diana, o grupo de professoras fosse um grupo de aprendizagem tão eficaz.

Com identidades individuais muito diversificadas, dificilmente nos encontrávamos fora da escola, porque tínhamos referências, amizades e interesses diferentes. E, mesmo assim, éramos solidárias na escola. Tenho uma grande estima por todas elas, um grande afeto. Tínhamos aprendido a conhecer as nossas melhores características, que *usávamos* conscientemente e as nossas fraquezas, as quais procurávamos, como grupo, remediar.

Como disse no capítulo anterior, as professoras que trabalharam na Diana foram muitas, mas aquelas com quem eu trabalhei mais tempo e intensamente foram: Magda Bondavalli, Paola Cagliari, Marina Castagnetti, Sonia Cipolla,

Laila Marani, Marina Mori, Giulia Notari, Evelina Reverberi, Laura Rubizzi, Paola Strozzi, além da pedagogista Tiziana Filippini. Todas prontas para nos *despertarmos* para experimentar coisas novas, reconhecer belas ideias, estávamos otimistas em relação à inteligência das crianças, atentas, ainda que de maneiras diferentes, à política nacional, além da política da cidade. Nenhuma atenção *ao relógio*, prontas para alcançarmos horas de trabalho pela curiosidade de entender mais as coisas que aconteciam, trabalhando com as crianças. Realmente, um belo grupo, em que às características pessoais se acrescentava uma inteligência ética, como a define Gardner, graças à qual a profissão de ensinar é uma aventura individual e social interessante.

Em 1991, a revista americana *Newsweek* dedicou a sua capa às escolas com a pedagogia mais avançada, e, entre elas, a Escola Diana, como representante de toda a rede das creches e das escolas da infância de Reggio Emilia. Naqueles dias, eu me encontrava na Alemanha para um ciclo de conferências com a pedagogista Tiziana Filippini. Lembro-me, sobretudo, dos telefonemas recebidos pelas professoras da Diana que viram apresentar-se, desde a manhã seguinte à publicação da revista, um grande grupo de jornalistas e fotógrafos, e a situação de exposição midiática se prolongou por algumas semanas. A formação dos professores não prevê a habilidade comunicativa, tanto em vídeo quanto nas entrevistas para a imprensa, nem a escola prevê invasões da mídia, mas devo dizer que o pessoal foi muito competente, mantendo, na escola, com as crianças e as famílias, uma situação de normalidade.

Creio que o reconhecimento tenha encontrado, na Itália, consensos e apoiadores, mas também diversos opositores: as escolas de Reggio Emilia e Loris Malaguzzi não eram muito amados e considerados inovadores pelo mundo universitário e pela pedagogia acadêmica oficial. Muito diferentes, fora dos esquemas nos quais se espelhar.

Observação como avaliação

Em um de seus escritos sobre observação e documentação, a pedagogista Carla Rinaldi fala da documentação como uma forma de avaliação em processo, no sentido de que se recolhe e se detém naquilo para o qual se dá valor (Rinaldi apud Rinaldi, Giudici e Krechevsky, 2001, p. 84). Isso é verdade, e mais ainda por causa da documentação fotográfica, porque a situação fotografada não se repete.

Essa não repetição das situações, essa unicidade, origina um forte senso de responsabilidade que cresce com a experiência, em vez de diminuir, porque percebemos, relendo as transcrições, discutindo e interpretando com mais pessoas o que aconteceu, que outras imagens deveriam ser acrescentadas às tiradas, e, também, muitas outras ocasiões interessantes que fugiram da documentação.

Justamente porque a documentação permite reflexões mais aprofundadas ao longo do tempo, existe, também, uma fase de pós-produção documentativa em que, às vezes, há a necessidade de se inserir uma integração na história. Em geral, trata-se de particularidades do processo documentado, reconstruídas posteriormente para dar maior completude ao tema analisado. Acontece, por exemplo, retomar um objeto com um *corte* fotográfico capaz de comunicar com mais força o conceito que se quer expressar. É necessário compreender que a documentação visual se expressa com mais linguagens, das quais são conhecidas algumas regras comunicativas.

Dou muita importância à força comunicativa das mini-histórias, sozinhas ou em um projeto mais complexo, porque dão à didática um *rosto* que é, com muita frequência, descrito só verbalmente ou por meio de fotografias didáticas, que, no máximo, fornecem só informações, nunca emoções.

É considerado também o *feedback* cognitivo e expressivo que volta para quem documenta: a documentação por imagens é frequentemente subestimada do ponto de vista da formação das professoras, é considerada e colocada em ação somente como informação sobre o que aconteceu.

Poucos meses atrás, em uma conferência pública, ouvi um docente universitário da Faculdade de Ciências da Educação que, após ter acompanhado a apresentação de uma professora de escola elementar que tinha, imagino que com dificuldade, procurado documentar visualmente o que estava contando, ironizava essa "mania" de *dar bela forma visual ao relato*. Levando ao extremo esse comentário, chega-se a sustentar a inutilidade de formas de comunicação visual como a narração esculpida na Coluna de Trajano ou as pinturas de Giotto na Cappella degli Scrovegni, entre outros.

É claro que a linguagem visual não é considerada uma linguagem importante na cultura escolar: na escola primária, existe uma disciplina chamada

"Educação para a Imagem", que, em geral, consiste no ensino de algumas técnicas, no conhecimento de alguns artistas e será, sem dúvida, desenvolvida de maneira notável por alguns professores e de modo péssima por outros, como acontece com todas as matérias, mas é sempre exilada no interior de um espaço limitado do horário escolar e tem pouca relação com a cultura dos professores e com a das outras disciplinas.

Tudo isso se coloca em contradição com a tradição artística italiana e com a cultura contemporânea, na qual a imagem tem um papel crucial para informar e comunicar. Pelo menos por isso, a linguagem visual deveria receber da didática escolar uma grande atenção, para não se deixar dominar por ela ou recebê-la de maneira passiva, sem capacidade de análise e reelaboração.

Temo que, como no passado, o verdadeiro problema seja que à escola pertença uma separação artificial e superficial das disciplinas e que, na formação dos professores e dos adolescentes, a dimensão estética não seja considerada importante em absoluto. Certamente, não é considerada como estrutura epistemológica.

Seria necessário refletir de fato sobre tudo o que é tirado do pensamento e da formação das novas gerações.

Um olhar fotográfico

Em um projeto de 2008, intitulado *O olhar misterioso das crianças na cidade* e coordenado pela Reggio Children e pela Instituição Escolas e Creches da Infância, as crianças de algumas escolas da infância e escolas primárias fotografaram o centro histórico de Reggio, escolhendo elementos representativos da identidade urbana para as fotografias.

Ficamos todos muito tocados pela cultura visual e pela sensibilidade demonstrada pelas crianças ao colherem imagens originais da realidade, diferentes do habitual. As crianças de diversas idades demonstraram uma capacidade de ler o ambiente e de contá-lo com imagens realmente surpreendentes (Figuras 9.1-9.3).

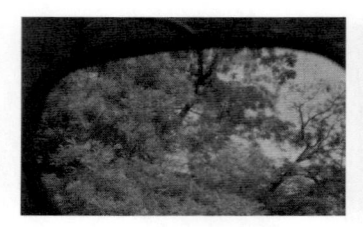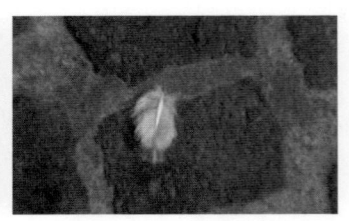

Figuras 9.1-9.3 – Fotografias tiradas por meninas e meninos de 5 a 6 anos, na Escola Municipal da Infância Bruno Munari (atelierista Barbara Quinti).

O que é necessário se perguntar é: Por que crianças de 10-11 anos, capazes de obterem a essência da realidade de maneira tão original e consciente com a máquina fotográfica, quando escrevem ou explicam a mesma realidade, fazem isso de modo conformado e pouco interessante?

Não devemos evitar uma pergunta desse tipo, pois é muito importante para a nossa sociedade que a escola e nós, professores, estejamos lucidamente conscientes de quanto espaço deixamos para os pensamentos originais das crianças, sem a pressa de trancá-las em esquemas prefixados e definidos como *"corretos"* pela cultura escolar, do quanto apoiamos as crianças em terem ideias diferentes dos outros e de como as habituamos a argumentá-las e discuti-las com os colegas.

Em um artigo, Umberto Galimberti falou dos jovens como *imigrados*: a imigração não pertence só a quem vem do exterior, pertence ao conceito de integração, e temos muita pressa de integrar os jovens e as crianças, segundo as regras já dadas. Mesmo sendo necessário que algumas regras existam para uma situação real de convivência civil, é preciso, porém, estarmos muito atentos, porque corremos o risco de matar o nascimento de novas regras, de novas linguagens, de novas maneiras de estruturar os próprios relacionamentos com a vida.

Estou bem convencida de que uma maior atenção aos processos, em vez de somente ao produto final, ajudaria a ter mais profunda estima pelos pensamentos e estratégias autônomas das crianças e dos jovens, e modificaria substancialmente o interesse recíproco entre alunos e professores.

Anotações

Com o grupo de professores da Escola Diana, tentamos refletir e documentar as nossas estratégias de observação e documentação. Percebemos imediatamente a dificuldade de fazer isso de fato, as interferências e as avaliações que se sucedem na ação são muitas, e nem todas fáceis de colher e definir.

De qualquer forma, são tentativas interessantes, se não por outro motivo, para perceber que aquelas que definimos como *documentações de processos* das crianças são conscientemente (e não podem ser outra coisa) fragmentos de processos interpretados por nós. Isso não tira a importância que, para nós, tiveram, e têm, ao nos aproximarmos mais das estratégias das crianças e, em consequência, para entendermos como configurar as propostas que nós fazemos e como tornar culturalmente mais produtiva a relação entre aprendizagem e ensino.

A forma de documentação mais frequente é a que utiliza anotações organizadas. No grupo docente da Escola Diana, após várias tentativas e pesquisas, idealizamos um sistema de documentação que nos permitia acompanhar simultaneamente o desenvolvimento do processo individual e o do grupo (neste, está naturalmente compreendido também o professor-documentador), e reconstruir, depois, a maior quantidade de acontecimentos, permitindo uma comunicação o mais completa possível dos processos indagados (Figura 9.4).

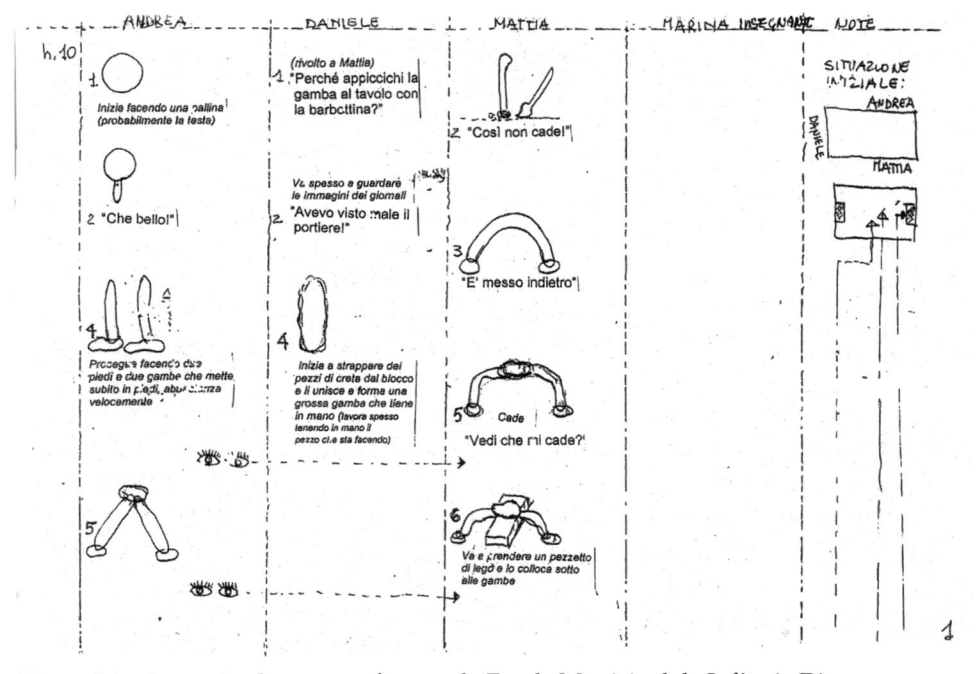

Figura 9.4 – Anotação de uma professora da Escola Municipal da Infância Diana.

Com o tempo, percebemos que uma anotação é mais eficaz quando se parece mais com um pequeno roteiro, com a introdução de pequenos e rápidos ícones combinados antes: olhos que olham, boca sorridente.

Naturalmente, as formas de anotação são mais completas ou menos completas, de acordo com o contexto, o número de crianças, o número de adultos presentes etc.

Com frequência, as observações não são assim tão bem cuidadas e organizadas, porque o tempo é sempre pouco, mas até quando, como acontece muitas vezes, a anotação é apressada como a mostrada (Figura 9.5), faz-nos descobrir alguns elementos dos quais, caso contrário, nunca saberíamos ao observarmos somente o desenho acabado.

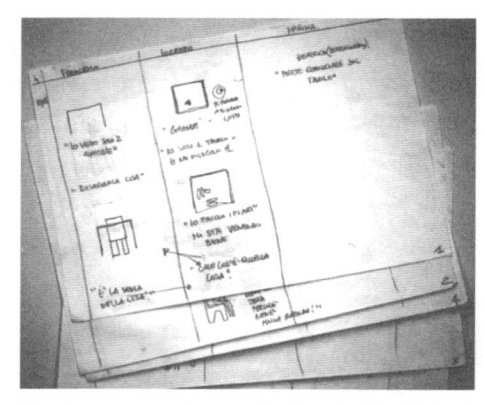

Figura 9.5 – Anotação de uma professora da Escola Municipal da Infância Diana.

A proposta da professora é representar um grupo de convidados em volta de uma mesa, consciente de algumas dificuldades que as crianças encontrariam, mas esperançosa de colocá-las em uma situação na qual exercitariam as suas boas capacidades para saírem vencedoras.

Cada desenho encerra alguns *segredos*, e aqui estão alguns dos muitos que são descobertos ao lermos as anotações.

As crianças estão atentas ao trabalho dos colegas e sempre prontas aos empréstimos de competência: Lorenzo fez uma perna da mesa de cabeça para baixo; Francesco intervém, esfregando sua mão, de cima para baixo, na perna de uma mesa real, e, dirigindo-se ao colega, diz: *"Olha, vai para baixo, não para cima. Tenta desenhar... Muito bem! Desce, desce, agora* stop *e volta para cima. Bem, agora está bem"* (Figura 9.6).

Figura 9.6 – Desenhos de uma mesa. Lorenzo e Francesco, 5-6 anos, Escola Municipal da Infância Diana.

Percebemos como um nariz de uma pessoa de perfil é colocado primeiro em posição frontal, depois, no lugar certo (Figura 9.7).

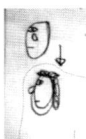

Figura 9.7 – Detalhe de anotação, Escola Municipal da Infância Diana.

Descobrimos, sobretudo, um estranho e inesperado procedimento de uma menina que, após ter desenhado o primeiro convidado, tem dificuldade para orientar em sentido oposto a pessoa sentada de frente. O que ela faz? Começa a rodar a cadeira desenhada, pensando, dessa maneira, chegar à posição desejada. A certo ponto, percebe que o resultado final a teria levado ao ponto de partida, ou... não sabemos bem o que aconteceu, pois, a rotação se modifica e a menina alcança o seu objetivo; no final, as duas pessoas estão sentadas de frente e se olham (Figura 9.8).

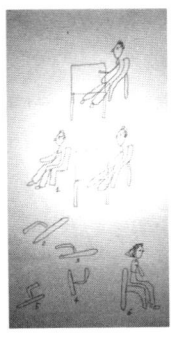

Figura 9.8 – Detalhe de anotação, Escola Municipal da Infância Diana.

Quantas *maneiras* de pensar são descobertas! Quantas inteligências e invenções! Todos são aspectos que, acumulados ao longo do tempo, aproximam as crianças de maneira diferente, fornecem-nos outros olhos para observá-las e outras ideias para as propostas a se trabalhar com elas.

Ao longo do tempo, sentimos a necessidade de construir outros instrumentos de observação, que chamamos de *"pistas observativas"*, espécie de indicadores escritos para orientar e sustentar observações específicas, como as de construções com a argila ou os desenhos. Para esclarecer melhor, no caso da argila, algumas vozes *chamam* a atenção da professora em relação à atitude individual das crianças ao manipularem a argila: as formas que produzem; o quanto é colhido o aspecto tridimensional do material e como é colocado em ação; como são enfrentados os problemas de equilíbrio e de estabilidade que são inerentes às peculiaridades da argila; as palavras que as crianças dizem; as sintonias e as diferenças entre meninos e meninas; quais partes das mãos são mais usadas ao se construir formas... A lista é longa, com observações mais simples e outras mais aprofundadas.

Essas *"pistas observativas"* podem apoiar, em seu trabalho, observadores inexperientes? Só parcialmente. Não sou contrária à divulgação de instrumentos de trabalho, mas a qualidade da sua utilização está muito ligada à compreensão cultural e conceitual que os faz nascer.

Após uma fase bem longa de realização de documentações aprofundadas de pequenos grupos, nas quais pudemos identificar também as sintonias e as diferenças de grupos femininos e masculinos, voltamos a uma documentação que examinava toda a turma, procurando sintetizar algumas estratégias recorrentes das crianças em um mesmo tema, alternando esse olhar panorâmico com *zooms* em alguns processos.

Percebíamos que, após a experiência da documentação de pequenos grupos, o olhar geral também não era igual, como se tivéssemos recebido de presente uma multiplicação de olhos e de ouvidos, e a publicação *Everything Has a Shadow, Except Ants* (1999) e o projeto "A Multidão" (ver Capítulo 3) lembram aquele período e representam-no muito bem.

Em ambos os projetos, era interessante voltar a enfrentar temas já tratados anos antes e constatar como a abordagem ao tema era modificada e enriquecida.

Quantas propostas novas e originais as crianças nos sugeriam quando as observávamos e documentávamos!

Tínhamos notado que, para romper com esquemas gráficos muito repetidos e que haviam se tornado um pouco "preguiçosos", bastava, às vezes, introduzir uma variação à proposta, por exemplo: prever um movimento do sujeito a ser representado ou um deslocamento do ponto de vista do autor do desenho, como aquele de uma menina que corre perseguida por algo que lhe dá medo, ou de duas crianças que jogam bola, ou de pessoas vistas do alto, ou da rotação do ponto de vista ao representar o sujeito (Figuras 9.9-9.13).

Figuras 9.9-9.11 – Cópia do real: figuras de frente e de perfil. Alice, 5 anos e 6 meses (dezembro).

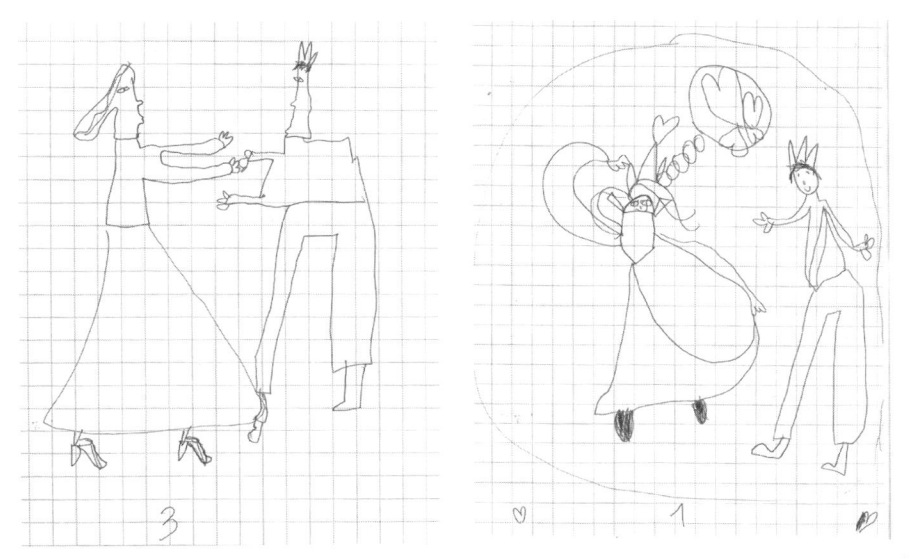

Figuras 9.12-9.13 – Cópia do real: figuras de frente e de perfil, tiradas de uma sequência ilustrada. Alice, 5 anos e 8 meses (fevereiro).

Diversos pontos de vista

Representar de vários pontos de vista o mesmo sujeito é um dos temas que, mesmo por meio de propostas diversas, é explorado com frequência. A meu ver, é muito eficaz, porque movimenta o imaginário no espaço, e algumas pesquisas neurológicas demonstraram que a mente que simula um objeto que roda no espaço conserva analogias com a situação real.

Creio que analisar de diversos pontos de vista o mesmo sujeito é uma bela brincadeira, inteligente, que representa, também, um comportamento ético em relação à consciência da pluralidade dos pontos de vista dos quais se pode ver o mesmo problema.

Por meio de propostas e de brincadeiras aparentemente distantes de comportamentos e conceitos morais, com frequência, transmite-se e se educa muito mais que por meio somente da palavra. Se considerarmos que imaginar e ver um sujeito de diversos ângulos é uma abordagem importante, então, isso deve entrar na projetação cotidiana das propostas feitas.

Frequentemente, em Reggio, fala-se do pensamento projetual no cotidiano: significa ter um olhar que se projeta no futuro, fazer hipóteses, prever. O pensamento projetual é um aspecto permanente do modo de pensar, é um pensamento que se desenvolve nas conexões entre as coisas. Compreende o ambiente, os instrumentos, os procedimentos (significa que são previstos como elementos importantes), não isola as fases de um percurso, mas as projeta em uma rede de conexão.

Vou tentar dar alguns testemunhos disso tudo por meio de um trabalho realizado por uma professora.

Investigação com base no real[1]

Esta é uma situação interessante, na qual os autores são meninas e meninos entre 5 anos e 5 anos e 6 meses. As crianças são convidadas a ficarem em volta de um colega que se faz de modelo e, se quiserem, podem deslocar-se para outro ponto de vista no mesmo dia ou no dia seguinte. Já expus a mesma proposta em um capítulo anterior, para enfatizar como algumas propostas

---

[1] Projeto da Escola Municipal da Infância Diana realizado com crianças de 5-6 anos; professora: Evelina Reverberi; atelierista: Vea Vecchi.

são interessantes mesmo em situações não fáceis; aqui, porém, o testemunho é realizado de maneira adequada.

Figura 9.14

Nesse tipo de investigação, podem ser oferecidos dois materiais muito diferentes: desenho e argila, que subentendem dois processos paralelos e diferentes. Da longa documentação, narro somente algumas partes, as que me parecem especialmente interessantes.

Figura 9.15

A certo ponto, Federica tem dificuldade para desenhar o perfil e pede ajuda repetidamente para Giovanni, que, no início, concentrado na própria escultura, limita-se a estimulá-la a *"olhar bem"*.

Figura 9.16

Depois, presta atenção nela e lhe dá indicações verbais: "*Nós já sabemos: no perfil tem só um olho, e o nariz sai da cabeça*".

Figura 9.17

São suficientes essas poucas palavras, e Federica desenha o perfil da menina-modelo.

Figura 9.18

Nesse ponto, Giovanni intervém, para completar a boca.

Figura 9.19

O desenho pronto.

Figura 9.20

Federica está muito satisfeita com o próprio desenho.

Figura 9.21

E os amigos à sua volta participam da sua satisfação, congratulando-se com ela. Esforço e prazer coincidem com frequência e são vitórias individuais das quais o grupo geralmente participa e com as quais aprende.

Figura 9.22

Os desenhos realizados de quatro pontos de vista diferentes.

Figura 9.23

Alguns comentários sobre as figuras de argila: não é dado como certo que um material tridimensional permita uma visão tridimensional do sujeito reproduzido. O ponto de vista do observador, às vezes, condiciona a realidade e as possibilidades que o material oferece.

Figura 9.24

Ambas as crianças colocadas em um ponto de vista do qual podem ver o modelo de perfil, constroem, na escultura, só o braço que veem. Camilla, que fez o perfil, resolve desta maneira.

Figura 9.25

O grupo de crianças fará uma disussão final, na qual, por meio de comentários, de avaliações e de autoavaliações, tornam explícitas as dificuldades encontradas e as motivações das escolhas feitas, fazendo evoluir as consciências individual e do grupo.

Figura 9.26

Verificações das situações reais: "*Com a argila é preciso fazer tudo, não só o que se vê. Com a argila, você pode fazer, com o desenho, não*".

Figura 9.27

Muitos rostos para o mesmo tema

A bicicleta, na nossa cidade, é um meio de transporte muito usado, além de um tema interessante para a investigação. Em geral, em dois dias, as crianças representam o lado, a frente, a parte de trás de uma bicicleta, por meio da cópia com base no objeto real. São feitas fotocópias desses desenhos e entregues aos vários autores, propondo-lhes colocar o(a) ciclista no banco.

Outra proposta que diverte muito e se propõe também para crianças de 4 a 5 anos é a de tirar os sapatos, colocá-los sobre a mesa, e desenhar os sapatos de lado, de frente, de trás, de cima, de baixo (Figura 9.28).

Figura 9.28 – Desenhos de sapatos: de lado, de frente, de trás. Alice, 5 anos e 10 meses.

A nossa atitude, nessas e em outras propostas, é entender melhor as estratégias das crianças: conhecê-las melhor, mas o que nos interessa particularmente é que a criança saia *vencedora* das propostas ou, pelo menos, que se sinta como tal. Nosso trabalho, que varia um pouco de criança a criança, sempre leva em consideração esse aspecto. É sempre lembrado que as crianças têm um forte senso de avaliação e de autoavaliação, no qual é necessário prestar atenção e, sem enganá-las com gratificações lisonjeiras, é importante, ao mesmo tempo, não humilhá-las ou fazer que se achem inadequadas.

Estima, surpresa e alegria

Eu já mencionei o quanto temos consciência, conhecendo a sua complexidade, de que as documentações que recolhemos são somente *fragmentos* de processos, e de que, como estes são modificados com base na presença e nas intervenções do documentador (princípio da incerteza de Heisenberg), mas estamos também conscientes da riqueza que essa documentação devolve aos professores, da estima implícita pelas crianças, pela sua inteligência, pelas muitas e inesperadas invenções criativas, pelo clima afetuoso de cumplicidade que se cria.

Por meio da observação e da documentação, parece que são abertas algumas fissuras para se ver o mundo da infância, ao qual também tivemos acesso no passado, mas do qual é difícil manter memória: tempos; ritmos; organização do trabalho; formas de democracia inesperadas, nem sempre fáceis de entender e aceitar no momento em que ocorrem; estratégias diversas de abordagem aos problemas; soluções que conseguem, quase sempre, surpreender.

É o sentido da surpresa, que permanece ao longo do tempo, que nos torna tão obstinados em buscar um percurso como o da observação e da documentação, que não é sempre fácil de realizar? Ou se trata da necessidade de dar um sentido ao que fazemos?

É verdade que, com base nas documentações realizadas/produzidas, aprendemos a *escutar* um pouco mais o mundo da infância, a conhecer melhor as estratégias individuais e de grupo das crianças com as quais compartilhamos a cotidianidade por alguns anos, mas, sobretudo, é possível que tenhamos aprendido talvez a forçar um pouco menos e a fazer propostas que estejam mais em sintonia com os seus interesses.

Nunca me vêm dúvidas em relação à efetiva necessidade e valor de todo esse trabalho que fazemos, observando e documentando tudo isso que nos mantém tão ocupados?

Certamente, essas dúvidas vêm, até porque não se trata de uma atividade imune de cansaços, de tensões, que requer frequentemente organizações não simples, mas, depois, é suficiente que eu observe e documente, ou que um professor me mostre alguma anotação, êxito da observação das crianças, para que um sentimento de alegria e interesse supere todas as dúvidas.

Eu diria que a alegria e a surpresa são os sentimentos que talvez tenham acompanhado mais o meu trabalho com as crianças.

Por 30 anos, a cada dia, assim que eu entrava na Diana, percebia intensamente a sensação de entrar em um universo paralelo, com regras, atmosferas, maneiras particulares de pensar.

No percurso que, da entrada, levava-me ao ateliê, havia sempre encontros divertidos e estranhos: uma criança que tinha se fantasiado, calçando os pés de pato (fantasia amada, ao lado das luvas e do chapéu) e circulava pela escola; outra que vinha ao seu encontro, parava à sua frente e você entendia que deveria perceber alguma novidade, mas nem sempre ficava claro do que se tratava, assim, começavam as tentativas de adivinhar, e poderia ser um par de sapatos, um novo corte de cabelo, um dente que faltava... No ateliê, eu sempre encontrava um grupinho que tinha se introduzido de maneira mais ou menos oficial, e o impacto dos relatos verbais frequentemente me fazia esquecer os problemas externos.

Isso não significa que a escola esteja separada da realidade externa. Significa que 78 crianças são uma realidade diferente, e, devo dizer, muito divertida, em que se pode falar de tudo de maneira aprofundada e enfrentar também temas difíceis, ou melhor, temas que o mundo adulto em geral considera difíceis.

Naturalmente, de tudo isso se aproximam fadigas, nervosismos, incompreensões, porque as crianças também são cansativas, volumosas, obstinadas e também... traidoras, como as definia Malaguzzi, no sentido de que costumam trair as nossas expectativas, mas esse é um dos aspectos mais divertidos e interessantes.

Lidando com as sintonias

Uma coisa que me alarma um pouco é que, desde 2000, o ano no qual concluí a minha atividade de atelierista na Escola Diana, não pude mais acompanhar uma observação direta de um grupo de crianças no dia a dia da vida escolar, e estou certa de que, em uma situação desse tipo, eu precisaria de algum tempo de treinamento para voltar àquela sintonia de observação que eu tinha antes.

Sei que, provavelmente, no início, eu ficava um pouco irritada por causa dos tempos das crianças, em geral, tão diferentes dos nossos, não tanto pela lentidão ou pela aceleração, mas tão diferentes como ritmo (concentrações e interesses que rapidamente se alternam com tempos de distrações, às vezes, só aparentes), e tinha de procurar reencontrar linguagem verbal, mímica e tons que pudessem me permitir comunicar com elas, ser aceita por elas, mas, também, respeitada.

Uma notável e estimada escritora estrangeira compareceu à nossa escola para fazer uma pequena pesquisa com as crianças e insistiu muito para ficar sozinha com elas.

Após o encontro com as crianças, saiu *exausta* e brava, dizendo que as crianças não entendiam as perguntas que ela fazia e que eram também muito mal-educadas. Visto que, por prudência, a colocamos em contato com um grupo de crianças entre as mais tranquilas e *educadas*, procuramos entender pelas crianças o que tinha acontecido.

A escritora provavelmente se dirigiu às crianças de maneira muito segura e apressada, com o desejo e a expectativa de que as respostas das crianças confirmassem a sua tese sobre o tema que lhe interessava, sem levar em consideração o comportamento independente e *traidor* das crianças.

Na primeira, e previsível, provocação por parte de um menino, ela reagiu, dizendo que não lhe daria o prêmio prometido no final da entrevista e ele, bravo, respondeu-lhe que... ela era velha e se tornaria ainda mais velha, e ele iria à casa dela e roubaria aquele prêmio.

Enfim, não havia criado amizade, nem simpatia, nem confiança, coisas difíceis de conquistar.

Não sei por que se acredita que trabalhar com crianças pequenas é simples. Frequentemente, é avaliado só o cansaço físico que esse trabalho comporta, e não tudo o que é necessário *imaginar* para obter a atenção, a concentração, o interesse, a confiança, a amizade delas. Contudo, quando você consegue ter a amizade delas, as crianças são corajosas, é possível propor projetos difíceis, e elas estarão com você nas tentativas, entusiasmam-se, envolvem os pais, estão dispostas a alongar o tempo de permanência na escola.

Se são motivadas, as crianças gostam de fazer coisas difíceis. Vem-me à mente com frequência um curto episódio que aconteceu enquanto, com as crianças de 5 anos, estava em curso a realização da cortina para o Teatro Ariosto, um teatro histórico de Reggio Emilia.

Essa grande pintura era realizada na Sala dos Pintores do Teatro Municipal, porque a tela tinha dimensões, de aproximadamente 3 m por 4,5 m, que a escola não suporta.

Todas as manhãs, em um pequeno grupo, saíamos da escola para irmos ao teatro, situado a poucas centenas de metros da escola.

Tínhamos chegado a um ponto da realização da pintura, no qual era necessário, para continuar, tomar decisões sobre alguns aspectos importantes.

Durante uma dessas viagens da escola para o teatro, Giulia, de 5 anos recém-completados, aproximou-se de mim, pegou na minha mão e, andando, disse-me: *"Vea, você se lembra que sou a menor da turma, né?"*. A mensagem que me mandava era clara, eu lhe sorri e lhe tranquilizei, dizendo que eu me lembrava bem, e, depois, andando juntas, tranquilamente, começamos a refletir sobre algumas das decisões a tomar para continuar a pintura.

Leonardo, outro menino do grupo, sempre ficava ansioso quando estava fazendo algo importante. Nesse caso, antes de começar a pintar, pedia para fazer xixi e, depois, ficava mais tranquilo.

As crianças estavam conscientes de que estávamos realizando um projeto importante e trabalhoso, mas se eu tivesse proposto a ambas as crianças ficarem na escola naquele dia, brincando com os colegas, em vez de irem pintar, elas ficariam muito mal. Elas têm uma boa capacidade de avaliação e de autoavaliação, são conscientes do que requer um maior comprometimento e está fora do ordinário, mas aceitam o esforço, porque sabem que o resultado será muito gratificante.

Leonardo, no fim de cada dia, ficava sempre muito satisfeito e comentava com frequência: *"Hoje nós fizemos mesmo um bom trabalho!"*.

Esforço e alegria podem conviver também na aprendizagem, com a dose certa e, sobretudo, motivação.

Dúvidas

As dúvidas que adensam as nuvens sobre a observação e a documentação referem-se, essencialmente, a como esse tipo de trabalho é vivido pelas crianças. Quanto o ver-se representadas e descritas nas nossas observações e documentações pode tornar-se um elemento de incômodo? Como sempre, acredito ser necessário refletir mais sobre seus possíveis pontos de vista.

Talvez as dúvidas tenham aumentado em relação ao passado, porque, hoje em dia, com as novas tecnologias à disposição, vemo-nos todos expostos, sendo continuamente *documentados*.

Com certeza, as crianças, como todos nós, precisam ser *vistas* e *reconhecidas* na sua individualidade, precisam ser estimadas e, se a observação e a documentação forem muito solidárias, descobrem, identificam, ajudam e sustentam uma relação mais intensa e afetuosa entre criança e professor, e isso distancia os riscos da indiferença, que é um dos piores males de toda relação.

Acho que as crianças devem sentir claramente o interesse e a estima em relação a elas.

A documentação, se, de um lado, pode tirar do anonimato, de outro, pode dar um excesso de visibilidade, que nem sempre é percebida positivamente por parte de quem é observado. Estou convencida, porém, de que as dúvidas podem vir, sobretudo, para quem está fora das situações, porque, quando se faz parte de um grupo de crianças e de adultos que trabalham juntos, é tamanho o envolvimento cognitivo e emotivo, que as perplexidades são esquecidas ou passam para o segundo plano.

No entanto, é bom estarmos atentos e não deixarmos que a observação e a documentação tenham a tendência a se tornarem somente uma técnica didática, perdendo a *capacidade de estímulo, de propulsão e de ascensão* dos pensamentos. Importante, também, é manter um comportamento e um sentimento solidário para com as crianças, para que não se transformem em experimentos de laboratório.

Está, também, claro que a observação e a documentação devem ser dosadas com cuidado, como todos os ingredientes de forte sabor.

Subjetividade

As filmagens com a câmera eram utilizadas como material de estudo, mas, porque requeriam muito tempo para vê-las, eram menos frequentes que as anotações e as fotografias. Foram, porém, provavelmente, os longos tempos necessários para ver e rever os vídeos que nos estimularam no início dos anos 1990, a observar e a documentar mais os diversos processos individuais.

Há um vídeo rodado por volta desse período em que o *foco* são as mãos de duas crianças, de cerca de 5 anos e meio, que constroem dois cavalinhos de argila, porque nos interessava entender melhor o quanto as habilidades das mãos aproximam e ajudam as habilidades dos pensamentos. Creio que se trate de um vídeo que mostra aspectos interessantes, entre os quais alguns preconceitos dos adultos que os levam a filmar por mais tempo as mãos quando estão em ação e a prestar menos atenção nas mãos paradas, suspensas na reflexão, nas dúvidas, na "escuta" do material. São documentações como essa que deslocam os olhares e os pensamentos dos professores e fazem conhecer melhor algumas crianças cujas características são menos evidentes.

Naqueles anos, a construção de alguns cavalinhos de argila de duas meninas de 4 anos e meio se tornou um pouco o símbolo desse interesse em alargar o campo de observação de como o mesmo contexto e problema é enfrentado por sujeitos diferentes (Figuras 9.29-9.39).

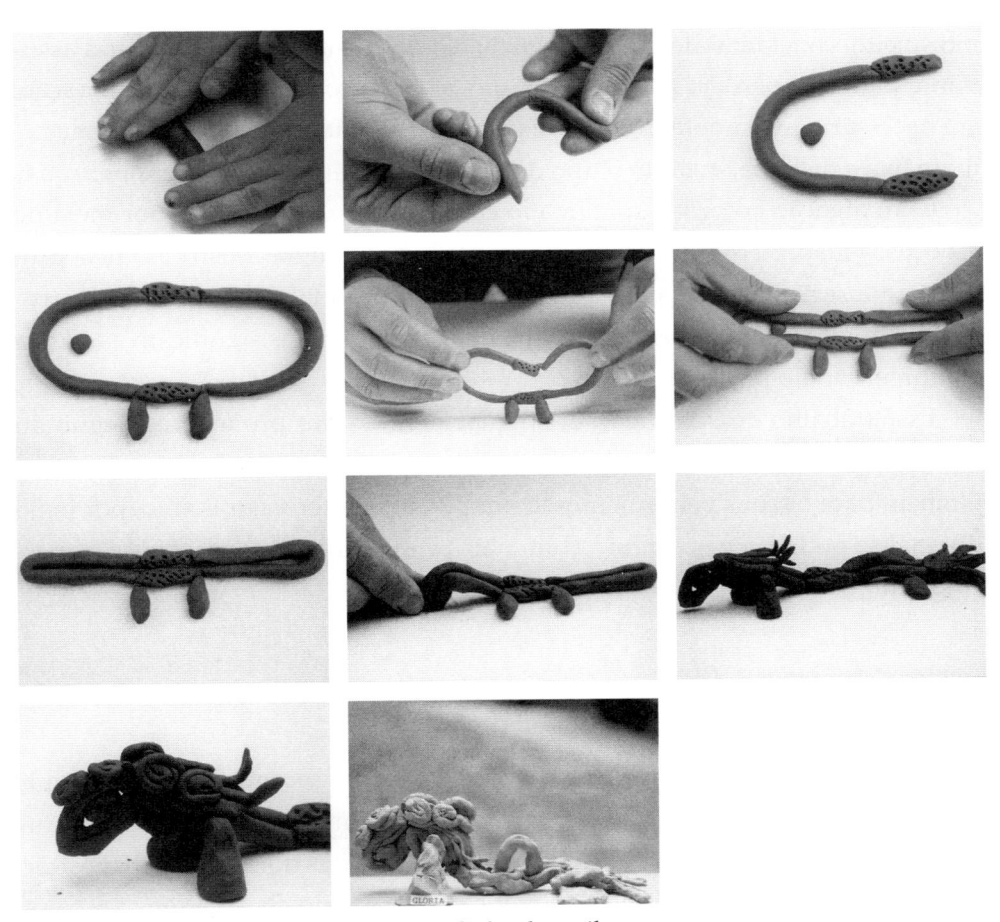

Figura 9.29-9.39 – Construção de um cavalinho de argila.

Lembro-me de que Malaguzzi, vendo o material fotográfico pela primeira vez, reprovou-me por ter imprimido as imagens com dimensões reduzidas e, desse modo, na sua opinião, ter dado pouca importância à documentação inteira. Ele intuiu imediatamente que documentar os processos individuais de modo tão atento levaria a novas informações e a novos pontos de vista preciosos sobre a interpretação do mundo das crianças.

Cada nova fase que enfrentávamos também continha, por clareza comunicativa, novas maneiras de documentar e, para ilustrar os processos individuais, no caso dos cavalinhos e em alguns outros, a técnica que nos pareceu por ora a mais adequada para colher as diversas e articuladas passagens foi a de uma reconstrução posterior do processo, realizada pelo adulto.

Justamente por não ter a máquina fotográfica sempre apontada para o mesmo sujeito, considerando o aspecto invasivo que a sua presença poderia assumir, e para não perder, ao mesmo tempo, as fases construtivas da elaboração, era necessária uma anotação mais discreta, inteligente e detalhista, ou uma câmera fixa e distante, quando o tipo de proposta didática ou contexto permitia.

Com atenção ao processo, filmado com a câmera ou anotado por meio de esboços, à mão, o *produto* da criança era sucessivamente reconstruído pela professora, observando com cuidado a elaboração original. Durante a reconstrução, eram fotografadas as fases construtivas consideradas significativas para a compreensão do processo.

Esse trabalho de investigação, no qual as mãos dos professores, seguindo os traços das mãos das crianças, procuram construir e dar forma e imagem também para os seus pensamentos, é um percurso interessantíssimo, por meio do qual se pode chegar a intuir, com mais profundidade, as escolhas e os percursos feitos pelas crianças.

Novas estruturas documentativas

Frequentemente, já naquele período, percebíamos ser impossível conseguir comunicar os projetos realizados com as crianças somente por meio de instrumentos usuais de uma mostra tradicional, pelos limites do espaço à disposição e pela necessidade de uma leitura sintética por parte do observador.

Na documentação dos processos, não podíamos pular muitas fases do percurso, caso contrário, o próprio objetivo da operação seria traído e tornado incompreensível, por isso, para documentar corretamente um processo, era necessário um maior espaço de exposição e a possibilidade de conceder-se também uma leitura mais lenta.

Idealizamos, assim, uma forma de publicação interna, chamada *cadernos de estudo e pesquisa*, que se revelou um dos melhores instrumentos para a evolução da formação de professores e de atelieristas, justamente porque esse tipo de publicação, além de envolver duas linguagens (a visual e a escrita), permite comunicar um maior número de interpretações do que uma documentação na parede, pode ser facilmente reproduzida (antigamente, com a fotocopiadora; hoje, com o computador), e pode ser distribuída para mais pessoas, para receber de retorno mais interpretações e a contribuição de mais pontos de vista.

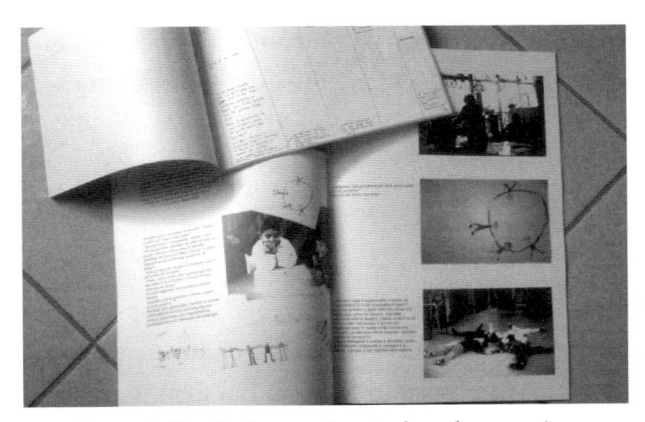

Figura 9.40 – Cadernos de estudo e de pesquisa.

Não é simples tornar compreensível, para quem nunca vivenciou as dificuldades, a quantidade de atenção e de síntese interpretativa requer uma documentação similar para entender melhor o que foi realizado com as crianças e qual pode ser o legado da aprendizagem adquirida daquela maneira, tanto para as crianças quanto para os professores.

Um projeto é um fluir de muitas coisas, a ocorrência concomitante de eventos interessantes. São muitos os caminhos em que é necessário escolher para qual direção ir, procurando, ao mesmo tempo, não prevaricarmos, isto é, não trairmos as estratégias e os pensamentos das crianças, mas identificarmos, de modo constante, os aspectos mais importantes a serem enfatizados e desenvolvidos.

Provavelmente, as estratégias que podem ajudar nesse processo evolutivo são diferentes, mas, pela minha experiência, consegue-se melhor quando se chega a interpretar e a conceitualizar, de modo contínuo, o que acontece durante o percurso.

Nas últimas mostras realizadas, trabalhamos muito esse aspecto, e falarei disso nos capítulos relativos às novas mostras: *Diálogos com os lugares* e *As maravilhas de conhecer*.

No final do trabalho de documentação e de reelaboração, são necessárias interpretações e sínteses, até que permanecem somente os elementos considerados essenciais, isto é, capazes de comunicar o sentido do trabalho feito, porque, caso contrário, a documentação pode tornar-se simplesmente uma fiel história sequencial das fases do percurso, um trabalho menos interessante, distante do que, por meio da documentação, seria necessário chegar a entender e a comunicar.

Creio que, nesse caso, também o confronto com outros pontos de vista, enquanto se trabalha, seja um dos elementos que mais ajuda e que permite aumentar a qualidade do percurso interpretativo.

Crianças documentadoras

Nesses últimos anos, colocaram-se em jogo as próprias crianças como documentadoras, isto é, foi oferecido às crianças documentar os processos de trabalho dos colegas, e isso foi permitido pelo uso fácil das câmeras fotográficas digitais.

Como sempre, quando se trabalha com crianças, o resultado foi muito interessante, mas, toda vez que pegamos novos caminhos, é preciso encontrar tempo para discutir e entender melhor o que está acontecendo.

Não refleti, não refletimos ainda o suficiente sobre o que significa, para as crianças, enfrentarem, no papel de documentadores, um processo de documentação; a avaliação ainda está em curso: existem propostas, como essa, das quais é bom esclarecer logo os limites, para distanciar os riscos.

Se é justo nos perguntarmos se e como mudaria o percurso de aprendizagem se houvesse uma maior atenção às próprias estratégias individuais desde pequenos, é também justo ter algumas cautelas.

Confesso algumas das minhas perplexidades a propósito disso, pois temo sempre um comportamento de imitação de papéis típicos do adulto, que são muito distantes da identidade e dos interesses das crianças.

As crianças são tão perspicazes, sabem interpretar tão bem as solicitações que acreditamos sequer ter mencionado, e são tão hábeis que os mal-entendidos são fáceis de ocorrer.

Talvez com as crianças maiores, ao comparar com as outras crianças da escola da infância, pode ser uma boa modalidade, mas, antes de qualquer avaliação, é sempre necessário tentar, tentar novamente, e refletir sobre os efetivos benefícios.

Novos olhares

Após essas experiências, em 2000, estávamos prontos para enfrentar, com domínio suficiente, a pesquisa que devia ser realizada com os pesquisadores do Project Zero, da Universidade de Harvard (EUA): *Making Learning Visible: Children as Individual and Group Learners* (Rinaldi, Giudici e Krechevsky, 2001). A pesquisa se propunha indagar e entender melhor não somente o trabalho em grupo das crianças, mas o quanto a individualidade de cada menina e menino era enriquecida ou condicionada ou se modificava em relação ao grupo, isto é, quais eram as condições para que um grupo se tornasse um grupo de aprendizagem.

Formou-se uma pequena *equipe* de trabalho composta por pesquisadores da Universidade de Harvard e pelo pessoal das escolas da infância reggianas, e aconteceram vários encontros e discussões para configurar a pesquisa. Posteriormente, as Escolas Diana e La Villetta se tornaram os ambientes nos quais conduzir – atelieristas, professores, pedagogistas – uma pesquisa em campo para, depois, interpretar o material documentado, em diversos encontros com a equipe completa da pesquisa.

Lembro-me de que logo aplicamos as reflexões que tinham nascido ao longo dos primeiros encontros a um projeto que estávamos iniciando na Diana, com crianças de 5 anos, no qual essas crianças projetavam decorações de um jardim interno da escola, que, efetivamente, tornaram-se depois *A parede bela*, título dado pelas crianças para a obra em cerâmica que ainda decora o jardim. É inacreditável como se pode mudar o olhar, se houver orientação para novos pensamentos!

A máquina fotográfica me ajudava a descobrir e a comunicar uma série de aspectos que não me parecia ter colhido nas documentações feitas anteriormente, e, assim, outro ponto de compreensão das estratégias das crianças vinha juntar-se aos anteriores.

Eu descobria e documentava como, no interior de um grupo de aprendizagem, eram formados facilmente alguns subgrupos, via os seus ritmos e as diversas estratégias.

Pessoalmente, talvez o aspecto que mais tenha me tocado desde o princípio foi o de descobrir uma espécie de *bom-tom*, talvez mais, uma espécie de pacto social, gerido entre o formal e o ético, que sustenta o grupo de trabalho, construído por meio da linguagem verbal, de gestos, de tons, de mímica, proxêmica.

Tudo isso com uma base democrática, mesmo nesse caso, com regras nem sempre facilmente compreensíveis e aceitáveis por parte do mundo adulto, que, às vezes, parecem quase cruéis. Como aquela de uma assembleia na qual a regra estabelecida pelas crianças era que todos os presentes deveriam dar o próprio parecer verbal a certa questão. Nesse contexto, todos eram obrigados a dá-lo, mesmo se não tivessem vontade.

Devo, porém, acrescentar que, mesmo o mais tímido, aceitada a regra estabelecida pelo grupo, consegue expressar algo e, em consequência, é muito feliz com isso e, em geral, adquire segurança.

Para que, em um produto final coletivo, a participação de cada sujeito que faz parte do grupo de trabalho se torne visível, as crianças estão prontas a propor estratégias e procedimentos um pouco loucos, como alguns daqueles que documentei no livro *Making Learning Visible*. Em um deles, um grupo de crianças, para não ter que escolher um só entre os esboços de três diferentes autores, prefere fazer um completamente novo, chamando muitos amigos para colaborarem e, por meio de um procedimento muito longo e entediante idealizado por elas (do qual, porém, todos participaram, resistindo até o fim), chega-se à redação do novo esboço do qual todos formalmente participaram. São coisas que, pelo menos em parte, talvez saibam, mas que eu via se desdobrarem e se esclarecerem diretamente na frente dos meus olhos enquanto fotografava.

Mais uma vez, novos pensamentos e uma atitude de curiosidade e de investigação demonstram a capacidade das crianças de *guiarem o olhar*, de fazer avançar e evoluir os conhecimentos.

Uma importante obra para a cidade

Um projeto importante, que fizemos pouco depois, foi uma nova oportunidade para testar e documentar o trabalho de grupo: tratava-se de idealizar e realizar uma cortina para um teatro histórico da cidade. Já acenei isso anteriormente aqui e acrescento algumas informações agora.

Era 1998, e se tratava de um projeto corajoso, tanto para Antonio Canova, diretor dos teatros de Reggio Emilia, que o tinha proposto, com a aprovação entusiasmada da então prefeita Antonella Spaggiari, quanto para nós, que tínhamos aceitado, porque não era simples realizar uma obra tão bonita para poder ser acolhida em um importante teatro do século XIX, como é o Teatro Ariosto.

Para quem estiver interessado em conhecer mais detalhadamente a projetação e a realização da cortina, há um livro que conta a sua história (Vecchi, 2002), mas, aqui, quero enfatizar somente dois aspectos: o primeiro, que, creio, seja óbvio, como as escolas da infância de Reggio e, nesse caso, em especial, o ateliê conquistaram a confiança de uma parte da cidade a tal ponto que recebeu uma solicitação desse tipo, acredito que única no mundo; o segundo, como esse projeto era resultado de tantos anos de observação e de documentação.

Além de um projeto excepcional, é, sobretudo, a história de um grupo de crianças e adultos acompanhados *de perto* do início à conclusão do projeto. Procuramos tornar visível, tanto quanto é possível, como são geradas as ideias e como se desdobram; o papel dos diversos sujeitos do grupo e a aproximação dos adultos; os períodos de crise, quando o projeto tem um momento de estalo e tem-se dificuldade de encontrar o caminho para continuar.

Relendo-o, apesar de todas as críticas que podem ser feitas a passagens que podiam ser mais bem cuidadas e aprofundadas, acho que é, de qualquer forma, um relato útil para quem quer trabalhar em grupo e enfrentar, com as crianças, uma obra coletiva.

Quem faz esse percurso de trabalho percebe o quanto é difícil deixar que as crianças sejam autoras de todas as fases de projetação e realização da obra, e não somente executoras de belas formas individuais.

Enfim

Nos últimos tempos, revisitamos a observação e a documentação pedagógica por meio da realização da nova mostra: *As maravilhas de conhecer*.

Nessa fase do nosso longo caminho, emergiram com força algumas questões:

- a importância da estrutura narrativa na qual se desenvolve a comunicação, como grande e fundamental *feedback* para a própria compreensão do trabalho desenvolvido;
- a importância dos documentos de trabalho, elaborados como trabalho contínuo, para poder consultar, para se aprofundar mais e entender melhor os processos das crianças e as escolhas dos professores;
- a oportunidade de uma documentação e de uma comunicação que tenha como referência todo o ambiente que a acolhe, que se desenvolve em múltiplos planos: escrita, imagens, objetos.

Não mais, por isso, uma documentação só bidimensional e gráfica, mas, também, tridimensional e ambiental. Isso significa um projeto que prevê acessos e modalidades diferentes da comunicação. Essa, porém, é uma consideração que ainda não foi totalmente colocada em prática, e, como todas as coisas novas, necessita de mais tempo e de mais tentativas para se definir. A meu ver, porém, é uma interessante estrutura documentativa que, na sinergia de elementos diversos, encontra significados mais profundos e uma maior força comunicativa.

A escuta visível
Conversa com...

Isabella Meninno *é especialista em* design *e projetos gráficos, produções e* fashion design, *substituiu Vea Vecchi na Escola Diana por 5 anos.*

Giovanni Piazza, *entre os primeiros atelieristas homens a entrar nas escolas da infância, trabalhou por quase 30 anos na Escola Municipal da Infância La Villetta e foi o coordenador do ateliê Raggio di Luce, no Centro Internacional Loris Malaguzzi.*

Mirella Ruozzi *fez cursos de especialização artística em cerâmica. Após uma primeira experiência na Escola Municipal da Infância Ada Gobetti, desenvolve um papel de documentação e de formação há alguns anos no laboratório Gianni Rodari.*

Simona Spaggiari *é especialista em pintura, com experiência como artista visual e* videomaker. *Substituiu Isabella Meninno no papel de atelierista na Escola Diana, na qual trabalha atualmente.*

Barbara Quinti, *diplomada em arte do tecido, trabalha há diversos anos na Escola Municipal da Infância Bruno Munari.*

Vea: No trabalho de vocês como atelieristas, quais foram as experiências mais importantes?

Mirella: Se devo falar da minha experiência de atelierista, daquilo que mais me formou, devo falar, sobretudo, do meu encontro com a creche. Desde o início, pediram-me para documentar com a máquina fotográfica (um dos instrumentos que entram na escola com a "caixa dos instrumentos" dos atelieristas), além das experiências da minha escola, também aquelas das primeiras creches municipais. Eu, inicialmente, não entendia porque o professor Malaguzzi me mandava à creche, mas, depois, compreendi, e, hoje, sou-lhe profundamente grata, porque me permitiu ter uma visão mais complexa do crescimento das crianças e da evolução das suas estratégias.

A primeira coisa que me desorientou foi como a linguagem verbal, que, na escola da infância, é tão preponderante, na creche, passava para o segundo plano, porque só algumas crianças maiores começavam a expressar-se verbalmente... Era preciso escutar as diversas linguagens comunicativas que as crianças utilizavam: os seus olhares, a mímica do rosto, as posturas do corpo.

Com as educadoras da creche aprendi a importância de observar/escutar para capturar o que, às vezes, é um instante muito rápido, feito de segundos, ou um momento lentíssimo de encantamentos voltados para o mundo ao redor, com o qual as crianças pequenas procuram entrar em relação, procuram indagar, explorar, com o desejo e a curiosidade que distingue quem está entrando na vida e tem vontade de crescer.

Nasceram, assim, diversas *micro-histórias*, sequências fotográficas que procuram conter as qualidades das relações tecidas pela criança e de revelar algumas modalidades, estratégias do ser e do expressar-se da criança.

Quando eu levava algumas micro-histórias fotográficas a Malaguzzi, ele ficava muito contente, pois tornavam visível uma imagem de criança que contrastava com a ideia de criança pequena incapaz de construir as próprias relações... Atribuíamos às crianças a autonomia, a curiosidade de investigação, a sagacidade para superar as dificuldades. Fotografá-las era tirá-las da invisibilidade, testemunhar a cultura da infância.

Então, para mim era difícil entender, com base na observação das crianças, como apoiá-las nos seus interesses, nas suas curiosidades, nas suas aprendizagens, quais propostas, quais relançamentos fazer.

Assim, iniciou-se uma ligação entre mim, a creche e o escritório do professor Malaguzzi, ao qual, obstinadamente, levava as minhas primeiras documentações... Com base nas perguntas, nas reflexões que fazíamos sobre as documentações, eu podia voltar para a creche, a fim de refazer ou de preparar um novo contexto ou para fazer relançamentos...

Outra coisa difícil de compreender era esse crédito à criança pequena que o professor Malaguzzi reconhecia. Quando ele olhava algumas micro-histórias fotográficas que eu lhe mostrava, as suas exclamações eram equivalentes ao meu encantamento. Eu não entendia: O que havia que suscitava tanto entusiasmo? Entretanto, a sua *torcida* pelas crianças era contagiosa.

Concordo com os colegas atelieristas que os desenvolvimentos expressivos das crianças não começam com 3 anos, mas muito antes, e, como atelieristas, temos o dever e a responsabilidade de investigar e documentar essa evolução das formas.

Giovanni: Em Malaguzzi, havia também a capacidade de escolher as pessoas pelas suas competências específicas e de dar-lhes a possibilidade de fazê-las crescerem. Nesse sentido, a sua aproximação à criança pequena correspondia a uma curiosidade que você já tinha, a um desejo seu. Para mim, nesse sentido, a criança pequena estava muito distante.

Tinha 20 anos quando cheguei à Escola La Villetta (a inserção de figuras masculinas em instituições todas femininas, naquele período, era uma das lutas a se enfrentar), e o que mais me impressionou, chamou a minha atenção, era a participação das famílias e do bairro na escola. Uma participação forte, sólida e muito articulada. Entrei em 1973, e já havia na escola uma história longa, que eu tinha dificuldade para interpretar: a Escola La Villetta tinha sido aberta pelos pais, pelos moradores do bairro e da cidade; assim, antes de ser um lugar educativo para quem o vivia de dentro, crianças e professores, era um lugar educativo para todo o contexto externo.

Vea: Como você conseguiu superar essa dificuldade?

Giovanni: Antes de tudo, graças à compreensão de que o trabalho não é só uma questão de caráter individual: descobri, mesmo com dificuldade e, em partes, sofrendo, a importância do construir junto (e, por isso, devo agradecer às minhas colegas de então, principalmente Amelia e Lorena, que, tendo entrado antes, já tinham vivido essa passagem). Gostei de trabalhar com os outros, porque iam me mostrando a minha identidade, que estava em contínua evolução. No entanto, não conseguia, ainda, avaliar o meu trabalho, não tinha construído parâmetros com os quais regular a minha profissão; por isso, eu fazia o que me diziam para fazer, mesmo que, às vezes, eu não estivesse convencido.

Somente quando as professoras da classe começaram a compartilhar os projetos comigo, depois que começaram a me avaliar, as coisas mudaram. A primeira solicitação chegou três meses depois da minha chegada: organizar um encontro com todas as famílias da escola sobre o ateliê, sobre a presença de uma figura masculina e sobre a ideia do ateliê como um lugar de exploração das linguagens. No encontro com as professoras da classe, procuramos logo trabalhar com projetos muito pequenos, com enormes dificuldades minhas, porque eu tinha a tendência de *me estender* em muitas experiências, e foi justamente no início que fizemos uma pequena pesquisa sobre o "cômico e a ironia das crianças" (tema que eu percebia estar em sintonia com o meu caráter), um percurso breve, mas intenso.

Simona: Quando entrei na Escola Diana, senti logo que todo o ambiente era impregnado de cultura, sentia-se a estratificação de pensamentos e reflexões abertas à escuta da contemporaneidade: além de crianças e de famílias, a escola cresceu acolhendo ideias de arquitetos, *designers*, artistas... Isso me fazia sentir mais em casa, porque já havia algo que me refletia, ligado à minha formação e ao mundo do qual eu provinha.

Encontrei professoras extremamente curiosas: as experiências que tinham sido construídas ao longo dos anos não as impediram de se colocarem logo em diálogo comigo. Isso me surpreendeu muito e pensei: *"Essa cultura, sim! Isso que continua existindo nessa escola é amor pela pesquisa e pela mudança"*.

Vea: Acredito que essa atitude, em parte, deve-se, também, a você mesma, a como você se apresentou, a como você é.

Simona: Deve-se a mim mesma, mas, também, a uma relação de grande troca que as professoras encontraram nas atelieristas que vieram antes de mim e acredito que tenha contribuído muito para construir nelas a necessidade de se confrontarem com o mundo da arte.

Quem eu menos conhecia eram as crianças, e o que comecei a fazer espontaneamente foi escutá-las enquanto brincavam e exploravam autonomamente: eu era curiosíssima, queria *escutar* a cultura delas, entender onde estavam e quem elas eram. Descobri que a coisa mais contemporânea da minha escola eram justamente as crianças, mais contemporâneas que os materiais e os contextos oferecidos para elas.

Por isso, comecei com elas, com o meu olhar que se cruzava com o das professoras: comecei a procurar o que poder trocar com elas e me apaixonei pelo momento, pela palavra e pelo gesto que dura um instante e que, capturado, interpretado e relançado a elas (e essa é outra responsabilidade do atelierista, conseguir construir pontes entre a cultura contemporânea das crianças e de hoje e as práticas cotidianas) origina um mundo. Até nos brinquedos trazidos de casa pelas crianças, que, frequentemente, com uma leitura rápida, para um adulto, podem parecer bobos e impregnados de estereótipos incômodos, podem esconder pistas, como a palavra "polimerização" escrita em um jogo de cartas... Quando as ouvi utilizar essa palavra, polimerização, comecei a construir em mim algumas conexões: "A polimerização é conexão, é relação e, provavelmente, conflito... Ah, interessante, agora a deixo aqui... E se eu tentasse unir a prática digital com esse *conceito amoroso*, o que poderia acontecer?".

Enfim, comecei a construir imaginários, possibilidades para interagir com elas, e elas sentiam isso; sentiam, sobretudo, que eu as reconhecia, que falava, ao menos em parte, a linguagem delas.

Barbara: Sempre procurei, mesmo trabalhando com todas as turmas, manter um pequeno trabalho de pesquisa no ateliê. Às vezes, acabava discutindo um pouco com as professoras, para ganhar mais tempo, mas, para mim, representava um pouco a liberdade, um espaço em que eu podia sozinha experimentar e procurar entender. Um pouco como Simona fez: ela observava as crianças nas suas práticas livres, nas brincadeiras etc., fiz isso, mas dentro de um tema proposto, mesmo simplesmente dentro da cor, da argila. Como pessoa, como artista, eram materiais que eu utilizava, mas, depois, conectá-los com as crianças era outra coisa.

Para mim, *a matéria* foi um pouco o meu contato com as crianças, porque, sendo muito fascinada e interessada na matéria, eu me senti, por meio desse comportamento, muito em sintonia com elas. Por isso, eu me sujava com argila, com tinta, e ganhava e elas ganhavam, parecia-me, dessa maneira, conhecer as crianças um pouco mais, porque eu tinha a ideia de que a linguagem do manipular, construir com o material, falasse por meio dos sentidos.

Vea: Quero perguntar uma coisa para Simona sobre a matéria, o material. Você, que tem experiência como artista de videoarte, sempre trabalha com a matéria com as crianças? O que considera matéria, material?

Simona: Penso que, como artista, assim como as crianças, trato a tecnologia digital como material para indagar, pelo qual procurar respostas. Para as crianças, nada ainda foi codificado em uma interface do computador e elas experimentam cada um dos instrumentos dos programas, recontextualizando-os criativamente, transformando-os em aliados para a simulação e construção de imaginários ou de respostas para mistérios científicos, relacionais e estéticos.

Nas minhas pequenas experiências desses anos, percebi que as crianças, quando criam por meio do computador, têm uma elevada participação física, e parece que a sua utilização seja muito mais performativa e relacional do que costumamos pensar. Parecem brincar com um *videogame* coletivo empolgante, mas a diferença é que, na escola e no ateliê, são elas as autoras de tudo: decidem que história contar, que tempos utilizar, que poderes desenvolver e quais instrumentos reais ou virtuais inventar ou utilizar para serem protagonistas do acontecimento.

Pode ser experiência? Na realidade, não. Não se toca nesse assunto...

Vea: Pergunto, sobretudo a Giovanni, que experimentou muito o digital com as crianças, mas, também, aos outros, o quanto o digital é um modo de explorar, de expressar-se, que constrói também estratégias mentais e, por isso, processos de aprendizagem, em parte, diferentes em relação à argila ou ao material a ser manipulado. O quanto trabalhar com um material que se toca, que se cheira, que suja, que produz processos diferentes em relação a *lidar* com o digital? Não estou fazendo agora uma avaliação de qualidade, mas acredito que cada nova situação, e, sem dúvida, o digital é novo, deva gerar perguntas que nos ajudam a observar e a construir conexões. Você, Simona, diz que o digital é um contexto que oferece muitos pontos e elementos com os quais trabalhar...

Simona: Na verdade, deveríamos pensar no digital também em relação ao que nos circunda, em relação ao mundo, porque, sem percebermos, absorvemos o digital como possibilidade extracorpo: o tempo, o espaço que não se mede mais com as nossas pernas, nem mesmo com os aviões... De alguma forma, já somos um supercorpo, uma possibilidade que vai além, partindo de nós, abrindo novos pontos de nós, abrindo novos pontos de observação e de ação.

Mirella: O digital é entendido como uma linguagem.

Giovanni: Não, para mim, não é linguagem, é um ambiente, um ambiente dentro do qual é possível encontrar, misturado e junto, uma quantidade de possibilidades interpretativas da realidade, que podem ajudar, cada vez mais, a definir melhor, por meio também das linguagens tradicionais, o que se quer comunicar e expressar. Infelizmente, a impressão é de que o digital esteja distante dos planos de caráter educativo.

Simona: Acredito que distanciar o digital dos planos de caráter educativo seja uma atitude irresponsável. Por que escolho propor também o digital? Porque sinto que tenho uma responsabilidade: é claro, o mundo está cada vez mais digitalizado, sobretudo, em relação à comunicação, e comunicação quer dizer relação e troca. Além disso, pensamos nos efeitos especiais televisivos e de *videogame* cada vez mais hiper-reais. As crianças estão imersas nessas coisas, fazem experiências com elas todos os dias. Entretanto, não é minha responsabilidade procurar com elas estratégias que nos ajudem a construir "anticorpos" que mantenham sempre viva em nós a necessidade de não perder de vista a fronteira variável entre a vida e a sua simulação?

Eu gostaria de oferecer às crianças um ambiente digital construído com base na metáfora, na sinestesia, na similitude e em algum mistério. Talvez possa existir uma boa prática do virtual, assim como pode existir uma prática boa ou ruim da pintura: um virtual estético, não anestesiante.

Eu gostaria de sustentar a escuta das linguagens poéticas e se uma dessas linguagens é feita com o mesmo material que compõe o *videogame* ou com as horas passadas em frente à TV, melhor ainda, porque *videogame* e televisão pouco se concentram nesse tipo de pesquisa.

Vea: Entretanto, são propostos *simultaneamente*, sem abandonar o resto, os outros materiais, as outras experiências exploratórias e expressivas.

Simona: Outra responsabilidade é essa. O que pode faltar para nós e para os adolescentes é a abordagem ética ao digital. E onde se aprende isso? Penso que apoiar as crianças a se tornarem construtoras e autoras de experiências digitais, e não só usuários, seja uma das possibilidades para desenvolver uma abordagem crítica. Nesse processo, é imprescindível a contínua relação com a beleza e as razões da natureza biológica, na qual se procuram perguntas e se encontram respostas que nos apoiem na construção de uma ética e uma ideia de estética, que poderá ser praticada também no ambiente digital.

Vea: É uma vida rica e poética que leva a usar o digital de maneira criativa.

Giovanni: Em 1989, começamos a introduzir as estruturas digitais na escola e a fazer experiências com as crianças, e não foi por acaso que as inserimos no meio dos outros materiais.

Vea: Porém, certamente, não introduzimos "a sala de informática".

Giovanni: Com certeza, não, porque um ambiente, para ser gerador de criatividade, deve ser um ambiente misturado. Então, era, sem dúvida, a mistura das diversas linguagens e, portanto, as possíveis sinergias que indagavam antes da difusão do digital, por meio de outras modalidades.

Vea: Eu o vi utilizar o *scanner*, pela primeira vez, de uma maneira toda diferente da tradicional, como uma maneira de possibilidades, uma espécie de caixa expressiva, assim como o vi construir uma sala em que estavam visivelmente em relação todas as máquinas: computador, telas, retroprojetor, *scanner*, câmera digital etc.; tinha se tornado um contexto de direção. Esse potencial da possível conexão de muitas linguagens é um aspecto que ainda não entrou bem nas escolas, e não só por questão técnica.

Giovanni: Hoje, não existe mais uma questão técnica, porque a tecnologia custa pouquíssimo e, sobretudo, é feita para se falar sem fios e à distância, portanto, com o máximo do potencial. O problema é que não inserimos as tecnologias de uma maneira suficientemente articulada. Assim, se é verdade, como diz Bruner, que, para ver ou narrar qualquer situação, qualquer coisa que fazemos, é preciso construirmos uma história, então, aquele ambiente ali pode ligar e permitir histórias extraordinárias.

Simona: Às vezes, acredita-se que basta usar um computador, um *scanner* e um projetor para sermos atuais... Os artistas não pararam de usar a argila, porém, são diversas as intenções que levam ao gesto criativo. Muda a imagem porque mudam as referências, os contextos socioculturais, as tensões que levam ao gesto. Desse modo, na escola, o atelierista deve sustentar a renovação e a contemporaneidade, mesmo com os materiais e as linguagens mais tradicionais, nas suas possibilidades expressivas e de significação, com ou sem conexão com os instrumentos digitais.

Vea: Além da escuta das crianças, quais são os campos nos quais vocês trazem mais sugestões?

Simona: Na arte, certamente, mas a minha pesquisa se estende a tudo o que reconheço como contemporâneo... Acredito ter usado mais exemplos da vida, pois tenho a tendência a traduzir em olhares tangíveis e em motivações projetuais.

Mirella: Eu não sou tão "contemporânea", sou talvez mais artesã, porque amo usar as mãos, e eu e o computador estamos nos *conhecendo* sem pressa.

A arte me deu muitas sugestões para o meu trabalho... Por exemplo, na utilização da fotografia, olho com frequência para grandes mestres, como Cartier-Bresson, Luigi Ghirri e outros: a maneira deles de relacionar-se com a realidade e, desse modo, capturar, fixar imagens me ajudava a tentar dar mais força comunicativa à minha documentação fotográfica. A fotografia é como uma ideia, um pensamento que se traduz em imagem visual e provoca, sem necessidade de palavras, perguntas, estranhamentos. A fotografia, como invocadora de climas, atmosferas, sensações, é conceito.

Alguns debates sobre o assunto da fotografia digital capaz de criar um ambiente multimídia me deixaram muito curiosa...

Vea: Hoje, nas escolas de Reggio, para quais direções culturais se deveria *direcionar* a presença do ateliê? Se vocês fossem dirigentes escolares e tivessem de reafirmar o papel de qualidade como a estética e a poética como parte importante da aprendizagem, como fariam, também em nível concreto?

Simona: Eu sustentaria o valor da incerteza, porque temos de estar em escuta contínua da mudança. Acredito que estamos ligados um pouco demais às certezas, ao que já conhecemos: talvez seja preciso recuperar a capacidade de escutar e de fazer-se surpreender e ficar curioso pelo que está fora, pelas crianças de hoje em contínua mudança. As teorias, as certezas já validadas há tempos deveriam se transformar em aliadas no encontro com o novo: mesmo sendo válidas, nunca se deve perder o prazer de confrontar-se com o não resolvido, com a dúvida, com o erro, que são os fundamentos da investigação.

Giovanni: É preciso que o ateliê esteja mais em sintonia com todas as pesquisas experimentais. Não falamos de materiais e de linguagens de caráter expressivo, mas o ateliê não fala só disso, fala também de linguagens científicas.

Então, o mundo digital, a possibilidade de mover-se do micro ao macro e em níveis diferentes de compreensão, devem ser a base para um ateliê que esteja em mais planos e com mais disciplinas simultaneamente.

Mirella: Trabalho muito a formação com professores e acredito que o papel do atelierista deva ser mais utilizado como recurso de sistema. Isso não quer dizer deixar de cuidar da própria escola, mas, na escuta com outras realidades, conseguir dialogar com outros pontos de vista e competências pode oferecer muitos enriquecimentos recíprocos.

Barbara: Sinto a necessidade de levar para dentro da escola e do ateliê a contemporaneidade, mas se, no passado, éramos sustentados por referências culturais fortes, inovadoras, que entrelaçavam a pedagogia com outros campos do saber e isso me permitia manter em equilíbrio o pensar e o agir com as crianças, hoje referências culturais e pedagógicas são... mais frágeis, talvez? Mais escondidas? [...] Hoje tenho mais dificuldade em identificar o "*novo*" que realmente renova.

Vea: Isabella, lembro como sempre a deixava curiosa trabalhar com as crianças... e a relação com os professores.

Isabella [Por motivos de compromissos de trabalho e pessoais, a entrevista foi realizada separadamente à com outros atelieristas]: Devo partir da minha experiência atual, em uma nova escola, em um novo grupo de trabalho, para entrar no discurso, porque a memória está mais fresca e próxima.

Muitas eram as professoras novas, que não conheciam de maneira clara o papel do atelierista. Quanto às professoras *mais velhas* compartilhávamos, sim, o mesmo princípio filosófico, mas com diferentes consciências e pressupostos, construídos em grupos de trabalho diferentes, em duas diferentes escolas. Um grupo de pessoas se torna "grupo de trabalho", um grupo que sedimenta pensamentos e poéticas, expressões, maneiras de confrontar-se, constrói uma linguagem externa, mapas culturais e conceituais que permitem criar e progredir. Esse percurso precisa de tempo, para construir uma confiança recíproca, uma apreciação, um apoio que valoriza os processos dos adultos, tanto quanto o processo das crianças. É o tempo que sedimenta as consciências, a consciência de si mesmo e a dos outros. Não se pode fazer nem no primeiro, nem no segundo e nem mesmo no terceiro dia. São dinâmicas de grupo que valem para os adultos, mas, também, para as crianças. Com as crianças, acho que seja necessário um tempo projetual longo, em que elas construam habilidades e consciências, capacidades e desejo de se confrontarem com os valores, os desejos, as capacidades, a rigidez, a "maravilha" do outro, o pensamento que está no outro.

O projeto é o de construir acordos entre adultos e com as crianças, acordos que se tornem sólidos e fortes, e permitam aos projetos decolarem. Passagens invisíveis e dificilmente documentáveis.

Entrei em uma escola em que muitas coisas eram visíveis e outras, nem tanto; fui a primeira que se recolocou em jogo. Eu falava uma linguagem diferente dos professores, falava com base em outros imaginários, e os imaginários não podem ser construídos de hoje para amanhã, devem ser construídos em conjunto.

Os imaginários são construídos, compartilhando-se algumas palavras de uma *língua comum*. Por exemplo, falamos de linguagens expressivas, mas o que significa isso para uma nova professora que chega fresca da universidade? De maneira categórica e um pouco programatória, procurei rediscutir linguagens que se veem nas classes que, às vezes, tornam-se um pouco óbvias. Quando isso acontece, a rotina banaliza as potencialidades de um instrumento e de uma linguagem. Por exemplo: O que faz a mesa de luz na sala? De que maneira a estamos utilizando? É um instrumento que permite fazer descobertas?

Trabalhamos e estamos trabalhando com o ambiente, sobre a disposição do material, sobre as propostas, sobre os suportes da documentação para as crianças.

Os materiais têm potencialidades intrínsecas diferentes, mas é necessário, creio, encontrar para eles um lugar e uma disposição que os torne fascinantes. Criamos *ilhas de materiais* em que não há uma separação clara para os materiais, para as "mensagens" ou para a mesa de luz e para uma experiência com a argila. A aproximação os torna fluidos, *contagiantes*, possíveis sugestões de entrelaçamentos diversos. Entretanto, esse também é um percurso para ser construído inteiramente com as professoras, antes que, para as crianças, torne-se um verdadeiro recurso, do contrário o risco é, em vez de criar, contagiar o material, criar só confusão. Cada material deve ser indagado profundamente para se entender as potencialidades, a poesia. Cada um de nós, com um pedaço de plástico, constrói diversos imaginários. A imagem de um fragmento banal de plástico pode tornar-se um objeto especial para nós, sobretudo antes de propô-lo às crianças; caso contrário, aquele fragmento corre o risco de permanecer insignificante até nas mãos das crianças.

Vea: As professoras concordam em fazer esse jogo?

Isabella: Acredito que a minha entrada tenha sido para elas também uma fonte de "incômodo": tínhamos uma imagem diferente do cotidiano, uma organização diferente da manhã, uma imagem diferente de relação com o ateliê à qual eu estava acostumada. De um ateliê que permeava tudo, que tornava possível o acontecimento contemporâneo de muitas coisas em uma difícil, trabalhosa, mas fascinante gestão. Uma gestão que, para mim, assemelha-se mais com as crianças e com a mente, capaz de gerir contemporaneamente mais informações. Organizar uma projetação para grupos de trabalho diária, semanal, mensal é como imaginar dez filmes que passam ao mesmo tempo por um mês, por uma semana, por um dia. Objetivamente, não é simples aprender a fazer isso.

Era necessário trabalhar lado a lado com as professoras para as diversas propostas. Nunca trabalhei sozinha no ateliê durante esse tempo. Eu tinha a necessidade de conhecer as crianças, mas, também, as professoras. Construir juntas *pistas de observação*, e, logo depois, documentar, para não dispersar as suas dificuldades, construir juntas as passagens do projetar, trilhar juntas a curiosidade das passagens sucessivas. Porque o ideal é sempre propor sem sugerir, pedindo para as crianças construírem situações para resolverem, mas sem dar soluções, pedindo para as crianças imaginarem sem nós imaginarmos muito antes, dar a possibilidade às crianças de realizarem, sem organizar demais antecipadamente. A tensão é inventar com o desejo de reinventar o conhecido. Palavras que, às vezes, podem ser traduzidas em fatos; outras vezes, descobrimos que somos incapazes de fazer de maneira melhor. A documentação nos ajuda a revelar as imperfeições e a reconduzi-las para aquela alquimia entre criança e projeto, entre teoria e pergunta. É por isso que acredito, cada vez mais, no projeto e na inseparável comunhão com entre observação e documentação.

Em contrapartida, aprofundar um assunto e conceitualizar, cada vez mais, o trabalho das crianças significa dedicar muito tempo à documentação. Uma vez revelada a passagem, aquele conhecimento a transporta para todas as outras linguagens e se torna um vocabulário que une um grupo de trabalho. Às vezes, eu me ofuscava no ateliê para terminar uma documentação. Essa também é uma passagem para compartilhar e sustentar. O que é a documentação? Para que serve? Ajuda a projetar o futuro? Se sim, então, tem-se a credibilidade de continuar fazendo o trabalho; do contrário, a atelierista, acredito, é obrigada a se tornar um apoio cotidiano da rotina das classes. Você, Vea, ensinou-me que não era assim, que a documentação tem um grande valor próprio de escavação e de conceitualização das próprias ações. Não é tempo desperdiçado: cada descoberta pode ser dilatada, extraída e transferida para outros contextos.

Vea: A importância do particular que constrói uma realidade mais ampla...

Isabella: Sim, porque sempre acredito que o risco é o de se acostumar a falar em geral, mas, quando é necessário retomar e reconduzir o fio da discussão e do trabalho com as crianças, existe uma *lacuna* grande. Aquele é o detalhe, o particular: aquelas crianças, aquele contexto, aquele projeto, aquele material que, juntos, constroem uma paisagem densa de detalhes e de particularidades, de poéticas e de linguagens. Todos concordamos sobre conceitos, porém, na realidade, é necessário traduzir o que significa para as crianças, para o seu viver e sentir.

Vea: Simona Bonilauri e Claudia Giudici (pedagogistas), na entrevista com elas, disseram, entre outras coisas, que se correu o risco, a um certo ponto, de *tecnicismo*, isto é, de que os atelieristas fossem protagonistas de uma corrida para técnicas diversas. Corre-se esse risco ao se enfrentá-lo de modo linear, isto é, ao se dar maior importância à técnica, e não à realização/interpretação do sujeito que se comunica, consciente de que matéria e técnica sustentam a qualidade da comunicação. Importante, também, é a disposição dos materiais e como são propostos.

Isabella: Certamente, até como se utilizam as palavras de apresentação dos instrumentos e dos materiais, para que esse encontro entre criança e matéria seja um pouco mágico, pouco óbvio, ainda que conhecido, prazeroso, ainda que cotidiano, porque, no encontro entre criança e material, facilmente acontece algo de extraordinário.

Vea: O quanto o fato de ser mãe facilitou suas aproximações às crianças? Desde que você teve seu filho, mudou alguma coisa ou não?

Isabella: Para certas coisas, sim, mas para outras foi o contrário, no sentido de que o extenso trabalho feito na Escola Diana me sensibilizou em relação ao meu filho, até porque significou sair de mim mesma como artista e retornar à escuta do processo criativo de outra pessoa. Nesse sentido, para um atelierista, acredito que uma das coisas mais difíceis para declarar e para praticar é sentir--se um artista promotor de uma ideia criativa com os seus imaginários. Acredito que o atelierista deva ter muitos imaginários dos possíveis percursos/desenvolvimentos de um projeto, mas deve fazer que eles não sejam seus, mas das crianças. Com frequência, aparece uma imagem tão forte na mente, que tendemos a fazer que ela se realize. Pode acontecer, e não há nada de grave, mas, muitas vezes, os imaginários das crianças não coincidem. Os processos das crianças são sempre surpreendentes, dificilmente previsíveis, e constroem estradas por caminhos diferentes dos nossos. A sua empatia com as coisas é sutil e sugere percursos solidários, ecológicos, democráticos, de qualquer forma, imprevisíveis.

Se os professores promovem um tipo de trabalho que é sempre similar, as crianças irão se habituar às normalidades e não se tornarão revolucionárias de si mesmas, não crescerão com a ideia de que cada coisa é expressa em diversas circunstâncias e com diversas modalidades.

Agora, em particular, o que me interessa é observar um processo individual, porque, por meio dele, consigo entender melhor os processos do grupo.

Vea: Alguns atelieristas e professores dizem que é muito difícil conseguir observar e documentar as individualidades no grupo. Talvez seja necessário deixar mais espaço para as explorações individuais. Se isso não é feito, é claro que existem poucas documentações de estratégias individuais. Espaços individuais significam que o professor aceite a imprevisibilidade, a incerteza, o equilíbrio instável, mas, também, a excitação e a alegria da descoberta.

Isabella: É necessário ter, também, muito material à disposição para que as coisas possam acontecer. Estão à serventia disso diversos materiais que não têm somente uma função precisa, que são livres para serem interpretados de maneira diferente; não são fechados, são materiais abertos.

Capítulo 10

RETOMEMOS O CAMINHO

Em 1994, morre Malaguzzi. Deixou-nos órfãos de um grande ponto de referência, mas todo o sistema de creches e escolas, após um breve período de dispersão, parecia ter resistido à perda de um mestre e, corajosamente, enfrentava novos desafios, como o nascimento da Reggio Children, que já estava presente nas teorias de Malaguzzi, mas tinha ainda de ser inventada e construída.

Naquele período, como mencionado, Carla Rinaldi e Sergio Spaggiari, diretores das creches e das escolas da infância, e a nova assessora das Escolas e da Cultura, Sandra Piccinini, tiveram de fazer escolhas não muito fáceis, porque coisas novas não são fáceis, mas talvez tenham sido justamente a atitude de pesquisa que o novo estimula, a incerteza, as dúvidas que surgem, que não só mantiveram unido um sistema de gestão muito complexo, mas levaram-no a evoluir e a interessar-se por aspectos culturais e organizacionais em geral não contemplados pela pedagogia tradicional.

Creio que tenha tido um papel importante para a evolução positiva das coisas a presença, naquele período, de uma administração particularmente amiga das creches e das escolas da infância, representada pela prefeita Antonella Spaggiari, como a conheci, mulher inteligente e capaz, de uma capacidade comunicativa invejável, com uma confiança otimista nas nossas possibilidades culturais.

Não participei de todas as questões que podem ter sido objeto de discussões e de escolhas administrativas e políticas. Sei, porém, que estar seguro da estima e da amizade por parte da Administração faz assumir uma atitude de confiança nas escolhas feitas. Confiança e amizade depositadas antes em Loris Malaguzzi, e, posteriormente, na equipe pedagógica e à Administração. Isso não significa não termos uma atitude vigilante em relação às escolhas que são feitas e não estarmos prontos para intervir em caso de desacordo. Não esperávamos, entretanto, traições nos valores de base, e isso nos fazia continuar a trabalhar com interesse e prazer.

O ateliê, nessas primeiras fases difíceis de passagem, foi especialmente importante para continuar a tornar visível, pelas mostras e pelas publicações, o trabalho feito no interior das creches e das escolas da infância, testemunhando como a perda de um mestre, caso indubitável de Malaguzzi, não era o fim de uma filosofia educativa.

Escrita visual

Uma presença importante para o ateliê e para todo o sistema de comunicação por meio das imagens foi a dupla de *designers* gráficos Rolando Baldini e Vania Vecchi, que por muitos anos nos aproximou e testemunhou como o *design* de um livro, de um manifesto ou de uma mostra não é uma simples ilustração, mas a elaboração de uma linguagem, uma *escrita* visual.

O *design* gráfico deles contribuiu para dar continuidade e reconhecimento, ao longo do tempo, ao nosso trabalho e a comunicar de maneira nova, culta e poética uma imagem de criança diferente das que eram tradicionalmente difundidas.

A longa colaboração deles contribuiu para nos lembrar que, para ser de qualidade, a linguagem visual necessita de um conjunto composto por síntese metafórica, conhecimento de elementos perceptivos, competências técnicas e interpretação poética. Além disso, é difícil pensar que essa cultura não tenha tido recaídas também no trabalho dos atelieristas, dos professores e dos pedagogistas com as crianças.

O trabalho de tantos anos dos dois *designers* gráficos, que ainda continua, contribuiu, sem dúvida, para fazer a nossa cultura evoluir e para dar, no momento da comunicação, uma identidade original à nossa pedagogia e, sobretudo, uma linguagem visual que está em grande sintonia com as teorias pedagógicas expressas.

Com uma constante atenção para não trair a cultura das crianças, para não simplificá-la em esquemas que são inaceitáveis para quem trabalha com as crianças e as estima.

Confesso ter certa dificuldade em ter contatos profissionais com *designers* gráficos, ainda que bons, mas quando o assunto é criança, parecem extrair de seus imaginários todos os estereótipos possíveis, de modo que são sempre longos todos os percursos de aproximação para conseguirmos nos entender em relação à imagem das crianças, tanto nós quanto eles, o que nem sempre leva a uma satisfação recíproca.

Mudanças

Com este capítulo, faço reflexões e me refiro a acontecimentos completamente no presente, o ritmo do relato se modifica, torna-se quase que um conjunto de anotações, contém comentários de acontecimentos considerados significativos. O meu trabalho atual não é mais direto nem cotidiano com as crianças. A pequena comunidade de uma escola como a Diana, que *respirava* uma cultura mais ampla, dava *feedbacks* mais verificáveis e mais diretamente modificáveis: eram as *mudanças de rota*. Um grupo unido como o da Diana era, de fato, um grupo de aprendizagem no qual parecia possível realizar o impossível. E acredito que isso é a *força vital* que ainda existe em muitas creches e em muitas escolas da infância de Reggio.

A Reggio Children surgiu justamente para ajudar e apoiar essa vitalidade, tentando defendê-la de riscos de cansaço, *acendendo chamas* culturais interessantes, introduzindo uma visão cada vez mais internacional, capaz de confrontos com o mundo ao redor. Outro objetivo é a difusão da cultura da infância, o que significa também ultrapassar os 6 anos, e a da cultura escolar. Assim eram as intenções, naturalmente, não fáceis de percorrer.

Além do nascimento da Reggio Children, da Associação Internacional Amigos de Reggio Children, outras mudanças importantes foram, sem dúvida, o nascimento da Instituição Escolas e Creches da Infância do Município de Reggio Emilia (2003) e a inauguração da primeira parte do Centro Internacional Loris Malaguzzi, em 2006, do qual falarei a seguir.

O interesse relativo à filosofia pedagógica reggiana, conhecida como Reggio Approach, cresceu e se expandiu ao longo do tempo, em nível internacional, construindo novos percursos que modificaram em parte o trabalho do ateliê e dos professores, chamados cada vez com mais frequência a comunicar o trabalho realizado para colegas italianos e estrangeiros.

Há alguns anos, um grupo de atelieristas trabalha com projetos comuns, ao mesmo tempo, nas escolas da infância e nas escolas primárias. Esse tipo de experiência tende a alargar o quadro de referência relativo à infância e leva, também, para os canais oficiais da instrução, novos modos de pensar a escola, ainda que, nesse campo, a experiência requeira tempo, escolhas corajosas e novas teorias de organização, sobretudo, em relação à escola primária.

A forte expansão da filosofia pedagógica reggiana tem o apoio da Reggio Children de diversos modos: por meio da promoção da mostra *As cem linguagens das crianças*, que já chegou a quatro edições em formato digital, exposta, ao mesmo tempo, em quatro continentes; com a organização de uma editora própria, com sucesso, muitas vezes inesperado; com pesquisas em diferentes temas; com o trabalho de formação profissional para grupos vindos do mundo todo; com conferências, seminários, nacionais e internacionais, consultorias para empresas; nos últimos tempos, com a organização de cursos de formação para pedagogistas e atelieristas e com a projetação arquitetônica e de *design* de interiores de creches e escolas da infância na Itália e em outros países, juntamente, para alguns profissionais, ao projeto de gestão e de formação da equipe.

Toda essa atividade teve uma boa contribuição do ateliê ao modernizar e dar visibilidade ao trabalho com as crianças, correndo riscos também, como acontece sempre.

Percurso acelerado

A terceira geração de atelieristas, acrescida à primeira, da qual faço parte, e à segunda, encontrou um ambiente pedagógico no qual a documentação é parte integrante da pedagogia e da didática, mas o seu percurso de maturação profissional dentro da escola está arriscando tornar-se acelerado, sem ter à disposição tempo suficiente para *entender* e *escutar* de fato.

Ao mesmo tempo, como aconteceu conosco também, no início, os novos atelieristas pouco ou nada sabem de crianças e de pedagogia, à exceção daqueles que frequentaram os cursos da Reggio Children para atelieristas, mas, mesmo que importantes, os pouco mais de três meses de preparação constituem só um início.

Os cursos para atelieristas, até agora, foram três, com a contribuição econômica da Província de Reggio Emilia e do Fundo Social Europeu, por isso, gratuitos para os participantes. A formação solicitada é artística, sobretudo, visual e musical, e a idade mínima é de 30 anos.

As solicitações, sempre muitas, são selecionadas por nós, de acordo com o currículo e o portfólio pessoal. Posteriormente, mediante uma reunião, chega-se a estabelecer o grupo dos participantes (cerca de 16), considerados mais capacitados para essa profissão.

Cada edição do curso durou cerca de três meses, com módulos semanais divididos por assunto, como a pedagogia e a filosofia educativa de Reggio, o ambiente, a observação e a documentação, a projetação, as múltiplas linguagens das crianças, a linguagem visual, a linguagem musical. Naturalmente, sem divisões disciplinares, mas propondo as matérias como temas de aprofundamento, procurando sempre entrelaçar partes teóricas e concretas.

Ao fim de cada semana, aconteceu um *workshop* como prova de avaliação individual e em grupo, relativa ao tema tratado. A isso, seguiu-se um período de algumas semanas dentro de escolas, contato direto com as crianças. No final do curso, houve uma prova escrita, a apresentação de um projeto cultural sobre o tema dado e uma entrevista verbal.

Para os participantes se requer, durante o curso, a aquisição de diversas competências, observativas e documentativas, fotográficas, musicais, corporais, gráficas, ambientais, digitais. É um curso intensivo e exigente para as moças e os rapazes que participam, mas, também, culturalmente excitante.

Quase todos, terminado o curso, são chamados para um trabalho como atelierista na cidade de Reggio e na província. Aqui, começa um período difícil, porque os professores e os pedagogistas esperam deles competências didáticas e uma experiência que não pode ser adquirida em três meses de curso, e os atelieristas nem sempre encontram ambientes preparados para continuar e evoluir *em campo* a própria experiência educativa, que acabou de começar. É preciso de tempo e de qualidade para tornar um atelierista um bom profissional e para que um ateliê seja o lugar transversal a muitas linguagens no ambiente escolar.

Nas escolas da infância de Reggio, essa é, talvez, uma evolução mais simples do que em outro lugar, mas definitivamente não é óbvia. Os novos atelieristas se encontram em um contexto pedagógico que tem uma longa experiência didática, pronta a ajudar no percurso de formação e a passar o *testemunho*. Contudo, para os atelieristas, certamente não é simples participar de maneira criativa de novos percursos com as crianças ou se aproximar de professoras experientes, que nem sempre estão disponíveis para escutar propostas já ultrapassadas ou descartadas por elas no passado, ou se encontrar com professoras inexperientes, recém-contratadas, e, com frequência, ainda orientadas por uma didática "tradicional", muito distante da didática das creches e escolas da infância de Reggio.

Pode acontecer que, nos primeiros momentos, os atelieristas sejam envolvidos, sobretudo, na documentação final dos projetos, sem terem tido a oportunidade de acompanharem suficientemente o trabalho com as crianças, ou tendo tido com elas contatos muito rápidos.

Dessa maneira, adquirem boas competências gráficas, que não devem ser subestimadas, mas, para formar um bom atelierista, é necessário que ele tenha a possibilidade de fazer um grande trabalho junto com as crianças e professoras, porque deve aprender a conhecer ambos de maneira aprofundada, para poder depois, efetivamente, levar aquela contribuição cultural que nasce de outro ponto de vista. Uma contribuição que possa torná-lo, ao longo do tempo, aquele que garante uma didática que mantém um entrelaçamento vital entre cognitivo e expressivo.

Sem desconhecer o que foi feito no passado, os jovens atelieristas, justamente pela sua idade, têm, também, a tarefa de levar para o interior da escola novas técnicas, novos materiais, novas sensibilidades e novos conceitos, e, para fazer isso de modo original, são importantes, sobretudo, duas questões: participar atentamente da cultura do próprio tempo e aprender a *escutar* as estratégias das crianças, para que possa entrar em ação aquela necessária conexão inventiva entre as solicitações das novas e contemporâneas poéticas artísticas e os imaginários e a cultura das crianças.

A formação adequada de uma figura complexa como a do atelierista (a exemplo da do professor e do pedagogista) se coloca, hoje, para um intercâmbio entre as gerações, com grande urgência, e a necessidade de que isso aconteça em tempos curtos torna mais difícil uma resposta certeira.

Agora, como antes, a crise econômica em curso impõe a reconfirmação dessa figura como presença importante dentro da escola e para a aprendizagem, uma figura que representa o reconhecimento das linguagens poéticas e da beleza como estruturais para a construção do conhecimento.

Ateliês, mostras, cidades

No ano de 2000, deixei a Escola Diana, na qual trabalhei por 30 belíssimos e interessantíssimos anos, e senti a urgência de dar uma contribuição da experiência adquirida às novas gerações de atelieristas, de professores e de pedagogistas, ou, talvez, permaneça em mim o desejo de viver a *excitação* cultural que essa profissão continua a me proporcionar.

Os últimos projetos coordenados por mim, realizados com outros atelieristas e pedagogistas, procuraram tornar mais explícito o papel das linguagens poéticas na escola, enfrentando e procurando esclarecer alguns temas não simples, como a relação da pedagogia com a arte e os artistas, a relação com o ambiente, as estratégias das crianças fotógrafas, ou um tema aparentemente distante da minha profissão, como o da aprendizagem da escrita, ao mesmo tempo, reafirmando como a atenção ao que acontece na cidade pode estimular e orientar projetos didáticos interessantes, convidando escola e cidade a uma relação necessária para toda a comunidade.

Crianças, arte, artistas

No projeto *Crianças, arte, artistas*, a ocasião de uma grande mostra antológica das obras de Alberto Burri, um importante pintor da segunda metade do século XX, foi utilizada para um curso de formação dirigido a um grupo de creches, escolas da infância, escolas primárias, escolas médias e pessoal dos Museus Cívicos de Reggio Emilia, para uma reflexão sobre as semelhanças e diferenças entre crianças e artistas.

Um percurso em que se argumenta como a aproximação entre crianças e artistas é profícuo, trabalhando com os processos de ambos, e como, ao contrário, as habituais comparações entre produtos acabados dão margem a equívocos e distorções de avaliação.

O resultado final desse trabalho foi uma mostra[1] e um catálogo (Vecchi e Giudici, 2004), que conta e visualiza, por meio de projetos realizados com as crianças, atenções e reelaborações, necessárias a nosso ver, para dialogar com a arte e os artistas, de modo a deixar traços importantes nas estratégias pessoais de cada criança.

---

[1] Projeto promovido pelos Museus Cívicos de Reggio Emilia e Reggio Children, em colaboração com o Centro de Documentação e Pesquisa Criativa e com o Remida. O catálogo da mostra sob a curadoria de Vea Vecchi e Claudia Giudici, foi publicado pela Reggio Children (2004).

Figura 10.1 – A mostra *Crianças, arte, artistas*.

A abordagem metodológica intenciona reaproximar, como adultos, as obras de cada artista ou os diversos contextos artísticos, procurando colher o seu sentido e os significados emergentes, e, posteriormente, reelaborá-los, propondo às crianças situações em que seja possível experimentar e explorar processos próximos aos do artista, mas deixando às crianças a elaboração do próprio imaginário.

Procuro esclarecer o pensamento por meio do exemplo relativo a Alberto Burri. Algumas características que pareceram emergentes no seu trabalho e, por isso, poderiam ser propostas às crianças foram: a sensibilidade ao cromatismo da matéria; a matéria subtraída do *indiferente* e vista de um viés transformador; o refinamento das tonalidades e das variações cromáticas; a intervenção em materiais em relação à sua identidade, aliás, exaltando-a; a rigorosidade compositiva.

Em um período posterior às explorações e à realização de obras autônomas por parte das crianças, aproximamos as crianças às obras do artista, esperando uma maior curiosidade e compreensão. As crianças experimentaram, por meio de uma ação sensível e inteligente, alguns processos interessantes, sem que a imitação formal tenha prevalecido em relação ao processo.

Ocasião análoga foi o projeto intitulado *Convite a...*, promovido em 2002 pela Administração de Reggio Emilia. Acerca desse projeto, reelaborado pelas crianças e pelos professores das creches e escolas da infância, e concluído com a mostra *Diálogos com os lugares*, não darei mais detalhes por já ter escrito algumas notas informativas sobre ele.

A magia da escrita

Um projeto posterior nasce da sedução exercida por uma mostra realizada na cidade, intitulada *Alfabeto em sonho* (2002), que teve idealização e curadoria do artista Claudio Parmiggiani, e tratava do tema da *poesia figurada* em todos os seus imprevisíveis aspectos: uma escrita na qual palavra e imagem, unindo-se, constroem novos significados, diferentes e mais complexos.

O projeto didático realizado por nós se inseriu no percurso escolar da aprendizagem da escrita e da leitura na escola da infância e nos primeiros e segundos anos primários, nos quais é construída a competência para o texto escrito, para manter viva a *magia da escrita*.

Estamos conscientes do quanto a aprendizagem de ler e escrever é fascinante e extraordinariamente aventureira por si só, pensamos, porém, sempre em uma teoria de unicidade da mente, o quanto brincar com as palavras, inventar metáforas visuais com elas, construir pequenas *poesias visuais* possa ser estimulante como exercício da mente e da expressividade.

Não é por acaso que, desde sempre, os homens de várias épocas e culturas tenham realizado, dessa maneira, escritas de grande sedução. Na "escrita figurada", são atribuídos múltiplos significados à mesma palavra (ou letra ou frase), utilizando as potencialidades comunicativas, metafóricas e simbólicas da linguagem gráfica: texto e imagem se entrelaçam para acentuar a identidade e o significado de um sujeito ou conceito particular.

É evidente a relação entre escrita e linguagem visual, já que o sinal gráfico é o elemento base da escrita: a escrita é também, sempre, imagem. Tirá-la daquele contexto natural e estético significa, provavelmente, empobrecê-la de uma possibilidade comunicativa e expressiva.

Foi uma oportunidade para refletir e repensar nas crianças, nas palavras escritas e faladas, na expressividade comunicativa do texto escrito, na relação entre escrita tradicional e digital, na separação e na participação conjunta das várias linguagens nos processos de aprendizagem e na construção do conhecimento.

Figura 10.2 – Diabo. Escrita em lixa.

Figura 10.3 – Rosa. Escrita em papel de seda fúcsia.

A linguagem fotográfica

O misterioso olhar das crianças sobre a cidade[2] (2008) é uma pequena, mas interessante mostra fotográfica da qual as crianças são autoras, em que a linguagem fotográfica utilizada até agora de maneira esporádica começa a tornar-se um percurso de experimentação didática, provavelmente em nível internacional.

As novas câmeras fotográficas digitais permitiram, com facilidade, a imersão na escola, e entregar nas mãos das crianças essa nova (para elas) e extraordinária *linguagem* permite redescobertas, construindo como imagens inéditas aspectos conhecidos do real. Um clique fotográfico aguça a atenção e a relação com o entorno, por isso trata-se de um ótimo e sensível *mestre*.

---

[2] Projeto promovido pelo Município de Reggio Emilia e a Reggio Children, em colaboração com a Instituição Escolas e Creches da Infância do Município de Reggio Emilia e Reggio Escola.

Em outras ocasiões anteriores, tínhamos notado como o olhar das crianças conseguia colher e dar identidade a um lugar, sobretudo, por meio das imagens de particularidades: dos detalhes no ambiente, como a textura das paredes, à exaltação de uma só tonalidade de cor, das sombras e das luzes. Imagens fotográficas, às vezes, muito bonitas e poéticas que, mesmo conhecendo e estimando as crianças, conseguiam nos surpreender e emocionar.

Com essa mostra, tivemos confirmações e algumas novas surpresas: a exaltação dos muitos pontos de vista do mesmo sujeito, uma série de cliques de aproximação progressiva ao sujeito, partindo de longe, até *entrar* em um pequeno particular, um uso do *zoom* muito pronunciado (utilizado mais pelas meninas em idade de escola da infância e mais pelos meninos de 10 a 11 anos), um interesse difuso e refinado pelos reflexos e muitos outros elementos que traremos e comentaremos em um próximo catálogo da mostra.

O aspecto que interessa particularmente a mim e aos colegas é, por meio dos elementos fotografados pelas crianças, *entrar* e participar do olhar delas, entender um pouco mais seus interesses e sua percepção. Interessa-nos também aproximar, como nessa mostra, crianças de diversas idades e provenientes de diversas culturas, para trazer mais reflexões. Entender quanto algumas estratégias encontradas e outras que descobriremos pertencem naturalmente às crianças de determinada idade e quais aspectos, ao contrário, podem ser mais conduzidos a sugestões de um cotidiano educativo, em que a linguagem visual é especialmente *exercida* com qualidade. Pensamos que essa pode ser uma pesquisa interessante.

Outro elemento socialmente importante para relatar é a inserção de uma exposição infantil como essa em uma manifestação fotográfica europeia como a que é feita anualmente em Reggio há alguns anos. O significado é óbvio: parece realmente que a cidade de Reggio e os seus administradores confiam na inteligência e na criatividade tanto das crianças quanto dos professores, e isso continua, também, com o novo prefeito, Graziano Delrio, aquela preciosa relação de respeito que, nas várias administrações que se sucederam depois do final da Segunda Guerra (com algumas normais as oscilações), sempre existiu.

Uma boa relação com a Administração e o prefeito é importante demais para a cultura das escolas, da Reggio Children e do Centro Internacional para ser deixado só ao acaso.

Todos esses projetos têm em comum, como sempre no nosso trabalho, o desejo de fazer coisas belas, interessantes e educativas com as crianças, mas, também, tornar mais clara, e testemunhada, a relação entre o mundo da Arte com o da Pedagogia e da Educação, que, há muitos anos, estamos levando adiante.

A analogia entre os produtos dos trabalhos realizados pelas crianças aos dos homens primitivos e aos dos artistas, feita por muitos, é um aspecto que Malaguzzi, de alguma maneira, sempre evitou enfrentar de maneira explícita, provavelmente pelo temor dos muitos mal-entendidos que um tema assim suscita, sobretudo, para quem tenha um conhecimento superficial dos processos das crianças. Porém, estou certa (ou quase) de que, mais cedo ou mais tarde, ele o teria feito, até porque, com muita frequência, explicações a esse respeito eram e continuam sendo pedidas.

Sinto muito por ter tentado esclarecer e teorizar sobre alguns aspectos sem ter discutido com Malaguzzi, pois teriam surgido, sem dúvida, reflexões mais aprofundadas e completas. Falo isso para tomar a responsabilidade pelas ideias expressas, não necessariamente todas compartilhadas por todos aqueles que trabalham nas escolas de Reggio.

Expus a tese da minha teoria em relação à aproximação das crianças, arte, artistas, pela primeira vez, em uma apresentação para uma numerosa delegação da qual não me lembro agora a nacionalidade. A minha hipótese daquela época, como hoje, é a de que a relação entre crianças e artistas é possível e altamente produtiva, em âmbito educativo, se a aproximação acontece por meio de alguns elementos e passagens que estão presentes e se desdobram no processo criativo, não só relativos à arte: a curiosidade, a coragem, a empatia, a síntese, a metáfora, a invenção simbólica.

As aproximações que colocam muito em evidência somente a parte formal dos produtos acabados são destinadas, a meu ver, a desviar reflexões e conclusões.

Claramente, a estrutura visual com a qual percebemos as coisas é biologicamente similar, mas a *fase cultural* à qual as crianças e artistas pertencem é diferente.

Entretanto, podemos, em relação aos processos, falar de algumas abordagens que os aproximam: uma é, indubitavelmente, a intensidade com as coisas; outra é a abordagem holística que não divide o mundo em categorias. Ambos têm, crianças e artistas, percepções sensoriais refinadas – ainda não especializadas em relação às crianças, e propositadamente não *especializadas*, quanto aos artistas –, ambos são *dotados* de peles sensibilíssimas. O *impulso* para a exploração é outra característica que os aproxima, como a utilização frequente do *pensamento metafórico* que está muito presente nas crianças também por necessidade: juntam tudo o que sabem, e isso leva a fazerem conexões absolutamente livres e inacreditavelmente interessantes. Para o adulto, ao contrário, mais uma vez, o uso da metáfora é fruto de consciência para expressar um conceito.

Os equívocos surgem quando, por exemplo, aproxima-se o sinal gráfico das crianças ao de um artista, só aparentemente similares: quando as crianças veem uma coisa, o sinal que usam para representá-la pode ser sintético ao extremo, como se colhessem a essencialidade do sujeito representado. Com frequência, os sinais gráficos das crianças têm um imediatismo singular e muito expressivo, ao passo que, nos adultos, esse imediatismo é fruto de um percurso de conscientização cultural e técnica, de tentativas, de escolhas.

O importante seria considerar as características e as abordagens nomeadas e presentes nas crianças como importantes, e como tais, alimentá-las por meio de experiências interessantes, porque, caso contrário, correm o risco de se dispersarem, subtraindo, assim, algumas qualidades do viver.

Estratégias de percurso para os cursos de formação

Os projetos citados, voltados para os cursos de atualização para professores e atelieristas, tinham uma organização e algumas estratégias que considero ainda válidas:

1. *Workshop* inicial com os adultos envolvidos, no qual, num primeiro momento, discute-se e, possivelmente, experimenta-se o tema a ser tratado. É uma primeira fase que não pode ser subestimada, que precede o trabalho com as crianças, porque prepara para uma escuta mais atenta dos contextos nos quais se trabalhará e das situações que serão encontradas, e aguça as capacidades interpretativas. Nesses casos, é importante fornecer uma bibliografia de base para um aprofundamento dos conhecimentos dos participantes do projeto.

2. Etapas intermediárias no percurso do trabalho com as crianças, nas quais, em pequenos grupos ou todos juntos, os participantes se encontram para comunicar, por meio de documentos visuais, como está sendo desenvolvido o trabalho. Os professores e os atelieristas estão tão condicionados a realizar uma documentação contínua, produzida sem esperar o fim do projeto, que deve ser necessariamente completa, clara, sintética. No projeto *Diálogos com os lugares*, trabalhou-se muito com a documentação contínua. A revisão crítica ao longo do percurso é um instrumento de confronto e de evolução fundamental para a formação, é um instrumento indispensável para as novas gerações de professores e de atelieristas, como realmente foi para nós.

3. Mostra final como comunicação pública, como convite à participação e ao envolvimento da comunidade escolar e da cidade, porque a educação não pode ser material de reflexão somente para professores, e a elaboração necessária para a mostra é outro elemento importante para adquirir, por meio da *escrita sintética visual* de um projeto, o aprofundamento dos seus significados.

4. Documentário visual (vídeo ou apresentação em *PowerPoint®*) para expor ao público. Cada ferramenta visual oferece contextos de comunicação com ritmos próprios, dos quais precisamos para compreender se estamos conseguindo usá-los em todas as suas possibilidades. Todas essas diferentes formas de documentação e comunicação são exercícios de *escrita*, tanto teórica quanto concreta, que treinam para colher o *"destilado"* da experiência realizada e ensinam a utilizar estruturas narrativas diversas. São exercícios de interpretação e de argumentação sobre o que se realiza com as crianças, que têm uma ressonância pública e se tornam muito eficazes para os complexos processos que induzem.

Todos os projetos brevemente apresentados aqui se tornaram ocasiões de atualização para as escolas de Reggio e da província e para delegações italianas e estrangeiras.

É interessante enfatizar que todos os documentos que se sucedem e comunicam as várias fases do projeto e os respectivos processos têm uma escrita visual (texto, fotografias, vídeo, desenho) paradoxalmente próxima, por algumas características expressivas, à escrita do *graphic novel*: é uma comunicação para adultos que leva em consideração algumas técnicas cinematográficas, como todas as novas técnicas de animação, uma narrativa que não simplesmente deve descrever ou ilustrar, mas evocar e *brincar* com a estrutura da linguagem gráfica, espaçando em planos perceptivos e comunicativos diferentes.

Mostras semelhantes a papel tornassol

Cada projeto, cada mostra, embora de maneiras diferentes, são uma espécie de *papel tornassol* da fase de elaboração didática e pesquisa na qual se encontram as creches e as escolas da infância reggianas, que, todas as vezes torna visível o que conseguimos alcançar e divulgar para um grande número de escolas, mas enfatiza, também, o que falta e com o que é necessário ainda trabalhar.

Conseguimos, nesses últimos projetos, por exemplo, tornar mais clara a relação crianças-professores, mas é necessário mais *foco* nos processos de aprendizagem de grupo e na aprendizagem do indivíduo no grupo, porque, se é verdade que são suficientemente documentadas as fases de avanço do projeto, são muito menos as aprendizagens individuais e de grupo.

O ambiente digital, entendido como a relação sinérgica entre muitos instrumentos, como o computador, o *scanner*, a câmera fotográfica, o gravador, o projetor de vídeo, entre outros, entrou nas nossas instituições escolares cada vez mais como *ambiente cotidiano* de trabalho. No seu uso, houve bons avanços em nível teórico e, também, interessantes e inovadoras aplicações experimentais com as crianças. Algumas análises e documentações de processos de aprendizagem estão começando a ser feitas sobre o assunto, mas penso que exista, nesse *ambiente*, ainda muito a se refletir e a se fazer. Uma discussão interessante sobre esse tema aparece na discussão de um grupo de atelieristas (ver Capítulo 9).

Capítulo 11

O CENTRO INTERNACIONAL LORIS MALAGUZZI

Em 1998, a Administração Municipal de Reggio Emilia decidiu, em acordo com o Departamento das Escolas e da Cultura, adquirir um complexo de prédios industriais de aproximadamente 10.000 metros quadrados, que data de 1936, composto de um edifício com escritórios e de armazéns, nos quais envelheciam queijo parmigiano-reggiano, situados na primeira zona industrial ao norte da cidade. Tratou-se de uma decisão corajosa, até mesmo, pelo compromisso econômico, que se abriu a novos e ambiciosos projetos.

Em 2000, foi aberto um concurso nacional de arquitetura e, em 2003, começaram os trabalhos de reforma da primeira parte.

O Centro Internacional, dedicado a Loris Malaguzzi, foi parcialmente aberto em 2006, e os locais recuperados do complexo industrial compreendiam um edifício, destinado aos departamentos administrativos e cursos de formação, um auditório para 400 pessoas, salas de mostras e ateliês, que atualmente estão hospedando o ateliê Raggio di Luce, um projeto em que a Física é elemento conector para explorações da luz.

A segunda parte dos trabalhos foi iniciada em 2007, e, em 2008, passou-se a trabalhar na construção de um grande átrio para acolher os visitantes e os grupos de estudo, um restaurante, uma escola da infância com três turmas, que previa uma possível experimentação dos primeiros dois anos da escola primária, espaços para os jovens, uma ampla área verde; a entrada seria acompanhada (pelo menos, era a ideia original) de uma grande e sinuosa escultura da autoria de Richard Serra. Uma vez completo, o Centro deveria se tornar um lugar que hospedasse e promovesse, nas diversas idades do homem, "a pesquisa e a inovação em níveis municipal, nacional e internacional". Assim foi declarado.

Objetivos e sonhos ambiciosos, nada fáceis de realizar.

Por enquanto, mesmo incompleto, o Centro está abrindo possibilidades e compromissos novos, muito interessantes e bem difíceis, e está enfatizando a necessidade urgente de uma renovada e mais completa filosofia sistêmica de relações para gerir novos e imprevisíveis projetos e, também, novos sonhos.

A Presidente da Reggio Children naquele momento era Carla Rinaldi, cuja Direção Operacional era composta por sete pessoas (entre elas, eu), responsáveis por diversas áreas de atividade.

Para mim foi confiada a área relativa às publicações, às mostras e os ateliês, naturalmente, sem esquecer posteriores projetos entrelaçados às outras áreas, sobretudo, as que se ocupam de pesquisa, de formação, de consultorias.

A minha atividade profissional, nesses mais de 40 anos de trabalho, foi um treinamento para, entre outras coisas, construir novas conexões entre a cultura pedagógica, os acontecimentos artísticos contemporâneos e os projetos com as crianças. Veremos o quanto esse trabalho poderá ser útil para as novas temáticas que o Centro Internacional deverá enfrentar.

Um dos aspectos mais delicados e difíceis é encontrar um entrelaçamento *adequado* entre os produtos culturais de qualidade e um retorno econômico, porque o Centro teria uma vida muito breve sem fundos que o sustentassem e, ao mesmo tempo, perderia a identidade declarada sem produtos culturais inovadores e de qualidade. Só quem separa a parte teórica da prática pode imaginar que isso seja fácil de realizar.

As ideias existem, e acredito que são boas o suficiente. O processo que leva ao produto de qualidade dentro de um controle econômico necessita de uma rede de competências que estamos construindo lentamente. Essa rede deve, cada vez mais, estender-se para além das fronteiras municipais e nacionais, por meio de um pacto internacional que pense na educação como um bem insuprimível para o futuro, que aspira à qualidade e a uma economia ética.

Nesses anos, foi feita uma boa divulgação internacional da pedagogia reggiana, e o Centro Internacional pode, por um lado, continuar a representá-la e sustentá-la, e, por outro, na relação internacional cada vez mais ampliada em que opera, deve encontrar fontes e vozes que sustentem e contribuam para a evolução e para a mudança da Reggio Children, que fará a gestão de um complexo cultural como o Centro Internacional.

Uma das forças de maior credibilidade está na vontade e na capacidade de construir uma rede internacional de vozes interessantes, multiculturais e multidisciplinares.

Os temores de inadequação são equivalentes ao desejo e à ambição de realizar projetos interessantes, de dar um sinal cultural forte também para a cidade de Reggio, que, às vezes, parece muito segura e tranquila daquilo que alcançou, incluindo creches e escolas da infância. Ao mesmo tempo, no dia a dia, descobrimos que o que construímos até agora é reconhecido por muitos como uma coisa preciosa que se tornou referência e matriz de algo que é possível construir, mesmo de maneira diferente, em outros lugares.

O aspecto que, pessoalmente, mais temo para nós é uma atitude de *comodismo crítico*, em que se contenta, em que se acha capaz o suficiente, em que se refinam algumas palavras e alguns aspectos, mas se permanece estagnado, sem evolução, sem *excitações culturais*. Os novos horizontes de trabalho são uma ocasião para fazer novas experiências e fazer crescer posteriores competências.

Além da cultura escolar

Um crédito cultural, que cresceu ao longo do tempo, está nos levando a ultrapassar as fronteiras da cultura escolar para estendê-las ao espaço da infância mais geral, como demonstra o fato de que muitas das últimas solicitações de colaboração que chegam até nós saíram do âmbito escolar para entrar no mundo da indústria mais sensível e culturalmente avançada.

Foram acompanhadas e apoiadas pedagogicamente linhas de mobiliário para crianças, PLAY+Soft e Atelier3 (Capítulo 7), que, onde foram colocadas, modificaram realmente a paisagem escolar e os espaços públicos dedicados à infância. Projetos de desenvolvimento profissional têm sido feitos com funcionários da IKEA. Uma consultoria para a Alessi levou a criação de um inovador *kit* para refeição infantil. Estão em curso atualizações para formadores de empresas, como a Unicredit, uma grande empresa bancária, em que, de maneira inovadora, procura-se colocar em conexão a criança e o homem. Em um primeiro encontro, há alguns meses, foram conduzidos, além das habituais reuniões em sala de aula, também alguns *workshops* no ateliê Raggio di Luce envolvendo alguns adultos funcionários da Unicredit e um grupo de crianças, filhos dos funcionários presentes.

São muitas as pessoas que ficam surpresas com essas solicitações, que têm dificuldade para entender quais são as relações possíveis entre o gerente de um banco ou de uma grande empresa e a cultura das crianças. Na base dessa surpresa e desconfiança, há um hábito enraizado de dividir tudo em categorias separadas, nesse caso, as diferentes idades da mulher e do homem. Existem, certamente, especificidades ligadas às várias idades que são conhecidas e respeitadas, mas existem, também, afinidades que residem no funcionamento perceptivo, neurológico, emocional que nos pertencem como espécie. Vários assuntos, como o raciocínio criativo e projetual, o trabalho em grupo, a relação com o ambiente, a observação e a documentação e outros diversos temas, permitem reflexões que vão além da idade de cada um e pertencem a configurações do pensamento.

Conhecer as estratégias utilizadas pelas crianças para compreender como enfrentam e resolvem os problemas, as regras que se dão, as formas de democracia que colocam em ação, aumenta a consciência daquilo que uma sociedade civil, para se definir como tal, deveria oferecer às pessoas e, ao mesmo tempo, oferece um material de base para autorrefletir e discutir muitas situações que nos envolvem pessoalmente, em diferentes profissões e locais de trabalho.

Uma sociedade que não acolhe a criança com respeito e com atenção é uma sociedade que distorceu muitos valores e não respeita a si mesma.

Um belo projeto em ação é esse com a histórica editora Feltrinelli, à qual a Reggio Children oferece consultoria em diversos aspectos. O que me parece mais inovador, mesmo não sabendo qual espaço lhe será dado com o passar do tempo, é relativo ao ambiente da livraria. Percebeu-se que não só o espaço dedicado aos jovens, mas todo o espaço da livraria, modifica-se de tal modo que se considera a criança importante. Por enquanto, foram feitas experimentações em algumas livrarias que estavam em reforma ou abrindo *novas sedes* em várias cidades italianas, mas a intenção é continuar a estender a ideia para mais livrarias e com projetos que envolvem crianças e adultos juntos, como pequenos ateliês de temas diversos, publicações dedicadas às famílias e outros.

Muitos dos temas até aqui tratados, como o ateliê, a pedagogia, o ambiente, a observação e a documentação, a participação das famílias e da cidade, com o Centro Internacional, são retomados e reconvertidos na nova experiência:

temos de ser capazes de manter as partes melhores e saber renovar e idealizar novas. Um belo desafio!

Mostras, publicações, ateliês, as três áreas que me foram confiadas, são três áreas de atividades da Reggio Children que entram, ainda que com formas diversas, nas intervenções culturais e na educação pública. Essas áreas são colocadas em um contexto de pesquisa e confronto teórico e experimental da cidade, nacional e internacional, chamando a atenção e a importância da educação como elemento fundamental para o desenvolvimento democrático.

Estão em estreita conexão entre si, cada uma geradora das outras, mesmo prevendo níveis de prioridade, de acordo com o assunto tratado.

Cada mostra, cada livro, cada ateliê pode tornar-se, por meio de uma consciente abordagem projetual, ao mesmo tempo, de pesquisa, de comunicação, de formação, de divulgação.

Penso que sejam escolhas prioritárias que dão ao Centro uma identidade, particular e de fácil reconhecimento, e que, para isso, seja necessária, mesmo na instável economia que estamos vivendo, ter um rigor particular caso se deseje concretamente respeitar o objetivo previsto de um lugar culturalmente vivaz. Por essa razão, damos várias negativas a projetos que não correspondiam ao esperado. Recusas nem sempre aceitas e compreendidas por quem propunha os projetos. Como é difícil explicar e convencer a respeito da qualidade cotidiana necessária para continuar representando o que as creches e as escolas da infância de Reggio Emilia e Reggio Children representaram até agora!

Olhando para o futuro: uma nova mostra itinerante

Gostaria de trazer algumas notas relativas a três produtos culturais que considero um desejo para o futuro e onde as áreas das quais sou referência tiveram muita importância.

O primeiro é a realização da nova mostra itinerante *As maravilhas de conhecer* (Figura 11.1). É uma mostra coletiva cujos autores são as crianças, os atelieristas, os professores, os pedagogistas das creches e das escolas da infância de Reggio Emilia e duas escolas da infância de Sant'Ilario d'Enza (uma pequena cidade na província de Reggio Emilia com a qual trabalhamos há tempos).

Figura 11.1 – Introdução à mostra *As maravilhas de conhecer*: as bases de referência.

A nova mostra faz referência à histórica *As cem linguagens das crianças* (que, desde 1981, teve seis diferentes edições: italiana/europeia, americana, australiana, francesa, holandesa e japonesa) e a substitui. Uma mostra muito amada por culturas e países diversos e que, em um encontro do Network Internacional da Reggio Children, foi declarada como lugar de formação e de divulgação pedagógica (da abordagem de Reggio) entre os mais eficazes.

Perguntamo-nos se, atualmente, uma mostra ainda seria o melhor instrumento comunicativo e narrativo que nos pudesse representar, e nos demos a resposta de que uma mostra itinerante é, potencialmente, uma *praça* na qual discutir educação e uma modalidade documentativa que permite uma comunicação e narrativa com várias linguagens ao mesmo tempo.

Diante dos tempos de mudança social e cultural tão acelerados e as dificuldades que a escola e a educação estão passando em todos os lugares, pareceu-nos importante propiciar um espaço que permita criar união e força em um público internacional a respeito da escola e da educação. Há uma vocação democrática e pública que a pedagogia reggiana sempre teve, colocando em equilíbrio aspectos de sucesso popular entre os mais intelectuais e elitistas.

É a segunda vez em que me encontro na situação de coordenar, com outros colegas, uma mostra itinerante internacional (a primeira foi em 1981). Essa segunda oportunidade (2008) foi, talvez, uma das realizações em que senti mais dificuldade em todos esses anos.

Na mostra anterior, *As cem linguagens das crianças*, havia a energia de invenções didáticas, até então, inexistentes (ou, pelo menos, desconhecidas por nós, a atitude era um pouco de pioneiros da didática), apresentada por meio de uma estrutura comunicativa bonita e inusitada para uma mostra infantil.

Todos os projetos eram discutidos com Malaguzzi, e isso nos tranquilizava, porque tínhamos uma extrema confiança nas suas escolhas culturais. Fazíamos parte de um pequeno grupo de escola que trabalhava para a mostra, e tudo, nas lembranças, parece-me que fosse fácil, e, com certeza, muito divertido. A memória é muito seletiva e interpreta muito – eu bem sei –, mas, nas lembranças, a mostra teve etapas de crescimento com tempos *certos*, seguindo quase uma evolução natural do nosso crescimento.

A escolha de projetar e realizar uma nova mostra, capaz de continuar contando as meninas, os meninos, os professores e a educação, e colocar os processos educativos em um contexto de contemporaneidade cultural e social, é, hoje, uma responsabilidade que assumimos não ser fácil. Sentimo-nos menos pioneiros em relação ao passado, quando, fortuitamente, muitos aspectos e propostas educacionais foram divulgados e tiveram experimentações pelo mundo.

Por isso, é mais difícil ter um consenso imediato e um senso de maravilhamento, como aconteceu com a mostra anterior. Cada mostra é um ato de coragem. Percebe-se o que é bom e aceitável, mas, também, o que falta ou é ainda frágil. Dessa vez, Malaguzzi não está presente para nos tranquilizar de modo que decidir se um projeto é suficientemente interessante para poder ser exposto em uma mostra internacional compete somente a nós.

Algumas perguntas e escolhas

Como intervêm e se expressam observação e documentação em relação com o público em uma nova mostra? Como fazer *transparecer* a importância dada às linguagens poéticas? Esses são só alguns dos pontos que retomamos, de maneira mais aprofundada, no catálogo da mostra.

Escolhemos temas que, a nós, parecem estar entre os mais interessantes nas creches e nas escolas, com uma abordagem que procura, como sempre, entrelaçar, em um único tema, mais *linguagens* e os elementos cognitivos com os expressivos.

Um dos aspectos que fizemos emergir é como a intensidade da relação com as pessoas, com as coisas, com o ambiente e com a matéria pode modificar a aprendizagem. Talvez tenhamos abusado da palavra *diálogos*: "diálogos com os lugares", "diálogos com a matéria". Sabemos bem o quanto dialogar realmente é fruto de uma escuta, e isso não é fácil de ser colocado em ação, mas não fomos capazes de encontrar uma palavra mais clara e mais compreensível traduzida em tantas línguas diferentes que representasse esperança e objetivo.

Toda a mostra é permeada, como também a anterior, pelo *diálogo* pedagogia-ateliê, e representa claramente o *novo* em nível didático que esse encontro produziu, que é encontrado também em temas como a aprendizagem da escrita e a abordagem à ciência.

Há projetos que esboçam linguagens e problemas novos como o de exaltar a empática abordagem física das crianças quando se colocam em relação a um espaço ambiental, até projetar e realizar, com crianças de 5 a 6 anos, uma coreografia na qual os gestos e os movimentos estão em estreita relação com os elementos do espaço em que acontece a dança (ver Figura 11.2).

É um projeto que, como alguns outros, entra nas *pontas dos pés* em campos do saber ainda não bem explorados e refletidos, mas com a ambição e o interesse de abrir novas fronteiras.

Figura 11.2 – Mostra *As maravilhas de conhecer*: projeto *Notas sobre coreografia*.

A mostra é voltada não só para o mundo que gira entorno à escola (professores, pedagogistas, psicólogos, famílias), mas a todos aqueles setores e pessoas interessados no mundo da infância.

Talvez o aspecto mais inovador resida no trabalho que fizemos sobre a estrutura narrativa dos projetos: dessa vez, como nunca, experimentamos lucidamente o quanto trabalhar com a estrutura narrativa significa, de fato, refletir e trabalhar com processos interpretativos e significados.

Fizemos isso em um grupo interdisciplinar (Figura 11.3): além de nós (professores, pedagogistas, atelieristas), nosso *designer* gráfico de longa data, Rolando Baldini, que tinha nos acompanhado também na mostra anterior, e dois arquitetos, Stefano Maffei e Michele Zini, particularmente atentos à comunicação contemporânea, estavam presentes na preparação geral da mostra. Foram encontros muito interessantes, que nos ajudaram a rever os projetos didáticos com uma linguagem e um olhar menos interno, e nos levaram a novos significados.

Figura 11.3 – O grupo de trabalho interdisciplinar.

Primeiro, cada projeto foi analisado pelo grupo, procurando aprofundar as fases e os significados que surgiram, enfrentando o tema da comunicação ao público.

O trabalho continuou depois em uma das salas de mostra do Centro Internacional, onde realizamos, com simples paredes constituídas por painéis de papel, ambientes provisórios definidos por nós como "espaços de reflexão" (Figura 11.4), onde nos encontrávamos em pequenos grupos e, com base na discussão anterior, feita com o grupo interdisciplinar, construíamos um novo esboço, um modelo de papel, que simulava a comunicação expositiva.

Figura 11.4 – Espaço de reflexão.

Dessa maneira, tornamos público aos visitantes o processo de modificação comunicativa de alguns projetos da nova mostra. Um projeto ambicioso o nosso, talvez muito teórico, e, sinceramente, não sei o quanto foi compreendida e apreciada nossa intenção de tornar visível o quanto as diversas interpretações da documentação dão origem e relevo a diversos significados do projeto. Provavelmente, difícil expressar, para quem não tinha participado do processo de interpretação, como o acontecimento tratado perdeu os traços de simples história, fazendo emergir, cada vez mais, as partes que consideramos mais significativas.

Apesar de algumas dúvidas justificadas, os "espaços de reflexão" representaram, indubitavelmente, um ótimo percurso de formação para nós e uma bela metáfora educativa da possibilidade de aprofundamento que uma boa documentação permite ao longo do tempo.

Com os consultores citados, fizemos reuniões para decidir que materiais usar, com o intuito de desenvolver a comunicação profissional sobre projetos no grupo dos *designers* gráficos do Centro Internacional e no dos arquiteros trabalhando na estrutura da mostra.

As condições de uma mostra itinerante, simples de montar e desmontar, durável no tempo, flexível e adaptável a espaços muito diferentes, economicamente sustentável, em um mundo como o da pedagogia, no qual não circula muito dinheiro, são elementos que precisam de soluções criativas. Como sempre, é necessário encontrar um equilíbrio entre o imaginário e o concretamente possível, e penso que conseguimos alcançar uma boa mediação.

Há alguns elementos na estrutura expositiva e comunicativa que considero particularmente válidos, entre eles, um alfabeto de peças-base da estrutura de montagem que permite configurações diferentes (obra do arquiteto Tullio Zini) e o posicionamento de um monitor de pequenas dimensões ao lado das imagens fotográficas, em que o efeito perceptivo e comunicativo é o de um *movimento em filme* da imagem fotográfica, capaz de colher algumas atmosferas do contexto.

Em suma, é um quadro geral de uma graça quase austera que acho particularmente agradável e *justo* para os tempos atuais, tão cheios de excessos, e para acolher projetos em que autoras são as crianças, em geral, representadas de outra maneira.

Diversos níveis de leitura

Durante os encontros, definimos conceitualmente melhor o fato de que a mostra deve sugerir e possibilitar diversos níveis de leitura e de aprofundamento. Dedicar espaço, reflexões e instrumentos para as diversas formas de documentação contínua dos vários projetos expostos significa tornar mais explícita "a linha de produção" da documentação. Cada vez mais, é avaliado e analisado por nós o percurso inteiro que leva ao projeto final.

Gostaríamos de um entrelaçamento maior das linguagens, como texto escrito, fotografias, vídeo, música, *design* de ambiente, mas o tempo breve de realização e os custos da operação tornaram isso apenas parcialmente possível.

Estou certa de que a mostra será a base de formação para professores, pedagogistas, atelieristas, e irá renovar alguns pensamentos, principalmente, relativos aos processos documentativos. Incluir toda a documentação do percurso de trabalho torna visível uma parte mais ampla em relação às mostras anteriores, torna visíveis os cruzamentos que se encontram ao longo do caminho, as escolhas feitas, mesmo as erradas. Na estrutura comunicativa utilizada, podem ser inseridas novas soluções em relação a como a documentação interna é pensada e feita nas creches e nas escolas da infância.

O primeiro mapa expositivo (Figura 11.5) discutido pelo grupo projetual não se colocava somente como uma proposta de ambientação, mas espelhava uma orientação conceitual: microambientes colocados lado a lado e conectados de maneira diferente, possibilitanto e comunicando uma estrutura narrativa não unívoca. Cada microambiente tinha uma identidade de imagem relativa ao projeto que acolhia e convidava à sua fruição.

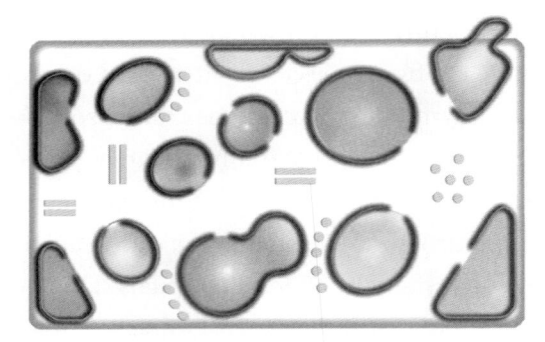

Figura 11.5 – Mapa da mostra.

É uma ideia de comunicação tridimensional, em que o espaço é usado para todas as suas possibilidades. Todas essas escolhas refletem e enfatizam a matriz da filosofia educativa: subjetividade, diálogo, conexão e autonomia.

Um aspecto que, a meu ver, deve estar claro para quem utiliza essa mostra como base de discussão e atualização formativa é o quanto ela leva indicações de como as filosofias devem se espelhar nas diversas fases e atos concretos da Pedagogia. Como a parte teórica, a dos projetos didáticos, a documentação e a comunicação pertencem, mesmo com as diversas especificidades, a uma única *paisagem cultural* e ética, por isso, com devolutivas entre si que se reforçam alternadamente.

A mostra foi inaugurada em Denver, no Colorado (Estados Unidos), em junho de 2008, com a presença de cerca de 700 pessoas que, por uma semana, olharam, escutaram, debateram, com um grupo de representantes das escolas de Reggio Emilia e da Reggio Children, sobre temas educativos e sobre as aprendizagens das crianças e dos professores.

A mostra foi planejada para permanecer durante seis anos nos Estados Unidos, deslocando-se por cidades e estados diversos, cada vez com uma parada de, pelo menos, seis meses, para possibilitar uma comunicação e formação o mais aprofundadas possível.

Foram criadas outras duas versões da mostra, em japonês e em inglês, e a mostra foi exposta em outros países (Japão, Nova Zelândia, Israel).

Arte e criatividade em Reggio Emilia

Uma autobiografia coletiva

Concomitantemente à mostra citada, foi inaugurada outra, intitulada *Uma cidade, muitas crianças*, que conta o nascimento e o desenvolvimento das creches e das escolas municipais de Reggio Emilia, em um cenário municipal, nacional e internacional.

É uma autobiografia coletiva que trata, sobretudo, da gênese das creches e das escolas da infância reggianas e, em geral, de como a educação pré-escolar das crianças em Reggio Emilia cresceu. Tudo isso colocado em uma consciente estrutura narrativa que não perde de vista as referências nacionais e internacionais, culturais e políticas contemporâneas às escolhas que eram feitas em Reggio Emilia. É uma história que, mesmo em momentos diferentes e com diferentes formas e escolhas, é relativa a muitas cidades italianas.

Construir esse relato foi um percurso longo e delicado. É um relato corajoso, porque trata de histórias e de pessoas vivas que participaram da mesma história, por meio de papéis e pontos de vista também muito diferentes. Sinto pelo fato de que Loris Malaguzzi, um dos seus protagonistas, não tenha podido dar sua própria interpretação.

Como dizem, é o presente que modela o passado, nem sempre vice-versa. E a memória é um processo bem complexo que se baseia muito na interpretação.

De qualquer forma, mesmo repercutindo a história, não é uma mostra sobre o passado, mas, sim, muito contemporânea, na qual são visíveis a energia, a sagacidade, a coragem, a ética, a fadiga, os riscos que se encontram dentro das escolhas inovadoras feitas ao longo do tempo.

Uma bela história, páginas muito densas de um livro que se desdobra ao longo da galeria do Centro Internacional, lugar que está no início de sua trajetória. Por isso, a presença da mostra histórica é também um aviso para nos lembrarmos de uma coisa importante, cujo esquecimento tem graves consequências. É expressa pela fala do pedagogista Loris Malaguzzi: "A utopia, o sonho e o desejo devem fazer parte das qualidades do cotidiano, permitindo, assim, realizar aquela *rica normalidade* que supera a ideia de excepcionalidade da experiência para fundar um valor novo e positivo de normalidade" (da mostra *As cem linguagens das crianças*).

Um belo desejo para a escola, a educação e a vida, porque, se esses elementos forem perdidos, a normalidade se transforma rapidamente em mediocridade e conformidade.

Olhando para o futuro: o primeiro ateliê do Centro Internacional

Com frequência, a ideia de laboratório, em que se oferece às crianças e aos adultos a possibilidade de trabalhar com as mãos, é a de um homem que modela a matéria inanimada a bel-prazer.

Bons artesãos sabem que não é assim, "sabem que não têm o direito de violentar as matérias, mas devem procurar, pacientemente, entendê-las, estimulá-las com precaução, diria quase seduzi-las". Essas não são palavras minhas, mesmo pensando exatamente da mesma maneira, mas do famoso antropólogo Lévi-Strauss, em uma intervenção onde faz um elogio ao trabalho manual. "Eis porque o trabalho manual, menos distante do que parece do trabalho do pensador e do cientista, também constitui um aspecto de imenso esforço desdobrado pela humanidade para entender o mundo" (Lévi-Strauss, 2008, p. 46).

Na cultura do ateliê, em qualquer tema ou material tratado, deve estar presente a consciência de uma teoria que *se encarna na matéria*, que dá um *corpo* às teorias ou as antecipa, ou as sugere, ou, de algum modo, as *ilumina*.

O Centro Internacional prevê áreas destinadas a ateliês. O projeto inicial foi confiado ao atelierista Giovanni Piazza e a mim. Iniciamos sabendo, sobretudo, o que não queríamos que se tornasse: um espaço pelo qual as pessoas simplesmente passassem, que ofereceria estímulos a corresponder rapidamente, configurado em pergunta-resposta, um espaço para visitar uma vez e não mais voltar. Tínhamos em mente diversos museus voltados para as crianças, os quais, mesmo acolhendo com frequência ofertas inteligentes e interessantes, têm geralmente uma configuração que não nos convencia, queríamos outra coisa.

Procuramos por um longo período um nome adequado para esse novo lugar de experimentação, e, no final, mais uma vez, confirmamos o de Ateliê, porque nos pareceu mais adequado como metáfora de um espaço de pesquisa no qual imaginação, rigor, experimentação, criatividade, expressividade se entrelaçam e se completam.

Pensamos em preparar esse primeiro ateliê com o tema da luz, porque esse é um elemento fascinante, que permite abordagens diferentes, e que temos explorado há tempos nas creches e nas escolas, seja luz natural, seja artificial. A frequência desse tema nos convenceu a escolher uma abordagem menos conhecida por nós, como a científica, e aqui nos encontramos muito mal preparados.

Juntou-se a nós um físico, pesquisador e docente universitário, o professor Olmes Bisi, da Faculdade de Engenharia da Universidade de Módena e Reggio Emilia. Creio que um período bem longo se passou para nos conhecermos e compreendermos as respectivas linguagens.

Eu estava absolutamente fascinada com a escrita de fórmulas que eu achava belíssimas, mas sabia que não entendia. Saindo do campo artístico, encontrei-me em outro campo do saber do qual a escola frequentada por mim não me tinha dado muitos instrumentos de análise, e aqui notei claramente a diferença que Gardner teoriza nos seus escritos entre o entender e o compreender. Parecia-me possível entender algumas explicações científicas sobre a luz que o professor Bisi nos ilustrava; algumas eu entendia superficialmente, como a teoria da cor, mas intuía que não entendia o suficiente para conseguir fazer aquela operação de interpretação e invenção que me vem tão fácil com as linguagens visual e artística.

Pela primeira vez, desde o meu ingresso nas escolas de Reggio, conseguia produzir algumas teorias educativas, mas não para concretizá-las em didáticas que me satisfizessem como inovadoras. Isso me desorientou, porque a própria identidade do ateliê encontra a sua verdadeira natureza em produções concretas, sejam elas visuais, sonoras, corporais ou... científicas.

Depois de diversas discussões e da colaboração do arquiteto Tullio Zini, quanto ao ambiente, e das pedagogistas Paola Cagliari e Maddalena Tedeschi, em relação ao trabalho pedagógico, apesar de minhas dúvidas iniciais ainda remanescerem, o ateliê finalmente veio *à luz*. O nome dado: Raggio di Luce (Raio de Luz). A gestão foi confiada a um grupo de jovens provenientes de um curso para atelieristas, coordenado pela Reggio Children.

O ateliê Raggio di Luce participou, com muito sucesso, do Festival de Ciências de Gênova, e, depois, em várias outras cidades italianas.

Há um grupo experimental de creches, escolas da infância e primárias em um projeto contínuo entre o ateliê do Centro e o ateliê das escolas, que compreende três áreas de pesquisa: o reflexo, a refração, a difração. O ateliê abre, também, ao público aos domingos, e crianças e famílias, juntas, exploram e procuram entender alguns fenômenos luminosos.

Projetos de experimentação da luz são feitos em algumas escolas de outros países, como Japão, Suécia, Estados Unidos e, talvez, outros, dos quais não tenho conhecimento.

Figuras 11.6-11.7 – Ateliê Raggio di Luce.

Experimentações

O ateliê Raggio di Luce é um complexo experimento cultural e organizacional, que inclui a formação dos atelieristas que o conduzem, aproximações didáticas com uma abordagem científica nova, tanto em relação aos projetos contínuos quanto com as visitas das crianças e das famílias.

A luz e alguns fenômenos relativos a ela são protagonistas, enfatizando o quanto a expressividade e a beleza podem acompanhar a compreensão do pensamento científico. A ciência é quase sempre omitida na didática voltada para as crianças pequenas ou é transmitida por meio de um ensino nocional que leva em consideração, sobretudo, o conceito que o professor pretende fazer aprender. O desafio é aproximar as crianças e os jovens de uma abordagem da realidade e dos seus fenômenos que dê *fôlego e sentido* a um *pensamento científico* que já pertence biologicamente à nossa espécie, mas que deve ser treinado, sustentado e alimentado por meio da proposição de contextos e de situações estimulantes, para que possa desenvolver-se ao longo dos imprevisíveis caminhos típicos da infância e dos mais jovens.

Eu esperava começar a ver as crianças trabalharem, contando com a minha (presumida) capacidade de estar ao lado delas e lidar com elas, por meio de explorações conduzidas de pontos de vista, em geral, interessantes e não conformistas. Porém, não me foi possível, porque fui pega por muitos outros compromissos. O que eu consegui fazer de concreto, e é definitivamente pouco para os meus hábitos, foi identificar, nas documentações provenientes das creches e das escolas, as partes que me pareciam as melhores para serem expostas na seção da nova mostra relativa à luz e intervir na estrutura narrativa delas. Estrutura narrativa depois retomada e concluída por uma parte do grupo de projetação (Olmes Bisi, Paola Cagliari, Giovanni Piazza e Maddalena Tedeschi).

O ambiente do ateliê Raggio di Luce, com o tempo, tornou-se sugestivo, comunica uma identidade em sintonia com a pedagogia das escolas, mas ainda são muitos os aspectos que devemos enfrentar melhor.

Estamos muito habituados a uma didática nova para aceitar sem reflexões críticas o que foi realizado até agora no ateliê Raggio di Luce, principalmente, em relação às crianças e aos jovens. Precisamos conhecê-los melhor, trabalharmos mais estreitamente com os seus professores, de mais oportunidades para pesquisarmos juntos.

Constatamos, também, quanto tempo é necessário para que os adultos que trabalham com as crianças durante as explorações refinem escutas e propostas. Essa é a parte que talvez distinga mais a qualidade de um ambiente educativo em relação a outro, e é uma das coisas mais difíceis de alcançar.

A parte mais inovadora, para continuar também com outros ateliês e outros temas, acredito que seja a dos projetos contínuos entre o ateliê Raggio di Luce e o ateliê nas escolas ou em outros espaços do ambiente escolar. Como fazer isso? Combinamos com os professores sobre os procedimentos gerais, depois, em uma primeira visita ao Raggio di Luce, observamos como as crianças e jovens se aproximam dos contextos e dos instrumentos luminosos, as estratégias que utilizam, os interesses, os primeiros quesitos que colocam e as primeiras descobertas. Em todos esses aspectos, baseamos uma segunda fase, na qual é feita a teoria de como continuar o trabalho no interior da escola. Deve haver, então, um segundo ou mais encontros dentro do ateliê Raggio di Luce (depende da distância das escolas), em que continuamos a evolução do projeto. O aspecto de continuidade do projeto, com a alternância de lugares diversos, como o ateliê da luz e a escola (mas poderiam ser acrescentados outros), parece-nos possibilitar dinâmicas envolventes para todos, além de produtos culturais interessantes.

Depois de dois anos de experimentação com a luz, pensamos em desenvolver explorações posteriores por meio de outras linguagens, como fotografia, teatralidade, sonoridade. Está em curso uma experimentação do grupo dos atelieristas do Raggio di Luce que me parece interessante: justapõe alguns efeitos luminosos aos das ondas sonoras, produzindo fenômenos inusitados, que intrigam e estimulam investigações para entender melhor.

Pesquisando informações sobre o tema na internet, os atelieristas do Raggio di Luce descobriram que pesquisas análogas foram realizadas, e os resultados foram fascinantes. São interessantes esses retornos a um ponto de pesquisa em períodos culturais diferentes. Como sempre, para avançar, além das intuições dos atelieristas, dos quais um é musicista, são necessárias competências multidisciplinares, como um técnico de som ou um engenheiro acústico. Vejamos onde consegue chegar essa intuição que mistura luz e som.

Mostra-ateliê itinerante

Enquanto isso, chegamos a uma metamorfose do ateliê Raggio di Luce: de ateliê fixo dentro do Centro Internacional a ateliê itinerante. Concretamente, essa mostra-ateliê itinerante consiste em algumas aparelhagens (chamadas por nós de "iluminadores"), já experimentadas no Centro e em uma exposição de alguns projetos didáticos representativos do trabalho feito com as crianças e os jovens. É uma mostra-ateliê que pode viajar para diferentes lugares, acompanhada de uma formação adequada das pessoas que fazem a sua gestão, e que já foi exposta em diversas cidades italianas: Gênova, Perúgia, Údine, Nápoles, Roma, Bérgamo...

O binômio ateliê/exposição nasceu porque somos contrários a fornecer aparelhagens e instrumentações idealizadas por nós, tememos a "multiplicação" de propostas e de gestos que, no Centro e nas escolas, encontram a sua qualidade, sobretudo, em uma abordagem muito atenta, e isso não é fácil de improvisar, requer tempo e teorias de acompanhamento.

A coisa menos *perigosa* e mais eficaz nos parece, desse modo, produzir um ambiente que comunique algumas teses de abordagem ao pensamento científico e que testemunhe o trabalho desenvolvido com as crianças e os jovens, oferecendo aparelhagens que possibilitem posteriores explorações e experimentações, abrindo caminhos diversos para continuar a percorrer, mesmo distantes do ateliê, dentro das escolas ou autonomamente.

Os vários ateliês e laboratórios que nos são solicitados por diferentes cidades e países, sobre um tema específico (encontros com a matéria, a luz, ou outro), até aqueles em relação a algum acontecimento artístico no interior de museus, livrarias ou outros lugares, estão nos colocando problemas velhos e novos. Os novos são não conhecermos as crianças e os professores com os quais nos deparamos e o curto tempo no qual encaixar a proposta. O velho, mas amplificado, problema, na nova situação, é a formação dos atelieristas e dos professores. Os projetos e os procedimentos que podemos combinar com eles, ainda que corretos, sozinhos não asseguram a qualidade das ofertas nem dos processos.

A individualidade dos diversos adultos que trabalham com as crianças continua fazendo a diferença, por isso, tanto a escolha das pessoas quanto a sua formação (incluso o longo tempo necessário) são todos aspectos para levar muito em consideração na factibilidade dos projetos que nos são solicitados e que estamos colocando em ação.

Em todo o processo de forte expansão internacional do Reggio Approach e da mudança cultural e social do mundo externo, que apontei brevemente, também os ateliês e os atelieristas devem, em parte, repensar-se, verificar a eficácia e a contemporaneidade do próprio papel. Acredito que seria importante, para os objetivos de renovação a que o Centro se propõe, que procurassem desenvolver o papel original para o qual, há mais de quarenta anos, foi pensada a sua presença nas escolas: portadores de vivacidade intelectual, sagazes defensores de processos *desobedientes* e que sustentam a importância da poética na aprendizagem e na educação.

Capítulo 12

TRÊS ANOS DEPOIS

Quando da publicação da versão italiana do livro, três anos antes da publicação na língua inglesa, pela editora Routledge, considerei escrever uma breve atualização que me parece ser meu dever. Retomar um texto pensado há tempos não é simples, porque fica evidente como os pensamentos e as reflexões se modificam e desvanecem rapidamente.

Os muitos acontecimentos nesses últimos três anos me obrigam a uma seleção rigorosa, e pensei em privilegiar, como ao longo de todo o livro, o tema específico do ateliê (mesmo tendo dificuldade em colocar o ateliê em um contexto particular). Isso porque justamente o ateliê, com as suas "cem linguagens", tornou-se a *metáfora representativa* mais eficaz para tornar conhecida e divulgar a pedagogia originária das creches e escolas municipais da infância de Reggio Emilia, uma filosofia educativa que após as primeiras experiências, foi divulgada e ampliada pela Reggio Children, uma abordagem pedagógica e cultural que não é relativa somente ao âmbito escolar, à educação em sentido estrito, mas à sociedade como um todo.

O prefeito de Reggio na época, Graziano Del Rio, apresentou o Plano Estratégico para o desenvolvimento da cidade, identificando três *áreas importantes* como possíveis motores culturais, econômicos e sociais de Reggio Emilia: a Educação, a Mecatrônica e a Energia Sustentável.

Dessa avaliação, em que a educação serve de catalisador para uma cidade que pretende se equipar para um desenvolvimento civil futuro, o ateliê foi identificado como um dos representantes metafóricos desse percurso: a sua carga fecunda e inovadora, uma espécie de célula produtora de criatividade, pode e deve se expandir também fora das instituições escolares que trabalham no território, com o objetivo de divulgar uma cultura atenta à qualidade dos processos, que tende a contrastar com a cultura do descartável, da degradação, da indiferença, ao contrário, atenta a dar espaço à beleza e ao cuidado com o que se faz e com o ambiente no qual se vive.

Em seu livro *Not for profit*, de 2010, a filósofa Martha Nussbaum esclarece por que a democracia precisa das Ciências Humanas – Arte, Filosofia e Literatura –, e me parece que isso valide a escolha de expandir a cultura do ateliê para além da fronteira das escolas e das creches.

Nussbaum argumenta, com força, que uma crise das Ciências Humanas constitui, nem mais nem menos, uma crise da democracia e escreve:

> Jovens programados 'for profit' e nunca atingidos pelas incertezas, pelas ambiguidades e pelos desafios inerentes ao pensamento crítico e à representação artística estão condenados a se tornarem maus cidadãos do próprio país e, pior ainda, maus cidadãos do mundo. Porque somente a empatia, a imaginação e a análise sem preconceitos podem levar para além das fronteiras da subordinação, ao pensamento dominante ou à autoridade constituída. (Nussbaum, 2010)

Uma feliz intuição, a que prevê dilatar o ateliê para além das específicas fronteiras educacionais e artísticas, para utilizá-lo como *marca de fábrica* de uma cultura que privilegia aspectos importantes para toda a sociedade.

Porém, é difícil não se perguntar: quanto tudo isso é realista e passível de ser colocado em ação, quando a escolha, conscientemente corajosa, é nutrida de esperanças e de sonhos? Quanto e como, em um campo econômico tão vasto e guiado por regras em que o lucro é quase sempre o aspecto principal, pode-se conseguir não trair os princípios sobre os quais o ateliê se formou?

Essas preocupações são legítimas, em especial, no contexto atual de uma realidade tão difícil, tão atribulada, e em forte crise econômica e moral, elementos que facilmente distanciam, do ponto de vista cultural, o mundo econômico do ateliê e daqueles que consideramos os seus valores de identidade. Nessa visão, o termo "ateliê" foi apropriadamente definido como "cultura do ateliê", mas essa definição requer explicações posteriores, e vou tentar aqui resumir alguns aspectos dessa "cultura", que, ao longo do livro, são encontrados várias vezes, de forma esparsa.

Uma premissa indispensável para enfrentar esse tema, simples e complexo ao mesmo tempo, é a necessidade de que, para trabalhar dentro do ateliê, é necessário que *todos os sentidos estejam alertas*, uma atitude para a qual as percepções são um trâmite inteligente e sensível para procurar compreender o que se está fazendo e o que se deve fazer, promovendo uma relação intensa com tudo o que nos circunda, auxiliando uma escuta mais completa de nós mesmos e do entorno, produzindo, assim, solidariedade e participação, dois elementos importantes para a democracia, e distanciando a indiferença, que é um dos piores males. Só um *esforço perceptivo* similar pode tornar possível a aproximação de duas qualidades que devem, indispensavelmente, estar presentes na cultura do ateliê: a escolha de manter unidas atitudes éticas e estéticas.

Outra premissa é a presença de uma obra final *visível, escutável ou perceptível*, ou, até mesmo, a realização de um produto acabado que contém e enfatiza as teorias e as reflexões dos autores.

No trabalho do ateliê, as linguagens poéticas funcionam como processo conector de uma cultura atual, que, pelo contrário, tende a separar: o pensamento poético não separa a imaginação do cognitivo, a emoção da racionalidade, a empatia da pesquisa aprofundada, sustentando, assim, a construção de um pensamento não conformista.

Atitudes posteriores que considero importantes são: a constante atenção para a qualidade do percurso inteiro, uma atitude de pesquisa e de exploração curiosa em relação ao que se está realizando, uma disponibilidade para o trabalho de grupo, isto é, a capacidade de escutar e de acolher as ideias de outros e de saber modificar as próprias.

É possível *permear* essas qualidades em setores muito diferentes, como a formação do pessoal de empresas, a consultoria para a realização de diversos produtos ligados à infância, para a gestão de instituições e outros, como foi imaginado?

Por um lado, a resposta é afirmativa: já há alguns anos, de fato, e, devo dizer, com certa alegria, estamos levando adiante essas experiências, e isso é possível porque falamos de uma linguagem não usual para aqueles setores, porque somos portadores de uma imagem da infância, e, portanto, de mulher e de homem, também não usual. Por outro lado, quanto mais o campo de ação se amplia e os interlocutores aumentam, mais a paisagem das solicitações e dos contatos assume os traços da internacionalidade, com os respectivos problemas, as coisas se complicam e as escolhas são sensíveis a derivações que podem ter resultados distantes das qualidades e dos valores originais.

Isso não significa um fechamento para interpretações que derivam de outras culturas, de outros imaginários e de pontos de vista diferentes, que agora já são presentes e importantes, e certamente acontecerão mudanças para discutir e verificar, mas alguns valores de base devem ser conservados, caso contrário, não se trata de ateliê, mas de outra coisa.

Acredito que o encontro com seu *outro eu* requeira algumas coisas: a consciência dos valores fundamentais da cultura do ateliê e a importância do processo; a relação e o respeito ao outro, aos seus imaginários e às suas estratégias; o confronto; a solidariedade. Isso requer uma abordagem livre de esquemas rígidos, pronta para a reinterpretação e para encontrar novos caminhos.

De 0 a 99 – Parque das Cem Linguagens
Ateliês urbanos

No planejamento municipal, a administração da época inseriu um projeto ambicioso que previa a zona norte da cidade, no passado, já destinada a uma forte produção (fábricas de mecânica pesada bombardeadas durante a guerra), transformada em um novo polo tecnológico. O Centro Internacional Loris Malaguzzi, adjacente à zona em questão, tornou-se parte do novo projeto, e *De 0 a 99 – Parque das Cem Linguagens* é, por enquanto, o nome que conferimos à nossa parte. Esse título é o programa do trabalho que se pretende fazer, em que a cultura do ateliê orienta e faz parte de novos projetos, com parceiros do mundo da economia e de contextos oferecidos para diferentes idades. A seguir, definirei o projeto.

Ateliês urbanos é o nome que demos a essas novas realidades que se colocam no exterior do âmbito escolar e que, em convergência com as nossas declarações teóricas, são propostas às escolas, às famílias, aos grupos de estudo italianos e estrangeiros, ou estão inseridas em programas de *workshop* destinados a empresas.

O documento distribuído às escolas e aos pais menciona:

> O projeto dos ateliês urbanos constitui o protótipo de um modelo de desenvolvimento cultural e econômico que contribui para reposicionar a relação entre a educação e a política, entre identidades dos serviços, a cultura da escola e a cultura do ateliê. [...]
>
> Falar, hoje, na cidade de Reggio Emilia, de economia do conhecimento e economia das relações significa colocar no centro do discurso aquela abordagem ao conhecimento que conota a experiência educativa da cidade, um conhecimento construído com base nos processos de aprendizagem e, portanto, na necessidade de legitimar saberes e caminhos diferentes e plurais.
>
> Pretende-se trabalhar em zonas de fronteira, as mais híbridas e metamórficas, para tornar mais visível e atuável uma cultura do ateliê que se explique essencialmente em um fluxo contínuo de ideias e de realizações concretas entre escolas e cidade.
>
> Nessa tensão de pesquisa, o Centro Internacional Loris Malaguzzi é lugar de proposta, de elaboração, de permanência e de passagem, de união e de reinterpretação que, encontrando colaborações com outras instâncias que trabalham no território, empenha-se em construir a base e o contexto para uma convivência civil e criativa entre as pessoas, em uma relação ecológica com o mundo. [...]
>
> Importante é a trama, o mapa que mantém unidos os diferentes ateliês, cada um deles, "manifesto" para repensar tanto os contextos das escolas e das creches quanto os potenciais espaços-ateliês da cidade, em uma coerência de abordagem sistêmica, como anteriormente declarado, em relação à cultura da infância e à economia do conhecimento.
>
> Essa é a trama que denominamos *De 0 a 99 – Parque das Cem Linguagens*, procurando preservar, também na idade adulta, o que são algumas características explosivas da cultura da infância: a curiosidade, a tensão para a pesquisa, a coragem, a criatividade, a empatia, as percepções sensoriais muito ativas, não a separação nas categorias rígidas das aprendizagens, mas uma atitude holística, energia vital.

Creio que o ato político mais autêntico que se possa fazer hoje seja a *defesa da qualidade*, com grande atenção para toda a gama de tonalidades que a qualidade pode assumir.

O patrimônio das creches e das escolas da infância reggianas, tão difícil e alegremente alcançado, deve ser preservado, mas, como toda atividade de qualidade, deve procurar novos terrenos nos quais verificar-se e evoluir.

Os *Ateliês urbanos*, a meu ver, chegaram no momento certo para motivar o trabalho cotidiano, para empurrar a pesquisa em direção a novos pensamentos e renovados contextos culturais.

A mudança da sociedade em que todos vivemos, da qual todos falam, não aceita, sem colocar resistências, que as modalidades e os instrumentos de educação permaneçam parados no tempo, em uma imutável repetição, ainda que, às vezes, muito refinada.

O entusiasmo e a curiosidade para novos contextos, o interesse em explorá-los, não podem ser pensamentos que destinamos somente às crianças e que não aplicamos também às nossas escolhas cotidianas.

Delrio, prefeito da época, enfatizava o valor cultural dos ateliês, considerando-os capazes de preservar e de treinar o pensamento criativo para todas as idades. Pessoalmente, eu tinha uma dupla percepção: o temor de uma fragilidade cultural e organizativa do nosso sistema educativo, que não nos teria permitido realizar a tarefa dada com a qualidade necessária e, ao mesmo tempo, a consciência de que, se bem usada, a cultura dos ateliês urbanos, teria sido uma oportunidade de abrir caminhos muito interessantes, capazes de contribuir para a nossa renovação cultural e conceitual.

Após um ano de provas concretas, a percepção ainda permanece dupla, mas com uma inclinação para o otimismo, porque a maneira de enfrentar os problemas e o trabalho cumprido, mesmo se ainda em curso, abriram perspectivas estimulantes. Isso acontece todas as vezes em que se trabalha em conjunto em um projeto, mas, nesse caso, a peculiaridade é representada pela novidade dos temas e pelo confronto com situações nunca experimentadas de maneira tão complexa e contínua.

O projeto se desenvolve em três diferentes níveis:

- *Ateliês urbanos* centrados em diversos assuntos que giram em torno do mundo da escola e abertos para crianças, pais, avós, famílias, grupos de estudos, nos quais a comunicação, mesmo se de maneira diferente, refere-se aos aspectos educativos.
- *Ateliês urbanos* voltados para profissionais que operam em âmbito empresarial e *focados*, sobretudo, no pensamento criativo e no trabalho em equipe. A necessidade de estabelecer relações e comparações com outras profissões e competências, nesse caso, torna-se mais importante: algumas dessas relações já foram experimentadas, mas é necessário fazer muito mais.

- Há, enfim, um terceiro nível que, para nós, é absolutamente o mais novo, para o qual hoje estão desenvolvendo não só hipóteses, mas já estão experimentando mais confrontos e discussões: trata-se de ateliês voltados aos idosos, nos quais não se faz mais referência à educação ou à aprendizagem, mas se trabalha para preservar o pensamento criativo, continuar treinando-o ao longo do tempo, com cuidado, e fica-se distante, no plano da oferta cultural, da assistência de saúde. Para esse último nível, muito interessante e difícil, o grupo de trabalho deve abrir-se por completo para outras competências.

Naturalmente, todas as três formas de ateliês não podem ser implementadas apenas com as forças internas da Reggio Children e da Instituição Escolas e Creches da Infância: já estão em prática relações com alguns profissionais e outras estão sendo programadas.

É muito interessante participar de um projeto que percorre, com temas e modalidades diversos, todo o arco da vida, oferecendo o privilégio de colher conhecimentos e estratégias que, certamente, terão consequências positivas na nossa profissão cotidiana.

Experimentações

Para o desenvolvimento teórico e prático de uma primeira fase projetual desses ateliês, aconteceram encontros preliminares entre atelieristas, professores, pedagogistas, surgiram discussões, invenções, experimentações e foram realizados protótipos interessantes sobre diversos temas: a construtividade, a comida, a dança, o corpo, a aquisição de conhecimentos por meio do *shiatsu* e do *yoga*. Foram abertos, também, para crianças que não frequentam as escolas, os ateliês de diversas creches e escolas municipais da infância da cidade. Muitas as ideias, nem sempre simples a organização.

Vou citar somente dois desses acontecimentos, não porque acredito serem mais significativos, mas porque são aqueles dos quais participei ativamente.

Ateliê sobre a construtividade

No Centro Internacional, iniciamos uma primeira fase de experimentação dos novos ateliês, que foram abertos ao público por um período de cerca de um ano, iniciando com um tema, como o do construir, talvez bastante repetido e escassamente renovado, que foi desenvolvido, muitas vezes, em espaços apropriados, com materiais diversos ou em estruturas informais, em paisagens especiais ou em ambientes de brincadeira.

Para o conjunto dos três ateliês, demos o título de *Construtividade* e os colocamos no Centro Internacional em três espaços que se comunicam entre si, em que o tema do construir era tratado de diversos pontos de vista. Os nomes dados para os ateliês são: *Aeroplastica* (Aeroplástica), *Micropaesaggi trasformati* (Micropaisagens transformadas) e *Naturale e artificiale: paesaggi e architettura in dialogo* (O natural e o artificial: paisagens e arquiteturas em diálogo).

Além do tema da construtividade, teve foco a *qualidade do processo*, que está se mostrando como o verdadeiro elemento qualificante com relação a experimentações análogas desenvolvidas em outros contextos.

Os instrumentos utilizados para ativar os três ateliês são simples, não simplificados. É indispensável tomar nota do que acontece para poder discuti-lo, para comunicar e transferir essas experiências para outros contextos de maneira evoluída, para continuar a pesquisa.

Infelizmente, por muitos educadores que trabalham nesses ateliês, não é sempre percebido que a coisa mais importante, e mais difícil de transferir com rapidez e eficácia, é o processo que acompanhou e esteve ao lado da experiência.

A análise e a identificação do processo requer, além de uma compreensão dos significados e das motivações das escolhas feitas, uma abordagem coerente no relacionar-se com as pessoas e com o significado da própria experiência.

Tem-se uma primeira ideia das identidades particulares desses ateliês, percorrendo os *mapas conceituais*, nos quais são identificados os nós das propostas, as escolhas materiais, a disposição das experimentações nos ambientes.

Mapas conceituais não entendidos como campos circunscritos nos quais tudo já foi definido, mas como instrumentos *de escuta e de aprofundamento* do contexto proposto, abertos às novas possibilidades e às descobertas que as pessoas de diversas idades fazem durante a exploração.

Tudo isso abre novos caminhos para a pesquisa também no interior das escolas, favorecendo, assim, um percurso de possíveis *feedbacks* entre ateliês urbanos e ambientes escolares, movimento em duas direções, *ateliês-escolas* e *escolas-ateliês*, um percurso que pode ser altamente produtivo se os coordenadores são capazes de ter e manter curiosidade e uma *boa escuta*, qualidades que podem gerar invenções muito interessantes.

Novos imaginários

Para aprofundar o que foi brevemente ilustrado, tento, agora, abordar novas hipóteses de trabalho que foram experimentadas nesses ateliês.

Por exemplo, a *webcam*, adicionando à visão natural do homem o próprio *olho artificial* que se movimenta e para no espaço guiado pelo gesto das pessoas, descobre pontos de vista incomuns e colhe imagens que, projetadas em uma grande tela, revelam-se capazes de transformar a identidade e a forma das coisas, de sustentar a narrativa e a construção de paisagens fantásticas e alienígenas.

Ao mesmo tempo, essa experiência oferece um novo olhar na observação e na documentação de como as crianças exploram habitualmente o espaço, os muitos pontos de vista utilizados por elas e as muitas novas paisagens, frequentemente, *micropaisagens*, construídas nos lugares mais impensados.

Interessante, também, em outro espaço do ateliê sobre a *construtividade*, foi o colher com maior consciência em relação ao passado a jogos e efeitos ópticos criados por uma imagem projetada e aumentada em diversas superfícies colocadas em diferentes distâncias, visões que são posteriormente modificadas e multiplicadas por superfícies de espelhos ou tornadas fluidas ou evanescentes por materiais transparentes.

Dessas experiências, nasceu a ideia de transformar, com as crianças, uma pintura ou um desenho bidimensional em uma obra tridimensional, observando e documentando como essa complexa e estimulante mutação é interpretada e gerida pelas crianças. Ou, ainda, em um terceiro espaço preparado para a construção de estruturas aéreas, em que o equilíbrio, o peso, a estabilidade se tornam elementos de tentativas e descobertas, ver como formas penduradas em bases leves e suspensas permitem, utilizando materiais elásticos, imprevistas conexões entre as esculturas construídas e o corpo de uma ou mais pessoas, oferecendo a possibilidade de inesperadas criações com a introdução do movimento, uma interessante sincronia entre as formas das esculturas espaciais e os movimentos do corpo humano, quase criando uma coreografia.

São esses os contextos de trabalho para *experimentar*, posteriormente com cuidado e atenção, porque é só por meio da curiosidade e da *pesquisa* que poderão nascer as novas e interessantes ideias que esperamos.

Ateliê *De onda em onda*. Semana de estudo internacional *As cem linguagens em diálogo com o ambiente natural*

Gostaria de trazer a essa atualização sobre as experiências dos ateliês urbanos a proposta que foi voltada, em 2010, para um grupo de estudo internacional, composto por cerca de 80 pessoas, provenientes de 16 países diferentes.

Tratou-se de um seminário inteiramente dedicado à cultura do ateliê, com duração de uma semana, caracterizado por duas particularidades: antes de tudo, a sede não era a habitual, em Reggio Emilia, mas em Ligonchio, uma pequena cidade dos Apeninos reggianos; em segundo lugar, o seminário tinha sido projetado como uma experiência de ateliê e os participantes eram ativamente envolvidos em todas as propostas. Somente o dia de conclusão aconteceu no Centro Internacional, em Reggio Emilia.

Os coordenadores da experiência eram atelieristas das escolas reggianas, além de uma atelierista proveniente dos Estados Unidos, que seguiu, por muitos anos, uma pedagogia muito próxima da de Reggio.

Escrevo sobre esse projeto prolongadamente, não só porque teve um grande sucesso, mas porque, além da lembrança muito prazerosa da agradável atmosfera que tinha sido criada na pequena cidade, deixou um traço importante em todos os participantes e coordenadores. A percepção é que a estrutura comunicativa e formativa utilizada é eficaz, e creio que a experimentaremos, com as variações apropriadas, em outras ocasiões.

Analisar as razões do sucesso obtido pode ser útil para aprofundar alguns aspectos internos da cultura do ateliê, que é entrelaçada por comportamentos e atitudes mentais que, em geral, são considerados contraditórios: o trabalho do ateliê requer uma grande concentração, mas, também, leveza; uma atenta projetação, mas, também, capacidade de improvisação; competências técnicas específicas, mas, também, grande expressividade.

Nessa cultura, com frequência, os conceitos nascem e tomam forma mediante a realização de obras e, justamente para enfatizar esse aspecto, tínhamos escolhido entrelaçar, desde o início, o pensar e o fazer.

O tema geral era relativo ao *diálogo com o ambiente*, isto é, entender o lugar no qual nos encontrávamos e procurar entrar em relação com a sua essência, porque essa é uma condição preliminar para agir e reagir de modo consciente com o ambiente, as coisas e as pessoas. Nesse caso, o ambiente era uma típica cidadezinha de montanha emiliana, de 650 habitantes, situada a 1.000 metros de altitude, com duas importantes características: Ligonchio hospeda uma imponente central hidrelétrica, de 1926, e é a sede de um grande Parque Natural Nacional que faz fronteira com a Toscana.

O caráter e a identidade do território deviam ser procurados e compreendidos em um tempo muito breve, em alguns dias, e, por isso, escolhemos uma abordagem que facilitasse e colocasse em relevo o *processo de relação com o lugar*, de modo que, uma vez compreendido, ele pudesse ser *transferido* para outros contextos – apesar de muito diferentes –, como podem ser os espaços de uma grande cidade ou o quintal de uma escola.

Redigimos a base de um programa, identificando um tema diferente para cada dia, prevendo, de manhã, uma hipótese projetual e uma exploração ativa, individual ou de grupo, para chegar a uma *reinterpretação* das descobertas feitas pelos diversos grupos de trabalho, que continuava por uma parte da tarde e que era sinteticamente comunicada com a possibilidade de ser documentada com imagens, em um momento de assembleia, na qual eram expostos os conceitos e os significados surgidos da exploração.

1. A fase de desenvolvimento do projeto. Nessa fase, procuram entender os nós teóricos e práticos do tema e tentam fazer hipóteses sobre o que deverá ou poderá ser feito.

2. Exploração das hipóteses e sua realização prática. Isso acontece deixando grande espaço para o nascimento de novas hipóteses, para o trabalho de auto-observação e de documentação dos processos utilizados na exploração realizados por meio de anotações escritas e visuais.

3. Reflexão, interpretação, confronto e discussão. Acontece com todos os participantes do projeto sobre os resultados alcançados e os significados mais interessantes que apareceram.

4. Documentação e comunicação para realizar por meio de diversas mídias.

Dedicamos um tempo de trabalho consistente a essa última fase, porque acreditamos ser importante refletir e entender os significados do trabalho feito, para poder, depois, comunicá-los e discuti-los com outros.

Mesmo com tempos muito reduzidos, dessa maneira, pretendíamos simular uma modalidade de trabalho que, com frequência, é conduzida nos ateliês das escolas também com as crianças e os jovens.

Para a construção desse trabalho, confirmamos a nossa opinião de que, em Educação, a constante atenção ao processo das várias fases seja o elemento diferenciador mais importante entre uma proposta de qualidade, que possa deixar fortes traços ao longo do tempo, e o simples desenvolvimento de uma atividade acurada.

Para o programa da semana de estudo, os temas cotidianamente identificados eram relativos a assuntos como as ciências naturais, a cópia do real, a construção de esculturas sonoras, ou se tratava de aprofundar pesquisas sobre o corpo e a dança ou sobre botânica. Estávamos conscientes de que alguns desses temas, como a cópia do real, são amplamente difundidos, mas é por isso que é importante verificá-los e discutir a abordagem com o qual são enfrentados.

O trabalho preliminar de preparação dos atelieristas que coordenariam o trabalho começou 15-20 dias antes do seminário, e, juntos, tentamos entender, em geral, o sentido mais autêntico da operação. Depois, os atelieristas dividiram-se em grupos, de acordo com os diversos temas para desenvolver.

Em seguida, procuraram, em Ligonchio, as situações ambientais mais adequadas para as diversas atividades. Experimentaram, tanto individualmente quanto em grupos, o desenvolvimento dos temas dos futuros ateliês e discutiram sobre como conduzir a proposta. Identificaram e encontraram o material mais adequado para utilizar, com constante atenção para a integração dos significados teóricos e das técnicas necessárias.

Recordo que as cerca de 80 pessoas inscritas no seminário eram provenientes de âmbitos profissionais distintos e de 16 países diferentes. Estávamos todos conscientes de que não seria uma semana simples, de diversos pontos de vista, organizacionais e culturais.

Na breve saudação de abertura do seminário, expressamos a esperança de que a semana pudesse se tornar uma verdadeira experiência de ateliê, enfatizando como ela mesma requeria, por parte de todos, flexibilidade, abertura às ideias dos outros, reflexão crítica e liberdade de pensamento. Todas essas qualidades caracterizam o pensamento criativo, que, teoricamente, é apreciado e estimulado pela nossa cultura, pela sociedade e pela política, mas que, na realidade, não encontra grandes espaços de prática e de expressão, talvez porque seja incômodo e difícil de gerir.

Uma percepção generalizada entre os participantes e os organizadores era de que aquela poderia ser uma semana especial, na qual, talvez, conseguiríamos experimentar e produzir, pelo menos, uma pitada de criatividade.

A mensagem dada aos coordenadores era para *"escutar"*, com muita atenção, as situações e as ideias, e para estarmos prontos para modificar as hipóteses feitas anteriormente, prestando atenção ao fato de que todos, mesmo de maneira diferente, pudessem ser atores e diretores.

Tanto o clima e a beleza do lugar como a gentileza e o acolhimento dos habitantes nos apoiaram, confirmando, mais uma vez, o quanto o "contexto" importa, e reconfirmando a atenção que é preciso dar ao contexto, mesmo quando, cotidianamente, são feitas propostas nas escolas.

Além das modalidades de trabalho, foram muito importantes a inteligência dos coordenadores e a *inteligência dos materiais* colocados em campo por eles, que demonstrou o que é possível fazer se somos capazes de observar, de escutar e de relançar os próprios pensamentos para as novas propostas.

Momentos mágicos

Durante a exploração e na realização das *obras* houve momentos quase mágicos: tempos de concentração que nos permitiam introspecção e invenção lúdica; momentos, lamentavelmente, bem insólitos na vida e nos trabalhos habituais; e muitos de nós tivemos a forte percepção de quão pouco tempo dedicamos, infelizmente, a *escutar de fato "o entorno"* no cotidiano.

Surpreendeu-me constatar de quantas invenções as pessoas são capazes na realização de imagens visuais e sonoras, que, nesse caso, eram realmente interessantes e poéticas.

Nesse percurso, o pensamento metafórico e o conceitual foram os processos mais utilizados para a realização das obras finais, em parte, para suprir as carências técnicas, mas também porque, provavelmente, esses são processos *mentais* que habitam mais facilmente a nossa mente nessa época *virtual*.

Dou alguns exemplos. O primeiro, relativo ao desenho a partir do real: a percepção de profundidade espacial dada pela linearidade vertical de um bosque de árvores altas foi representada por uma garota por meio de sinais verticais de lápis colocados em papéis diversos e estes, sobrepostos e colocados contra a luz, davam uma profundidade espacial muito próxima à percepção recebida, entrando no bosque. Sempre do mesmo bosque foi representada, por outra participante, a trama das sombras das árvores no terreno: para dar foco nela e representá-la, estendeu no chão algumas folhas de papel brancas que ressaltavam o desenho das sombras, sobre o qual entrelaçou formas gráficas *de sombras* com um lápis macio. O segundo exemplo é o da construção de esculturas *sonoras*: um grupo de árvores formava como que um pequeno *atol vegetal* no meio do grande prado. A fronteira espacial entre o pequeno bosque e o prado foi enfatizada, estendendo uma corda que circundava o grupo de árvores. Nessa corda, um pouco elevada do terreno, estavam pendurados materiais que – movidos pelo vento – produziam *sons*. A eles, adicionava-se o *som* das folhas no vento. Tudo se tornava, assim, um instrumento *sonoro*.

Talvez seja apropriado refletir, também, sobre o quanto é concretamente concedido às crianças, nas propostas e nos projetos; exercitar esse tipo de pensamento que entrelaça as experiências manuais e aquelas mais conceituais e metafóricas, recordando que o pensamento analógico e o metafórico, mais a experiência manual, parecem pertencer à natureza das crianças.

Comunidade criativa

Trabalhar, pensar, discutir em grupo, permanecer juntos por alguns dias no mesmo lugar acabou por criar uma situação de comunidade criativa, talvez similar à da *Factory*, de Andy Warhol, uma condição que muitos de nós nunca tínhamos provado e que cria uma atmosfera alegre. Isso me lembrou a frase que Loris Malaguzzi pretendeu na entrada da Escola Diana: "*Nada sem alegria*", um convite que deveria ser lembrado com mais frequência e levado em consideração.

Creio que a experiência de Ligonchio tenha deixado traços importantes em todos os participantes e, sobretudo, a consciência de como é possível realizar belos projetos com ideias e instrumentos simples, desde que se preste muita atenção à qualidade do processo e que seja conduzido com um "coração inteligente".

Na verdade, houve dois elementos que se revelaram mais difíceis que o previsto. Recordo-os porque podem se tornar um material útil de reflexão.

As imagens visuais realizadas pelos participantes nos primeiros dois dias de explorações do rio, do movimento, da força e da energia da água eram interessantes, algumas particularmente sugestivas, mas era difícil que fossem para além da fascinação e da história da experiência pessoal. Aquelas imagens foram realizadas sem enfrentar adequadamente aspectos de caráter mais científico do fenômeno observado. É provável que isso tenha ocorrido porque Artes e Ciências são disciplinas que ainda levam consigo o hábito de duas atitudes mentais distintas, e utilizam linguagens que, mesmo sendo definidas como conceitualmente próximas, são difíceis de se integrar de fato.

Confirmando o quanto esses diálogos interdisciplinares são capazes e necessários para abrir novos caminhos para a nossa cultura, gostaria de recordar um recente encontro com um amigo bioengenheiro que dirige o CREA [Conselho para a Pesquisa em Agricultura e a Análise da Economia Agrária, na sigla em italiano] de Paris e indaga, em altíssimo nível, as estruturas matemáticas da percepção visual.

Enquanto estávamos ambos extremamente interessados nas pesquisas um do outro, trocávamos os resultados de alguns trabalhos sobre a percepção visual, fascinados pelos resultados, mas, também, pela terminologia utilizada no relato das respectivas experiências. Ao mesmo tempo, percebíamos quanto tempo é preciso e quantos aprofundamentos são necessários para conseguir construir uma linguagem nova, transdisciplinar, capaz de levar realmente a uma sinergia e a uma nova cultura de duas *profissões* tão diferentes como as nossas.

A outra dificuldade encontrada em Ligonchio foi relativa à documentação e à comunicação final dos diversos grupos. Certamente, os tempos eram reduzidos, as culturas de origem dos participantes eram muito diferentes para se conseguir chegar a uma rápida síntese da experiência feita, e, talvez, tenha sido ingenuidade nossa propormos chegar a resultados imediatos, mas acredito que, em todo caso, a capacidade de documentar deve ser mais treinada, porque não se trata só de realizar um relato da experiência feita, mas é necessário *elaborar uma narrativa* dos significados que vieram à tona.

Para se obter isso em tempo breve, é necessário que a *documentação contínua*, depois de uma "suspensão do julgamento", indispensável para ativar condições de escuta, *torne-se uma narrativa* que, enquanto documenta, consegue interpretar o que acontece.

Quando, na Escola Diana, enfrentávamos um novo projeto, a documentação propriamente dita era feita, muitas vezes, com o segundo grupo de crianças, porque, durante o trabalho com o primeiro grupo, procurava-se, sobretudo, definir o método de pesquisa, entender as áreas de observação e os conteúdos a serem aprofundados.

Nos numerosos comentários que depois do seminário de Ligonchio nos chegaram por parte dos participantes, foi enfatizado, em especial, como ter participado diretamente das experiências de ateliê levou a compreender melhor alguns dos conceitos que já tínhamos tido a oportunidade de escutar nas nossas conferências.

A distância desse percurso de estudo da sede habitual de Reggio e das suas escolas deu, também, a percepção de que as propostas, os conceitos e os nós filosóficos de base da nossa experiência, com as respectivas interpretações e modificações, são transferíveis e realizáveis em qualquer lugar, porque pertencem à natureza profunda do homem.

Centro Internacional Loris Malaguzzi

Estou esperando perpetuamente pelo renascer do maravilhamento. (Ferlinghetti, 1958)

A construção do Centro Internacional Loris Malaguzzi finalmente foi terminada. Faltam o complemento da área externa, o mobiliário dos últimos espaços construídos e o início de algumas atividades, como o restaurante, para que possa ser um Centro cotidianamente pulsante de vida.

Para se chegar a esse resultado, o caminho e o trabalho foram muito longos, difíceis e cansativos, e ainda nos esperam tempos não fáceis, porque não é simples continuar a manter a *rota* prevista, com atenção, ao mesmo tempo, aos aspectos *micro* e *macro*, à qualidade, sem se deter em muitos desvios, compromissos e conformismos.

Uma atitude de coerência a alguns valores de fundo pode nos ajudar a continuar tendo *sonhos visionários* e boas organizações.

Há pouco tempo, li em um jornal que, em São Francisco, na Califórnia, a "poesia é o novo motor da requalificação urbana", e, em uma zona muito congestionada da cidade, logo surgiria uma ilha de pedestres com uma praça dedicada à Geração *Beat* e aos grandes autores da poesia e da literatura mundial, uma praça na qual estava previsto um pódio fixo para declamação de poesias e encontros literários.

O projeto é do poeta Lawrence Ferlinghetti que, com quase 100 anos, ainda sonha com o renascimento da cidade por meio da poesia, "um sonho visionário", a ser realizado por meio de uma campanha popular de coleta de fundos.

Cito esse exemplo porque o Centro Internacional Loris Malaguzzi poderia se tornar um lugar *habitado pela coragem e pela resistência*, característica dos sonhos visionários.

Não sei se conseguiremos ou, se, no futuro, outros conseguirão, mas estou convencida de que *a poesia é uma âncora de salvação*, sobretudo, em períodos como o atual, nos quais a loucura do humano, a fraqueza da política, a corrupção, a injustiça, os falsos valores parecem habitar em muitos lugares, corroendo os sonhos e os esforços dos honestos.

Conto, apesar de tudo, e, como sempre, sagazmente, com a capacidade de sedução da inteligência e da beleza.

Conto com a *vibração estética* que sabe doar um "coração inteligente".

Capítulo 13

FLORES AZUIS DE CHICÓRIA

No verão, em muitos lugares da Itália, floresce nos prados e nos lugares menos acolhedores, como beiras de calçadas ou pedaços de terra árida, uma flor selvagem de inacreditável cor azul, que desafia nessa percepção das cores circundantes: é a flor de chicória selvagem, uma planta com gosto um pouco amargo, que as mulheres recolhem no final da primavera, nos prados, e se come na salada com outras folhas e com ovos cozidos. Essa flor azul de verão é a mutação da planta original de chicória; tem um caule muito robusto e resistente, é pequena, mas de um azul intenso, que fica mais exuberante pelo fato de se alastrar por grandes manchas numerosas e próximas, até formar extensões de um azul especial, contornadas por um verde ainda mais brilhante. Parecem a mais apropriada metáfora do verão.

Se colhida e colocada na água, a flor de chicória perde a intensidade da cor e dura pouco. Como as papoulas, não é flor para se colher, deve ser deixada onde está, ou replantada, e a presença dela transforma qualquer lugar, tornando-o mais especial.

Como a papoula, a flor de chicória também parece ser frágil, mas a semente é robusta, e a planta é um pouco infestante, e tem a força de se alastrar e de crescer.

O ateliê dentro das escolas de Reggio é uma presença desse tipo, intensa, visível, mas se torna menos potente e visível caso seja tirado de um contexto pedagógico para um lugar que não saiba incorporá-lo nem faça dele um uso apenas instrumental. Não é arte, nem procura a arte infantil, mas tem um olhar que se surpreende e se emociona ao observar as coisas, sabe ser chicória, mas depois, inelutavelmente, torna-se flor azul, inesperada e poética.

A filosofia e a experiência que foram elaboradas em todos esses anos representam a sua robustez. Transportadas para outros contextos serão muito mais explosivas, capazes de desenvolver o seu papel e participar da inovação da didática quanto mais encontrarem um terreno, um ambiente que tenha alguns elementos que permitiram o seu nascimento e o seu desenvolvimento em Reggio: uma pedagogia sensível à escuta e às linguagens poéticas, uma organização cotidianamente criativa, um papel cultural, social e político, confiado à qualidade da educação.

Nas creches e nas escolas da infância de Reggio Emilia, há ainda muito a descobrir, a aprender, a discutir. São necessários grupos de pesquisa que envolvam mais interlocutores externos, pertencentes a outras disciplinas, que contribuam para o nascimento de novos pensamentos e de novas instrumentações. É preciso que aconteça uma mescla entre instrumentos novos e tradicionais, para enfrentar melhor velhos e novos problemas. O ateliê deve continuar, e em alguns casos voltar, a ser um lugar de pesquisa, adequado à contribuição para a mudança, ao utilizar e expandir as abordagens e os instrumentos que lhe competem: processos de liberdade, distanciamento do conformismo, participação emotiva.

Ateliê e atelierista continuarão a ser presenças fundamentais, se souberem sustentar processos empáticos, sem fugir de abordagens racionais. Terão a capacidade de emocionar e de se emocionarem. Continuarão, com sagacidade, a perseguir as linguagens poéticas como valores necessários indispensáveis. Serão portadores de um conhecimento mais completo e criadores de relações solidárias com o entorno.

Companheiras de viagem

O trabalho do ateliê que coordenei foi possível não só pela inteligência das crianças, mas, também, pelo trabalho brilhante e apaixonado de muitas pessoas: professores, pedagogistas, cozinheiras, pessoal auxiliar, que estiveram presentes nos trinta anos nos quais estive na Escola Diana e em outras instituições.

Eu me lembro de quase todas com afeto, é claro, porém, o meu trabalho se entrelaçou e se desenvolveu, sobretudo, com as professoras, e, de maneira especial, com aquelas que ficaram por mais tempo na Diana, chegando, assim, a formar um grupo de referência estável.

Que não se ofendam os outros se é, em especial, a elas que sinto o dever e o prazer de citar em uma lista que pretende considerá-las coautoras do trabalho do ateliê da Escola Diana.

A apresentação segue a ordem de entrada na Escola Diana.

Magda Bondavalli, chefe do grupo na abertura da escola (a figura da chefe do grupo, que tinha um papel de coordenação na escola, desapareceu pouco depois dos anos 1970), a única que, no começo, tinha uma experiência educativa e organizacional. Uma pessoa altamente confiável e dotada de uma grande paciência, tanto com as crianças quanto com os adultos, com uma *veia subversiva* sempre mantida sob um controle vigilante, mas que a fazia aceitar o novo com alegria e curiosidade.

Giulia Notari, professora com uma autêntica e natural originalidade subjetiva, que levava também para as propostas didáticas: algumas das suas distrações se tornaram memoráveis, e ela era uma sereia encantadora quando narrava, tanto para as crianças quanto para os adultos. Autora de projetos e propostas que foram legados importantes na história da Diana, alguns deles retomados e comentados por Gianni Rodari, no seu livro *Gramatica della fantasia* (1973a).

Laila Marani ficou na Escola Diana por poucos anos, mas deixou legados e memórias de uma mente muito vivaz, que não se encaixava em esquemas prontos. Apaixonada pela cultura, projetou, quis e fundou o primeiro Centro de Documentação das Creches e Escolas Reggianas, em 1980.

Laura Rubizzi, pessoa com grande e inteligente sensibilidade, capaz de *escutar* as individualidades das crianças. Creio que, no seu trabalho cotidiano, é uma das professoras que melhor representa a filosofia educativa de Reggio. A única do grupo original que permanece ainda hoje na escola, na qual, com as crianças, coordena sempre novas pesquisas.

Paola Cagliari, uma sensível mente científica, também não ficou por muitos anos na Escola Diana, mas, ao lado de Laura Rubizzi, formou uma das duplas que obtiveram mais êxito como professoras, porque havia entre elas uma grande sintonia cultural e de caráter. Diplomou-se, enquanto trabalhava na Diana, com uma tese sobre a orientação espacial, um projeto coordenado por nós com crianças de 3, 4 e 5 anos. Há anos, faz parte do grupo que coordena pedagogistas das creches e das escolas reggianas, e acompanha principalmente os projetos de continuidade com as escolas primárias e outros níveis de escolas.

Desde 2010, é diretora da Instituição das Escolas e das Creches Municipais da Infância, função que está desenvolvendo com grande seriedade e competência.

Marina Mori era de uma capacidade organizativa memorável, uma didática alegremente impetuosa e afetuosa, comprometida socialmente, muito generosa, dona de um senso estético elevado, e as crianças que ela acompanhava por três anos eram as que melhor desenhavam. Saiu da escola para entrar em um grupo de professores formadores, que trabalham por alguns períodos em diversas escolas.

Paola Strozzi, uma inteligência racional, amante do estudo, das pesquisas, generosa. Com pouca aceitação da parte de rotina da organização cotidiana, fazia leituras que sintetizava em anotações que nos distribuía. Depois de ter se formado, durante o período de trabalho na Escola Diana, entrou no grupo dos Coordenadores das creches e das escolas da infância.

Marina Castagnetti, uma professora que, além do cuidado com o ambiente, das belas fotografias na documentação, do saber conduzir uma conversa em inglês, tem uma capacidade de se relacionar, um notável e vasto arquivo de informações sobre diferentes fontes culturais que fazia que fosse a pessoa mais adequada para acolher e para se tornar referência de vários diretores de arte, fotógrafos, arquitetos, pedagogistas, administradores e muitos outros, de profissões e interesses diversos que, por muitos anos, circularam na escola. Há alguns anos, está no Centro de Documentação e Pesquisa das Creches e Escolas.

Evelina Reverberi, após muitos anos de ensino na creche, passou à escola: uma das pessoas mais acolhedoras das muitas individualidades e diversidades que já conheci, tanto com as crianças quanto com as famílias. Acredito que era e é muito amada também por essa característica. Lembro-me de que era boa para projetar e gerir eventos com participação das famílias. Agora, por escolhas pessoais, é professora de apoio para crianças com necessidades especiais. É, sem dúvida, uma presença preciosa para todas as crianças e as professoras da escola.

Sonia Cipolla: não tive tempo de conhecê-la bem, nem de trabalhar muito com ela, porque, nos últimos anos nos quais eu estava na Escola Diana, ela tirou licença-maternidade duas vezes. No breve tempo que passei com ela, apreciei muito a sua inteligência e sua capacidade de reflexão.

Tiziana Filippini é também uma presença histórica na Escola Diana, com múltiplos papéis: entrou com 18 anos no Conselho da Escola como cidadã. Depois de ter se formado, ensinou por um ano. Em seguida, esteve presente como mãe de Elisa, que frequentava a Diana. E, enfim, como pedagogista, uma função que conservou por longo tempo, mesmo após a minha saída. Há anos no grupo de coordenação dos pedagogistas, é responsável pelo Centro de Documentação e Pesquisa Educativa e pela formação de profissionais. Para mim é difícil distingui-la no papel específico de pedagogista, porque, nos muitos anos de trabalho juntas, antes com Malaguzzi, depois, conosco, na Escola Diana, foi, sobretudo, uma companheira de viagem, com algumas competências parecidas e outras diferentes das nossas, uma pessoa pouco formal, pronta para se deixar envolver nas coisas novas.

Depois, fora da ordem, Mafalda, Rosa, Antonella, Alessandro...

Naturalmente, as pessoas a agradecer e a citar são muitas mais, tanto entre professores quanto entre cozinheiras, pessoal auxiliar, pedagogistas, entre pais da Escola Diana e de outras creches e escolas da infância. Muitos, uma multidão que envolvo em um grande, afetuoso e grato abraço.

Vea Vecchi

Bibliografia

AGOSTINI, F. *Deleuze*: evento e immanenza. Milano: Mimesis, 2003.

ALFANO MIGLIETTI, F. *Identità mutanti*. Genova: Costa and Nolan, 1997.

ALMANACO LETTERARIO BOMPIANI. *La civiltà dell'immagine*. Milano: Bompiani, 1963.

ARISTÓTELES. *Poetica*. Roma: Laterza, 2007.

ARNHEIM, R. *Art and visual perception:* a psychology of the creative eye. Berkeley-Los Angeles: University of California Press, 1954.

ARNHEIM, R. *Visual thinking*. Berkeley: University of California Press, 1969.

ATIYAH, M. F. Senza bellezza non c'è verità. *Corriere della Sera*, 14 Mar. 2007, p. 47-8.

AUGÉ, M. *Non-lieux*. Paris: Seuil, 1992.

BARBARAS, R. *La perception*: essai sur le sensibile. Paris: Hatier, 1994.

BARBIANA SCHOOL. *Lettera a una professoressa*. Firenze: Libreria Editrice Fiorentina, 1967.

BATESON, G. *Mind and nature*: a necessary unit. New York: E.P. Dutton, 1979.

_____. *Steps to an ecology of mind*. San Francisco: Chandler Publishing, 1972.

BATESON, G.; BATESON, M. C. *Angels fear*: towards an epistemology of the sacred. New York: McMillan, 1987.

BAUMAN, Z. *Individualmente insieme*. Reggio Emilia: Diabasis, 2008.

_____. *Liquid life*. Cambridge: Polity Press, 2005.

BAUMAN, Z. *Postmodern ethics*. Oxford: Blackwell, 1993.

_____. *The Bauman reader*. Oxford: Blackwell, 2001.

BAUMAN, Z.; TESTER, K. *Conversations with Zygmunt Bauman*. Cambridge: Polity Press, 2001.

BECCHI, E.; BONDIOLI, A. (Ed.). *Valutare e valutarsi*. Bergamo: Edizioni Junior, 1997.

BERARDI BIFO, F.; SARTI, A. *RUN*: forma, vita, ricombinazione. Milano: Mimesis, 2008.

BOCCHI, G.; CERUTI, M. (Ed.). *La sfida della complessità*. Milano: Bruno Mondadori, 2007.

_____. (Ed.). *Le origini della scrittura. Genealogie di un'invenzione*. Milano: Bruno Mondadori, 2002.

BODEI, R. *Le forme del bello*. Bologna: Il Mulino, 1995.

BONDIOLI, A. *Gioco e educazione*. Milano: Franco Angeli, 1996.

BRANDI, F. *Mutazione e cyberpunk*: immaginario e tecnologia negli scenari di fine millennio. Genova: Costa e Nolan, 1994.

BRANZI, A. *La casa calda*. Milano: Idea Books, 1984.

_____. *La crisi della qualità*. Palermo: Edizioni della Battaglia, 1997.

_____. Un'idea di Reggio Emilia. In: MOLINARI, L. (Ed.) *Reggio Emilia*: scenari di qualità urbana. Milano: Skira: Reggio Emilia: Comune di Reggio Emilia, 2007.

Bronfenbrenner, U. *Ecology of human development*: experiments by nature and design. Cambridge: Harvard University Press, 1979.

Bronowski, J. *The origins of knowledge and imagination*. London: Yale University Press, 1978.

Bruner, J. S. *Acts of meaning*. Cambridge: Harvard University Press, 1990.

_____. *Actual minds, possible worlds*. Cambridge: Harvard University Press, 1986.

_____. *In search of mind*: essays in autobiography. New York: Harper and Row, 1983.

_____. *On knowing*: essays for the left hand. Cambridge: Harvard University Press, 1964.

_____. *The relevance of education*. New York: Norton, 1966.

Calvino, I. *Il barone rampante*. Torino: Einaudi, 1959.

_____. *Le città invisibili*. Torino: Einaudi, 1972.

_____. *Lezioni americane*. Torino: Einaudi, 1988.

Carroll, L. *Alice's adventures in wonderland*. Oxford: Oxford University Press, 1998.

Casula, T. *Tra vedere e non vedere*. Torino: Einaudi, 1981.

Cavallini, I.; Tedeschi, M. *The languages of food*. Reggio Emilia: Reggio Children, 2007.

Ceccato, S. *La fabbrica del bello*. Milano: Rizzoli, 1987.

Celli, P. L. *L'illusione manageriale*. Roma: Laterza, 1997.

Ceppi, G.; Zini, M. (Ed.). Children, space, relations. Reggio Emilia: Reggio Children, 1998

Ceruti, M. Cultura scuola persona. In: Infanzia: cultura, educazione, scuola, 1, 2007, Reggio Emilia. *Conference*, Reggio Emilia, 11-13 out. 2007. Disponível em <http://www.edizionijunior.com/inrete/page_scheda.asp?ID=373>. Acesso em: 30 jul. 2009.

_____. *La danza che crea*. Milano: Feltrinelli, 1989.

Changeux, J. P. *L'homme neuronal*. Paris: Fayard, 1983.

Chomsky, N. *Language and mind*. New York: Harcourt-Brace and World, 1968.

Clark, A. *Being there*. Cambridge: MIT Press, 1997.

Colombo, I. *Comunicazione esperenziale*: la scrittura dinamica. Milano: Corso di Laurea in Disegno industriale, Facoltà di Architettura, Politecnico di Milano, 1998.

Dahlberg, G.; Moss, P. *Ethics and politics in early childhood education*. London: Routledge, 2005.

Dahlberg, G.; Moss, P.; Pence, A. *Beyond quality in early childhood education and care*: languages of evaluation. 2. ed. London: Routledge, 2007.

Dal Lago, A.; Rovatti, P. A. *Per gioco*: piccolo manuale dell'esperienza ludica. Milano: Raffaello Cortina, 1993.

Davoli, M.; Ferri, G. (Ed.). *Reggio Tutta*: a guide to the city by the children. Reggio Emilia: Reggio Children, 2000.

Deleuze, G. *La passione dell'immaginazione*. Milano: Mimesis, 2000.

Deleuze, G.; Carnet, H. *Dialogues*. Paris: Flammarion, 1977.

Dolci, D. *Il limone lunare*. Bari: Laterza, 1970.

Dri, P. *Serendippo. Come nasce una scoperta*. Roma: Editori Riuniti, 1994.

Eco, U. *Opera aperta*. Milano: Bompiani, 1962.

Edelman, G. M. *Bright air, brilliant fire. On the matter of the mind*. New York: Basic Books-Harper Collins, 1992.

_____. *The remembered present*. New York: Basic Books, 1989.

Edwards, C.; Gandini, L.; Forman, G. (Ed.). *The hundred languages of children*. 2. ed. Norwood: Ablex, 1998.

Enzensberger, H. M. *Zickzack*. Frankfurt am Main: Suhrkamp, 1997.

Feldman, S. S. *Ridere piangere gridare*. Torino: Bollari Boringhieri, 1995.

Ferlinghetti, L. *A coney island of the mind*. New York: New Directions, 1958.

Fabbri, D.; Munari, A. *Strategie del sapere*: verso una psicologia culturale. Bari: Dedalo, 1984.

Filippini, T.; Giudici, C.; Vecchi, V. *Dialogues with places*. Reggio Emilia: Reggio Children, 2008.

Freire, P. *Educação como prática da liberdade*. Rio de Janeiro: Paz e Terra, 1967.

GALIMBERTI, U. Due punti di vista, per un obiettivo: trovare soluzioni ai conflitti. *La Repubblica delle Donne*, p. 59, 7 jul. 2007.

_____. Generazioni a confronto. *La Repubblica delle donne*, p. 278, 5 mar. 2008a.

_____. *Il corpo*. Milano: Feltrinelli, 1997.

_____. *Il segreto della domanda*. Milano: Apogeo, 2008b.

_____. *Psiche e techne*: l'uomo nell'età della tecnica. Milano: Feltrinelli, 1999.

GALLESE, V. Dai neuroni specchio alla consonanza intenzionale. Meccanismi neurofisiologici dell'intersoggettività. *Rivista di Psicanalisi*, v. LIII, n. 1, p. 197-208, 2007.

GARDNER, H. *Art, mind and brain*. New York: Basic Books, 1982.

_____. *Development and education of the mind*. London: Routledge, 2005.

_____. *Five minds for the future*. Cambridge: Harvard Business School Press, 2006.

_____. *Frames of mind. The theory of multiple intelligences*. New York: Basic Books, 1983.

_____. *The disciplined mind. What all students should understand*. New York: Simon and Schuster, 1999.

_____. The ethical mind. *Harvard Business Review*, v. 85, n. 3, p. 51-6, p 142, 2007.

_____. *The unschooled mind. How children think and how schools should teach*. New York: Basic Books, 1991.

_____. *To open minds*. New York, Basic Books, 1989.

GIANI GALLINO, T. *Il bambino e i suoi doppi*. Torino: Bollati Bordigheri, 1993.

GIVONE, S. *Prima lezione di estetica*. Roma: Laterza, 2003.

GOETHE, J. W. *Zur Farbenlehre*. Frankfurt: Deutscher Klassiker, 1991.

GOLEMAN, D. *Emotional intelligence*. New York: Bantam Books, 1995.

GOMBRICH, E. H. *Art and illusion*. Washington: Bollingen Foundation, 1957.

_____. *Meditations on a hobby horse and other essays on the theory of art*. London: Phaidon Press, 1963.

GOODMAN, N. *Ways of worldmaking*. Indianapolis: Hackett Publishing, 1978.

GREGORY, R. L. *Eye and brain*: the psychology of seeing. London: Weidenfeld and Nicolson, 1966.

HALL, E. T. *The hidden dimension*. Garden City: Doubleday, 1966.

HAWKINS, D. *The informed vision*: essays on learning and human nature. New York: Agathon Press, 1974.

HILLMAN, J. *Il piacere di pensare*. Milano: Rizzoli, 2001.

_____. *L'anima dei luoghi*: conversazione con Carlo Truppi. Milano: Rizzoli, 2004.

_____. *Politica della bellezza*. Bergamo: Moretti and Vitali, 1999.

HÖLDERLIN, F. Patmos. In: _____. *Poems of Friedrich Hölderlin*. Seleção de tradução de James Mitchell. San Francisco: Ithuriel's Spear, 2004.

HOYUELOS, A. A pedagogy of transgression. *Children in Europe*, v. 4, p. 6-7, 2004.

HUMPHREY, N. *The inner eye*. London: Faber/Channel Four, 1986.

ITTEN, J. *Kunst der farbe*. Ravensburg: Otto Maier Verlang, 1961.

JOHNSON, G. *In the palaces of memory*. New York: Alfred A. Knopf, 1991.

KELLOG, R. *Analyzing children's art*. Mountain View: Mayfield Publishing, 1969.

LENZ TAGUCHI, H. *Going beyond the theory/practice divide in early childhood education*: introducing an intra-active pedagogy. London: Routledge, 2009.

LEVI, P. *Il sistema periodico*. Torino: Einaudi, 1994.

LÉVI-STRAUSS, C. Elogio del lavoro manuale. Texto original lido na cerimônia de conferência do Prêmio Internacional Nonino, em 1 fev. 1986, e publicado em *La Repubblica*, p. 46-7, 4 maio 2008.

LÉVY, P. *Qu'est-ce que le virtuel?* Paris: La Découverte, 1995.

_____. *L'intelligenza collettiva*: per un'antropologia del cyberspazio. Milano: Feltrinelli, 1996.

LILLI, L. A scuola senza amore. Interview to Edgar Morin. *La Repubblica*, 4 abr. 2007, p. 49.

LORENZETTI, L. M. *La dimensione estetica dell'esperienza*. Milano: Franco Angeli, 1995.

LURCAT, L. *L'enfant et l'espace Le role du corps*. Paris: Presses Universitaires de France, 1996.

MALAGUZZI, L. Che posto c'è per Rodari?. In: DE LUCA, C. (Ed.). *Se la fantasia cavalca con la ragione*: prolungamenti degli itinerari suggeriti dall'opera di Gianni Rodari. Bergamo: Juvenilia, 1983.

_____. (Ed.) *Esperienze per una nuova scuola dell'infanzia*. Roma: Editori Riuniti, 1971.

_____. History, ideas and basic philosophy. In: EDWARDS, C.; GANDINI, L.; FORMAN, G. (Ed.). *The hundred languages of children*. 2. ed. Norwood: Ablex, 1998.

_____. Il ruolo dell'ambiente nel processo educativo. *In Arredo Scuola 75. Per la scuola che cambia*. Como: Luigi Massoni Editore, 1975.

_____. La nuova socialità del bambino e dell'insegnante attraverso l'esperienza della gestione sociale nelle scuole dell'infanzia. In: *La gestione sociale nella scuola dell'infanzia. Atti del I convegno regionale di Modena*, 15-16 maio 1971. Roma: Editori Riuniti, 1972.

_____. Significati e finalità della gestione sociale. In: _____. *La gestione sociale come progetto educativo*: partecipazione e corresponsabilità da subito. Reggio Emilia: Comune di Reggio Emilia, 1981.

_____. *The hundred languages of children*: catalogue of the exhibition. Reggio Emilia: Reggio Children, 1996.

_____. *Una carta per tre diritti*. Reggio Emilia: Comune di Reggio Emilia, 1995.

MANGHI, S. Apprendere attraverso l'altro. *Animazione Sociale*, v. 12, p. 13-23, 2005.

MANTOVANI, S.; MUSATTI, T. (Ed.). *Adulti e bambini*: educare e comunicare. Bergamo: Juvenilia, 1983.

MARCUSE, H. *Eros and civilization*. New York: Vintage Books, 1955.

MASSUMI, B. Parables for the virtual. 2005.

MATURANA, H. R.; Varela, F. J. *El árbol del conocimiento*: las bases biologicas para el entendimiento humano. Santiago: Editorial Universitaria, 1990.

MORIN, E. *La tête bien faite*: repenser la réforme, réformer la pensée. Paris: Editions du Seuil, 1999.

MORIN, E. *Educare gli educatori*. Roma: Edup, 2002.

_____. *Le paradigma perdu*. Paris: Editions du Seuil, 1973.

MUNARI, B. *Fantasia*. Roma: Laterza, 1977.

_____. *Da cosa nasce cosa*. Roma: Laterza, 1981.

NEGROPONTE, N. *Being digital*. London: Hodder and Stoughton, 1995.

NONVEILLER, G. *Le arti visive e l'educazione*. Venezia: Accademie di Belle Arti, 1992.

NUSSBAUM, M. C. *Not for profit*: why democracy needs the humanities. Oxford: Princeton University Press, 2010.

OLSSON, L. M. *Movement and experimentation in young children's learning*: Deleuze and Guattari in early childhood education. London: Routledge, 2009.

PAGNIN, A. *La personalità creativa*. Firenze: La Nuova Italia, 1977.

PARMIGGIANI, C. *Invito a… Claudio Parmiggiani*: catalogue of the Exhibition. Cinisello Balsamo: Silvana, 2003.

PENOSE, R. *The large, the small and the human mind*. Cambridge: Cambridge University Press, 1997.

PIAGET, J. *La formation du symbole chez l'enfant*: imitation, jeu et rêve, image et représentation. Paris: Delachaux et Niestlè, 1945.

_____. *Six études de psychologie*. Paris: Editions Gouthier, 1964.

_____. *Psychologie et epistemologie*. Paris: Denoël, 1970.

PIERANTONI, R. *Verità a bassissima definizione*: critica e percezione del quotidiano. Torino: Einaudi, 1998.

PLUTARCO. *L'arte di ascoltare*. Milano: Mondadori, 1995.

PONTECORVO, C.; AJELLO, A. M.; ZUCCHERMAGLIO, C. *Discutendo si impara*. Roma: Nuova Italia Scientifica, 1991.

_____. (Ed.). *I contesti sociali dell'apprendimento*. Milano: Ambrosiana-LED, 1995.

POPPER, K. R. *Knowledge and the body-mind problem*: in defence of interaction. London: Routledge, 1994.

PRIGOGINE, I. *La nascita del tempo*. Roma-Napoli: Teoria, 1988.

RABITTI, G. *Alla scoperta della dimensione perduta*: l'etnografia dell'educazione in una scuola dell'infanzia di Reggio Emilia. Bologna: Clueb, 1984.

RADICE, L. L. *L'educazione della mente*. Roma: Editori Riuniti, 1962.

READ, H. *Education through art*. London: Faber and Faber, 1943.

RICCO, D. *Sinestesie per il design*. Milano: Etas, 1999.

RINALDI, C. *I processi di conoscenza dei bambini tra soggettività e intersoggettività*. Reggio, Emilia: Comune di Reggio Emilia, 1999a.

_____. *In dialogue with Reggio Emilia*: listening, researching and learning. London: Routledge, 2006.

_____. *L'ascolto visibile*. Reggio Emilia: Comune di Reggio Emilia, 1999b.

RINALDI, C.; CAGLIARI, P. *Educazione e creatività*. Reggio Emilia: Comune di Reggio Emilia, 1994.

RINALDI, C.; GIUDICI, C.; KRECHEVSKY, M. (Ed.). *Making learning visible. Children as individual and group learners*. Reggio Emilia: Reggio Children, 2001.

RIZZOLATTI, G.; SINIGAGLIA, C. *So quel che fai*: il cervello che agisce e i neuroni specchio. Milano: Raffaello Cortina, 2006.

RODARI, G. *Grammatica della fantasia*. Torino: Einaudi, 1973a.

_____. Io chi siamo? *Il giornale dei genitori*. p. 10-4, nov./dez. 1973b.

ROSE, S. *The making of memory*. New York: Anchor Books/Doubleday, 1993.

ROUSSEAU, J. J. *Émile, ou de l'éducation*. Paris, 1762.

SCALFARI, E. L'opinione pubblica è rimasta senza voce. *La Repubblica*, p. 1, 17 ago. 2008.

SCUOLA COMUNALE DELL'INFANZIA DIANA. *The Black Rubber Column*: from conception of an idea to realisation of a final model. Reggio Emilia: Reggio Children, 2009.

SCUOLA COMUNALE DELL'INFANZIA DIANA E GULLIVER. *Everything has a shadow, except ants*. Reggio Emilia: Reggio Children, 1999.

STEIN, E. *Zum Problem der Einfühlung*. Halle: Buchdruckerie des Weisenhauses, 1980.

STEINER, G. *Lectio doctoralis*. Università di Bologna, 31 Mag. 2006. Texto retirado de Michele Smargiassi e publicado com o título 'La verità è sempre in esilio'. *La Repubblica*, p. 43, 1 jun. 2006.

STERN, A. *Les enfants du Closlieu*. Paris: Hommes et Groupes Editeurs, 1984.

TANIZAKI, J. *In'ei raisan*. Tokyo: Chuo Kouron Sha, 1933.

THAUT, M. H. The musical brain: an artful biological necessity. *Karger Gazette*, n. 70, 2009.

THOMAS, G. V.; SILK, A. M. J. *An introduction to the psychology of children's drawing*. New York: Harvester Wheatsheaf, 1990.

TREVARTHEN, C. *Empatia e biologia*. Milano: Raffaello Cortina, 1998.

VATTIMO, G.; ROVATTI, A. (Ed.). *Il pensiero debole*. Milano: Feltrinelli, 1983.

VECCHI, V. The role of the atelierista. In: EDWARDS, C.; GANDINI, L.; FORMAN, G. (Ed.). *The hundred languages of children*. 2. ed. Norwood: Ablex, 1998.

VECCHI, V. (Ed.) *Theatre curtain*: the ring of transformations. Reggio Emilia: Reggio Children, 2002.

VECCHI, V.; GIUDICI, C. (Ed.). *Children, art, artists*. Reggio Emilia: Reggio Children, 2003.

VYGOTSKIJ, L. S. *Myšlenie i reč'*: psichologičeskie issledovanija. Moskva-Leningrad, 1934.

WEICK, K. E. *Sensemaking in organizations*. Thousand Oaks: Sage, 1995.

ZOJA, L. *Giustizia e bellezza*. Torino: Bollati Boringhieri, 2007.

ZOLLA, E. *Lo stupore infantile*. Milano: Adelphi, 1994.

Sobre o Livro
Formato: 17 × 24 cm
Mancha: 12,8 × 20 cm
Papel: Offset 90g
nº páginas: 328
1ª edição: 2017

Equipe de Realização
Assistência editorial
Liris Tribuzzi

Assessoria editorial
Maria Apparecida F. M. Bussolotti

Edição de texto
Gerson Silva (Supervisão de revisão)
Jonas Pinheiro (Preparação do original e copidesque)
Roberta Heringer de Souza Villar, Sophia de Oliveira e Fernanda Fonseca (Revisão)

Editoração eletrônica
Neili Dal Rovere (Projeto gráfico, adaptação da capa e diagramação)

Impressão
LIS Gráfica